U0367600

"未来教育与学校变革"系列

见树木又见森林

基于创新素养培育的跨学科教学案例集

何学锋　主编

上海交通大学出版社
SHANGHAI JIAO TONG UNIVERSITY PRESS

内容提要

　　本书是上海市闵行区实验小学四校区全面开展项目化学习实践探索的成果,不仅覆盖了语文、数学、英语等传统学科,还包括了自然、体育、美术、音乐、道法等多元化领域,共收录 36 篇一线教育实践案例,为教师提供了丰富的教学参考。这些案例集不仅展示了项目化学习的实施过程,更重视项目成效的经验总结,将项目问题链、实施流程、学生实践成果等多维度内容进行了系统梳理,使读者能够全面而立体地感知项目实施的脉络与特色。

　　本书适合基础教育改革研究人员、一线教师、学校管理者等阅读。

图书在版编目(CIP)数据

　　见树木又见森林:基于创新素养培育的跨学科教学案例集/何学锋主编. —上海:上海交通大学出版社,2025.3. —ISBN 978 - 7 - 313 - 32126 - 8

　　Ⅰ. G622.3

　　中国国家版本馆 CIP 数据核字第 2025UU9652 号

见树木又见森林:基于创新素养培育的跨学科教学案例集
JIAN SHUMU YOU JIAN SENLIN:JIYU CHUANGXIN SUYANG PEIYU DE KUAXUEKE JIAOXUE ANLI JI

主　　编:何学锋
出版发行:上海交通大学出版社　　　　　　　地　　址:上海市番禺路 951 号
邮政编码:200030　　　　　　　　　　　　　电　　话:021 - 64071208
印　　制:上海新艺印刷有限公司　　　　　　经　　销:全国新华书店
开　　本:710mm×1000mm　1/16　　　　　　印　　张:29.75
字　　数:421 千字
版　　次:2025 年 3 月第 1 版　　　　　　　　印　　次:2025 年 3 月第 1 次印刷
书　　号:ISBN 978 - 7 - 313 - 32126 - 8
定　　价:98.00 元

版权所有　侵权必究
告读者:如发现本书有印装质量问题请与印刷厂质量科联系
联系电话:021 - 33854186

做有力量的耕耘者

（代序）

毛爱文

　　闵行区实验小学(简称闵实小)是一所具有深厚文化积淀的百年老校,前身为创始于 1905 年的"蒙正学堂"。在闵行区政府统筹下,学校在本部莘松校区基础上,先后于 2004 年、2008 年以及 2014 年开办了春城、景城和畹町校区,现为"一校四区"办学规模。

　　一直以来,学校立足百年老校文化根基,以"启蒙养正 明理成人"为办学核心理念,坚守"启学识兴趣之蒙,养德性言行之正;明天地人事之道,悟生命价值之理"的育人宗旨,聚焦领导管理、课堂教学、学生工作和教师队伍等领域展开长期的研究性变革实践,持续提升师生在校的生存质量,让一所百年老校不断焕发出新的生机与活力,实现了"同而自主"背景下"一校四区"优质均衡、有特色的发展。

　　2022 年,新的义务教育课程方案和课程标准颁布后,跨学科学习正式进入了我们的视野。学校迅速回应启动研究，一年多来，从三位教师研究的星星之火，到目前近 200 位教师共同研究探索的燎原之势，闵实小的跨学科学习形成了 36 个实践案例，诠释了闵实小教研人勇于挑战的魄力和与时俱进的创造力。

我们整合时代需求和学校育人理念，明确学生创新素养育成指向。在这个过程中，团队从懵懂到逐渐清晰，从理论上的强化课程协同育人功能，重塑学生的学习经历与体验的认知，到教学行为上让学生从真实问题情境出发，经历综合学习、解决问题、实践创新的过程，习得学习方法路径，提升创新素养的具体实践。

在这个过程中，我们感受到跨学科课堂里"有力量的学习"。

因为多维链接而产生力量。多样化的主题为学生打开了广阔的视野，充分激发了他们的自主性学习和个性化表达，让各学科知识和真实世界、让学生与老师、学生与同伴、学生与自己产生了有意义的链接，从而让创新思维的激发更有根基。

因为教师的设计赋予学生学习的力量。跨学科的教学从设计开始，设计课程、设计学习空间、设计学习资源、设计支持性学习支架……为学生的自主学习而做大量的支撑性设计，教师思考的力量推动了学生创新学习的内驱力。

因为过程中的创生而充满生命的力量。不被设计局限，贴着学生的现场学习自主自由地即兴创作，在试错中接近完美，学生如此，教师亦是。每位教师和每位学生一起当堂、即兴创作各式各样的课堂作品，在反思和批判中见证自己作品孕育的过程。无论这一作品是什么样的作品，都凝聚了学生的创新智慧，值得用心呵护与敬重，因为它是温暖的，是生命与生命的交融。

《见树木又见森林》便是基于这些有力量的实践，结集汇编而成的一本跨学科教学案例集。它以案例为呈现形式，但透过一个个案例，它更是我们近两年投入教育探索的成长录与纪念册，里面有我们的发心与勤力，有整个团队的激烈探讨与亲密合作，有无数个灵感的乍现，也有一次次严谨推敲，继而经过课堂教学的检验与迭代,最终成为这样一本经验的集合,或者也是下一段迸发的起点。

见树木,又见森林,如果将每一个跨学科案例看作一棵迎风伸展的树木,其中有课堂教学的姿态,也有学生学习的历程,当这样一棵棵树蔚然成林,森林便有了延伸的方向与苍莽的气象。

在探索跨学科学习的过程中,我们也不断审视自己的教育理念、教学认知、教学方式,在不断研究实践中革新认知,在不断革新认知的过程中创新实践,一路突破,披荆斩棘,实践扎根,创生迭代。因为变革我们集聚力量,力的传递赋予孩子创新生长的力量,而孩子生长的力量又返归,赋予我们生命不断创生。

一年多来,跨学科教学正在不断融入学生日常的学习生活中,从课堂到校园直至走向社会,聚焦教与学的方式的变革,也正在变成校园里思考、实践、研究的平凡日常。

平凡日常最能滋养孩子的成长,而我们就是校园里默默的耕耘者,平凡而有力量的耕耘者……

2024 年 11 月 20 日

目录

语文篇

1

英语篇

自然篇

体育篇

综合篇

〰〰〰〰〰〰

语文篇

诗中的春天

畹町校区

杨茂华、蒋枫、苟文娟、陈萱

未来少年说

景城校区

章卉、郭希为、徐雅琴

在小童话里探秘科普大世界

莘松校区

刘文婷、陈燕、张会婷、明珠

身边的小动物

春城校区

盛晶晶、杨郁梅、舒家萱、方舒

天凉好个秋

春城校区

杨郁梅、朱雯婷、陈何君、唐雪华

心有榜样　行有方向

畹町校区

王伟、杨茂华、王莹、曹雯、王娅

语文篇 ◀

诗中的春天

畹町校区　|　杨茂华、蒋枫、苟文娟、陈萱

一、项目简介

　　"诗中的春天"语文跨学科主题活动以小学二年级下册《语文》第一单元描写"春天"的古诗、课文的学习为基础,基于学生在学习过程中的真问题:春天有哪些特点?古人是怎样表达春天的?我们可以用哪些方式表达春天里的发现?让学生在不断的提问中探寻诗中的春天。本次活动按照春天节气顺序编排了3个课时的学习内容,分别是"春色满园关不住""木笔绽放抒春意""暖日逐梦焕新彩"。活动在教材单元学习与学生之间搭建桥梁,帮助学生在诵读古诗、学习课文的过程中,打开全部感官,走进传统工艺,遇见和发现春天的讯息;引导学生结合生活,展开想象,给描写春天的诗词配画,感受春天的美好;让学生在积累描写春天词句的基础上,勾连生活中的发现和体验,描绘春天、抒写春天,创编春天的小诗,形成班级"春日诗集"。

二、项目设计

（一）学情分析

二年级学生在自主识字方面已经积累很多方法,古诗积累量也在不断提高,学生对古诗吟诵表现出很高的热情。但是随着信息技术的飞速发展,很多学生对四季循环变换的敏感度不够,对于如何表达春天里的发现并不清晰。本项目紧扣"春"这一主题,打通书本世界与生活世界的界限,注重语言的积累,激发学生探究新知的欲望。另外,为了满足学生的不同需求,我们将学习空间向家庭、社会、大自然延伸。学生循着春天的脚步,从课堂走进社区,走进大自然,去观察、发现、阅读、探究,积极与大自然"对话",运用多学科知识发现春天,表达春天。

（二）项目目标

以下从语文跨学科核心概念、跨学科核心知识与能力、学习素养三个层面拆解项目目标。

1. 跨学科核心概念

诵读古诗,感受诗中春天的美好;联系生活,以多种形式表达春天里的发现。

2. 跨学科核心知识与能力

（1）通过学习《村居》《咏柳》《找春天》,能积累描写春天的词句,能用合适的语气诵读,表达春天的美好,提高审美情趣。

（2）走进大自然,观察春天的自然环境变化,探究春天动植物的变化,感受春天的美好。

（3）通过观看风筝资源包,了解风筝的起源与文化,通过绘画、色彩、图文结合表达春天里的发现,提高创造能力和审美品位。

3. 学习素养

（1）语言建构与运用:通过小组合作,创编春天的诗句并尝试用不同的方式表达春天里的发现。

（2）思维发展与提升：通过多元开放的学习空间，学科资源的融合与拓展，增强学生的生活体验，激活学生的创作思维。

（3）审美鉴赏与创造：通过绘画、色彩、图文结合表达春天里的发现，提高创造能力和审美品位。

（4）文化传承与理解：通过资源包的学习，探究传统文化；了解不同职业的人眼中的春天以及表达春天的方式。体会诗人对春天及大自然的喜爱之情，有感情地朗读自己积累的关于春天的古诗，通过自编春日小诗，感受诗歌的语言美。

（三）挑战性问题

本质问题：如何表达春天里的发现？

子问题：

（1）春天有哪些特征？你是怎么发现的？

（2）我们可以用哪些方式表达春天里的发现？

（四）预期成果

本次跨学科主题活动基于部编教材开展学习，打破学科边界，实现美术、自然等学科知识的融合。学生在学习语文的过程中，运用多种感官表达春天里的发现，诠释自己对春天的喜爱和对大自然的热爱。学生在跨学科学习活动中提高了语言表达与思维能力，也锻炼了合作、创造能力，进一步提升了感受美，欣赏美的能力。

（1）积累描写春天的诗词，能说出诗中描写的画面，并尝试为古诗配画。

（2）运用多感官观察春天里大自然的变化，能用文字记录自己的发现，创编"春日小诗"，形成班级"春日诗集"。

（3）查找资料，了解春季各节气习俗与传统文化；合作制作风筝、柳叶卡等，感受中国传统文化的精妙。

（五）预期学习活动

学习内容	学习活动	学习支架/过程评价
任务一： "春色满园 关不住" （1课时）	**活动一：学习古诗，感受春天** （1）学习古诗，根据图片和诗句，想象画面。 （2）小组讨论：春天是一个适合放纸鸢的季节吗？完成学习单。 **活动二：吟诵春天，赞美春天** （1）读古诗，唱古诗。 （2）分享古诗，感受春景。 小组合作：古诗里的春天还有哪些美景？ **活动三：走进自然，寻找春天** （1）走进自然，寻找春景。 （2）尝试记录春天里的发现。	1. "纸鸢"探究单 2. "诗句中的春天"思维导图 3. 寻找"春天"活动任务单
任务二： "木笔绽放 抒春意" （1课时）	**活动一：拥抱自然，寻春景** （1）小组自主交流。 （2）个别交流，说一说自己眼中的春天是什么样子？ **活动二：走进课文，觅春意** （1）读课文思考：春天是什么样的呢？ （2）启发思考：引导学生对比寻找共同特点。 （3）调动五官发现春天，分享交流。 **活动三：创编诗歌，品春韵** （1）学习用诗句的结构，表达春天的发现。 （2）出示不同领域的人发现春天、表达春天的方式（播放视频）。 （3）用自己喜欢的方式记录春天里的发现。	1. 诗句创编样例 2. 诗中的春天实践单 3. "不同领域的人表达春天的方式"视频资料
任务三： "暖日逐梦 焕新彩" （1课时）	**活动一：描绘春天，古诗配画** （1）选择一首诗歌，描画诗中的景物、色彩。 （2）与诗句中的春天合影。 **活动二：抒写春天，创意表达** （1）在风筝、柳叶卡上写下寄托美好愿望的诗句；互赠诗句，表达美好心愿或祝福。 （2）寻找春天的美食，创编一首小诗。 **活动三：讲述春天，分享故事** （1）在这次跨学科活动中，有哪些收获？ （2）模拟豌豆电视台的小记者采访： ① 在"诗中的春天"跨学科主题活动中，我最喜欢的是哪一个活动？ ② 在这次活动中，我遇到的困难是什么？怎么解决的？ ③ 对下一次的跨学科主题活动，有什么期待？	1. "闵智平台"评价单 2. 学生问题墙 3. 模拟采访

三、项目实施

(一)项目实施:基于学科本位,聚焦真实问题,开放学习场域

语文跨学科学习活动必须确立"语文学科本位"的核心地位,我们从第一单元"春天的古诗——找春天"教材文本学习出发,引导学生在学习春天古诗的过程中提出问题,进行小组合作并尝试梳理古诗里的春天美景,积累古诗,在理解诗句的基础上寻找春天的景色和特点。在本项目的实施过程中,我们聚焦学生学习中的"真问题"激发其学习兴趣。如学生在学习《村居》一诗中读到"忙趁东风放纸鸢"这句,提出"春天是不是一个适合放纸鸢的季节"这个核心问题,教师据此适时引导学生思考"春天有哪些特征? 你是怎么发现的?"基于这样的问题解决,完成相关的学习任务。

任务一:"春色满园关不住"——诵春之韵味

1. 吟诵春天,赞美春天

(1)吟诵古诗,感受春天。在读文识字的过程中感受春天的美好。

(2)理解诗意,展开想象,运用视频、学习支架来激发学生探究"诗中的春天"的积极性。

> (1)借助视频,了解纸鸢的起源,知道中国传统工艺——风筝。
> (2)朗读诗句,想象散学归来的孩子们放风筝的画面。

聚焦"忙趁东风放纸鸢"诗句内容的理解以及对"纸鸢"这一传统工艺的了解,基于学生最感兴趣的真实问题进行活动设计(见图1)。

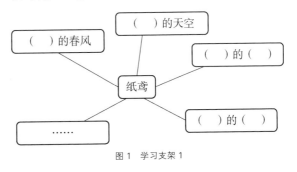

春天为什么适合放纸鸢?

( )的春风　( )的天空　( )的( )　纸鸢　( )的( )　……

图1 学习支架1

2. 赏古诗中的春天

古诗里的春天还有哪些美景(见图 2)?

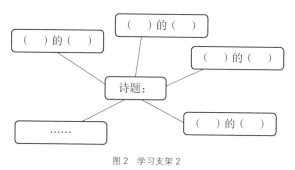

图 2 学习支架 2

（1）走进自然,寻找古诗中的春天。

（2）我们可以用哪些方式表达诗中的春天?

任务二:"木笔绽放抒春意"——赏春之美景

在跨学科主题式活动中,我们试图为学生打造一个多元开放的学习空间,为学生多维度的深度发展赋能。

1. 走进课文,觅春意

（1）读课文:春天是什么样的呢?

（2）找一找:运用多种感官,找找身边的春天在哪里,是什么样的?

充分调动学生五官,感受春天,对比寻找到的春天的共同特点(见图 3)。

2. 创编诗歌,品春韵

问题:我想用什么样的方式表达春天里的发现?

《诗中的春天》实践单

我想这样记录找到的春天:(打"√")
1.画一画( ) 2.写一写( ) 3.唱一唱( )4.演一演( )5.其他_____

班级_____姓名_____学号_____

●我是_____：我想这样记录找到的春天。

图3 学习支架3

（1）学习用诗句的结构，表达春天里的发现。

（2）出示不同领域的人发现春天、表达春天的方式（播放视频）

（3）用自己喜欢的方式记录春天里的发现。

引导学习课文《找春天》中的段落，学习课文的表达方式，尝试进行诗歌创编。"学做小诗人"，创编一首关于春天的小诗的活动，运用学习支架帮助学生模仿创编春天的诗句（见图4、图5）。

---

1. 仿照课文4—8自然段创编诗歌

　　柳枝在风中飘摇,那是春天的_____吧?

　　桃花在阳光下盛开,那是春天的_____吧?

　　_____,那是春天的_____吧?

　　_____,那是春天的_____吧?

　　_____

图4 学习支架4

---

2. 用诗句的结构,表达春天的发现。春天到了,

　　她在_____,

　　她在_____,

　　她在_____。

图5 学习支架5

结构支架的运用,在一定程度上局限了学生的想象,束缚了学生在诗句内容和句式上的创编自由。于是,我们又对教学支架进行了调整。鼓励学生走进学校图书馆,去查阅关于描写春天的绘本以及儿童诗,通过自主阅读,了解关于春天的科普知识,丰富关于"春天"的词语积累等。教师选取优秀范文,引导学生发现写作规律,尝试模仿创编关于"春天"的儿童诗(见图6)。

(1) 阅读有关春天的绘本和喜欢的小诗。

(2) 选择春天的景物,自由模仿创编小诗。

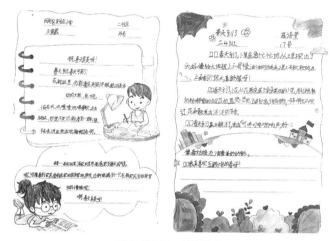

图6　学生"春日诗歌"作品

为了助力学生探究春天,满足学生的不同需求,我们将学习空间向家庭、社会、大自然延伸。学生循着春天的脚步,从课堂走进社区,走进大自然,去观察,去了解,去探究,去创作;通过小队合作等形式,积极与大自然"对话"。此举为学生的创新发展提供了更多可能(见图7)。

(1) 不同领域的人又是怎样发现春天和表达春天的呢?

　(观看视频介绍科学家、农民、音乐家、画家、作家……眼中的春天和表达的方式)

(2) 寻找春天,并用自己喜欢的方式记录下来。

图 7 学生"寻找春天"成果分享(线下)

任务三:"暖日逐梦焕新彩"——书春之美事(见图 8)

● 描绘春天,古诗配画,选择一首诗歌,描画诗中的景物、色彩。

● 抒写春天,创意表达。

(1)在风筝、柳叶卡上写下寄托美好愿望的诗句。

(2)借助平台互赠诗句,分享交流,表达美好心愿或祝福。

(3)寻找春天的美食,创编一首小诗。

图 8 学生"寻找春天"成果分享(线上)

通过制作风筝,为风筝写诗词,制作节气卡,给《上春山》配词,学生感受到了春天的生机勃勃和春天里的乐趣(见图 9)。

图9 "风筝上的春天"学生活动

● 讲述春天,分享故事。

问题:在这次跨学科活动中,你有哪些收获?

模拟采访(见图10):

"豌豆电视台"的小记者采访:

(1) 你最喜欢的是哪一个活动?

(2) 在这次活动中你遇到的困难是什么? 怎么解决的?

(3) 对下一次开展的跨学科主题活动,你有什么期待?

图10 "豌豆电视台"模拟采访

以"豌豆电视台"的模拟采访形式,帮助学生"复盘"本次跨学科主题学习,引导学生总结在"寻找春天,记录春天里的发现,表达春天"的整个活动过程中遇到的问题、解决问题的方式以及团队合作体验方面的心得,进一步激发学生开展主题探究的兴趣,将跨学科学习的方式自觉运用于日常的学习之中,从而提升学生发现问题、思考问题、解决问题的能力,提升思维品质。

(二) 项目优化

1. 聚焦问题,巧用支架,优化跨学科学习内容

"语文跨学科学习"的主题怎么确定? 什么样的内容适合二年级的学生呢? 在本次跨学科主题活动方案设计与实施的过程中,我们也在逐步摸索,寻找答案。今天的孩子热衷信息技术和游戏,对自然界季节时令的循环变换敏感度不够。我们决定以解决问题为核心,以情境为载体,以学生探究为主要方式。二下第一单元以"春天"为主题编排了 3 篇课文,是不是就能够帮助学生打开通向春天的魔法之门,感受多姿多彩、情趣横生的春之景、春之事、春之人? 基于这样的思考,通过组内小教研,我们确定了本次跨学科主题学习活动的内容,引导学生"颂春之韵味、赏春之美景、书春之美事"。

在"春色满园关不住"第一课时的设计过程中,我们进行了教学支架使用的几次探索,试图聚焦学生学习中的"真问题"激发学生的学习兴趣。起初,我们借助视频,帮助学生了解纸鸢的起源,通过朗读诗句,想象散学归来孩子们放风筝的画面,运用视频支架来激发学生探究"诗中的春天"的积极性。

但是,我们发现在这一支架的运用中,由于我们只关注到了学生对"忙趁东风放纸鸢"诗句内容的理解以及对"纸鸢"这一传统工艺的了解,并没有基于学生最感兴趣的真实问题进行活动设计。当学生读到这句诗时,产生了这样的疑惑:"古人为什么喜欢在春天放纸鸢呢?""春天为什么适合放纸鸢呢?""春天的气候环境有什么特点?"基于学生的"真问题",我们对第一课时的教学支架进行了调整,让学生在诵读中感受春天的美好;运用习得的古诗配图画;搜

集资料,深入了解中国传统工艺。通过教学支架的优化实施,我们更关注学生
语文综合能力的培养,如诵读能力,阅读理解能力。除了关注语文本学科知识
与能力,我们还引导学生综合运用自然、美术等学科的知识来解决项目过程中
出现的问题,如创意物化,从材料选择、造型设计、色彩搭配等方面进行思考,
运用喜欢的方式表达春天。

2. 借助信息技术,追踪学习活动,优化跨学科学习评价

我们依托平台数据,根据学生需求设计挑战性的问题激发学生的内驱力,
引导学生带着兴趣去探究与学习。在跨学科学习过程中,借助闵智作业平台
数据(包含知识、行动和态度),追踪学生学习实时状态,利用平台分享功能,实
时呈现学生学习与课堂状态,展示学生学习过程中的问题与困难,精准分析、
跟进指导,提升课堂效率。如:结合平台数据反馈,掌握开展跨学科学习的困
难点,随后,借助信息平台推送相关内容与资源(视频、微课等),通过听说读写
等多感官感受,从行为参与、知识掌握、思维提升等方面开展精准指导和强化
训练。在发布古诗诵读活动后,通过平台实时追踪学生的学习状态。基于数
据反馈,我们发现学生在诵读古诗中对字音、字形的掌握还存在困难。于是,
在平台推送相关资源,并给予学生学习支架辅助,以视听结合的方式帮助学生
识记字形,巩固提高(见图 11)。

图 11　"诵读春天的诗歌"分享评价(线上)

项目组借助信息技术,围绕跨学科学习主题与任务,设计基于表现性评价
的作业评价量表。充分发挥平台投票、点赞等功能,创设多样学习与评价活

动。在跨学科作业展示交流的过程中,教师、家长和同伴均可以依据评价标准对学生的过程性学习成果进行星级点赞。有信息技术加持的作业评价方式,既能激发学生的学习兴趣,又能引导学生在学科学习中开展自主学习,满足学生个性化的学习需求。

四、项目评价

如表1所示,在本次跨学科主题学习实施过程中,我们更关注过程性评价,搭建展示平台,引导学生交流分享学习的成果,鼓励学生以不同的方式充分展示成果;通过多元评价促进反思与总结,促进多种能力的构建和思维的提升;借助多元评价,对学生的学习及时进行反馈。

表1 "诗中的春天"跨学科主题学习活动评价

具体任务	评价指标			评价方式		评价主体		
	☆☆☆	☆☆	☆	课堂观察	小组交流	学生评价	教师评价	他人评价
子任务一	能正确诵读古诗,读准字音,正确停顿,读出诗歌的韵味。	基本能正确诵读古诗,读准字音,正确停顿,读出诗歌的韵味。	在他人的帮助下能正确诵读古诗,读准字音,正确停顿,读出诗歌的韵味。					
	乐意和组内伙伴分工合作,用不同的形式诵读古诗。	基本分工合作,和伙伴诵读古诗。	在他人的帮助下能够和组内伙伴诵读古诗。					
子任务二	善于倾听别人的发言,运用多种感官寻找春天,乐意分享表达春天的方式。	基本能听懂别人的发言,表达寻找到的春天,分享表达春天的方式。	在他人的帮助下能懂别人的发言,尝试去寻找春天。					
	乐意和组内伙伴分工合作,善于倾听,主动表达见解。	基本能做到分工合作,愿意倾听,表达见解。	在他人的帮助下学习分工,愿意倾听,表达想法。					

续　表

具体任务	评价指标			评价方式		评价主体		
	☆☆☆	☆☆	☆	课堂观察	小组交流	学生评价	教师评价	他人评价
子任务三	小组能根据春天的发现,自主进行诗歌创编,注意押韵。	小组能模仿进行诗句创编创作,用词恰当,基本符合诗歌的形式。	在他人的帮助下,小组能模仿进行诗句创编创作,用词恰当。					
	能用抽象的符号表达春天的特征,选择的视角独特、新颖。	基本用简单的符号表达春天的发现。	在他人的帮助下,能表达春天的发现,并用文字记录下来。					
	乐意和组内伙伴分工合作,善于倾听,主动表达见解。	基本能做到分工合作,愿意倾听,表达见解。	在他人的帮助下学习分工,愿意倾听,表达想法。					

注:☆☆☆为最优,依次递减。下同。

项目组围绕跨学科学习核心问题以及三个子任务,从活动参与、学习成果以及学生在活动中学科知识的学习与应用方面,制定评价指标,使"诗中的春天"评价指标更加明确、具体,具有可操作性。在评价过程中,我们借助信息技术,采用书面评价和口头评价结合,过程性评价和阶段性评价结合,不断激发学生参与活动的动力,提高他们的学习兴趣。

五、项目总结与反思

(一) 项目成效

我们遵循"从学生中来"到"学生中去"的原则,打通书本世界与生活世界的界限。在"诗中的春天"跨学科学习活动中,学生可以吟诵春天的歌谣、创作春天的小诗,可以制作一道春菜,还可以制作柳叶卡写祝福语,或介绍一幅描绘春天的名画。本次主题学习活动的开展,在教材和学生之间搭建桥梁,帮助学生在读文识字的过程中,打开全部感官,遇见和发现春天的讯息;引导孩子运用朗读、想象等方式,深入感受和体验春天的美好;培养思维的系统性、深刻

诗中的春天

杨茂华 蒋枫 苟文娟 陈萱

畹町校区

性和灵活性,促进高阶思维的发展。同时,在活动中不断勾连个人经历,使经历与知识产生深度的粘连,从而实现了"有意义的学习"。

(二) 项目反思

1. 学生层面

　　传统的课堂教学多强调学生学习以间接经验为主,将学生的直接经验和感性认识放在了从属、次要地位,使学生束缚在了书本之中,割裂了学生与现实生活世界的联系,缺乏生机与活力。在本次跨学科主题式活动中,我们尊重学生的直接经验,让学生通过走进大自然,去寻找春天,感受春天不一样的美。在项目推进的过程中,对学生学习深度和广度都提出了新的要求。学生的学习方式悄然转变,他们改变了以往自己学、自己思考的模式。其中既有自己的生活体验,独立的思考和自主的表达,又有合作交流,不同思维的碰撞。通过小组合作学习,学生们交流对诗词的认识,分享春天里的发现,提升了发现问题、分析问题、解决问题的能力。对学生来说,这种学习方式不仅激发了学习兴趣,提高了语言表达与思维能力,也锻炼了创造能力,进一步提升了感受美、欣赏美的能力。

2. 教师层面

　　通过此次"跨学科微项目"的设计,我们充分认识到基于学科的跨学科主题学习和项目化学习设计,首先要立足学科本位,基于学生的"真问题"设计主题和活动,利用各种教学支架创设真实的学习情境。但是,在项目实施和研讨的过程中,我们发现从学生核心素养发展的角度设计跨学科主题学习,除了引导学生发现"表达春天的方式"是多元的,更应该让学生从不同的领域去感受对春天的表达,从而让学生"春日诗集"的主题和内容更加丰厚。在设计与实施跨学科主题学习的过程中,我们需要关注各种跨学科资源的相互作用和有机整合,拓宽学生视野,丰富课堂内涵,为学生创设更开放的学习场域,通过创设真实的语言运用情境,引导学生开展积极的语言实践,培养学生语言文字运用能力;积淀传统文化,提升思维品质,形成自觉的审美意识,全面提升核心素养。

未来少年说

景城校区　｜　章卉、郭希为、徐雅琴

一、项目简介

　　本项目结合闵实小科技节活动背景,以在学校科技节中举办"科技,改变生活"的讲演活动为学习任务。在本项目中,学生通过"探究古代科技—未来上海我畅想—撰写讲演稿,制作辅助讲演的资料—开展讲演活动"的活动过程,不仅学会了如何开展讲演活动,还通过有依据的想象,畅想了科学技术对人类生活的影响,表达了对家乡的热爱!

二、项目设计

(一)学情分析

　　经过四年级"中华美食"这一跨学科课程的学习,五年级的学生已经具备了一定的跨学科知识和能力,他们对跨学科学习的形式、学习工具都有了一定的了解。对于科技这一主题,学生在各科课程的学习中都有所接触,比如,在语文四上第二单元,学生学习了《纳米技术就在我们身边》,了解了纳米技术将给人类未来的生活带来深刻的变化。这一选题与学生的认知基础和生活经验紧密相关,能够激发他们的兴趣。

（二）项目目标

以下从跨学科核心概念、跨学科核心知识能力、学习素养三个层面拆解项目目标。

1. 跨学科核心概念

有依据地想象科学技术对人类生活的影响。

2. 跨学科核心知识与能力

（1）语文学科:演讲稿的撰写方法。

（2）道法学科:古代科技有哪些,古代科技在古代生活中的运用。

3. 学习素养

（1）探究性实践:在小组活动中认真倾听,积极参与讨论,接受他人合理的建议,合理解决小组活动中的分歧、矛盾。

（2）创造性实践:通过查阅资料、发挥想象,设想未来家乡的变化,表现自己对未来家乡发展的创意。

（3）表达性实践:对二十年后的家乡面貌、生活场景展开有依据的畅想,有条理而生动的设想。

（三）挑战性问题

1. 本质问题

如何用有依据的想象表现科学技术对人类生活的影响?

2. 驱动型问题

作为未来少年团,我们如何为闵实小的科技节,举办一场"科技,改变生活"讲演活动,以呈现科学技术对人类生活的影响?

（四）预期成果

在本项目中,学生凭借有依据的想象,畅想未来家乡在教育、医疗、交通、环境、居住等不同方面的科技进步,并围绕其中的某一主题,完成了演讲稿的

撰写,同时,作为未来少年团,学生在科技节举办了"科技,改变生活"的讲演活动。关于成果的具体说明如下:

(1) 探究上海目前发展中存在的问题:交流讨论目前上海生活中的不足,选择其中的一个问题,畅想未来的上海,可以通过哪些科学技术解决这些问题,小队合作制作思维导图。

(2) 畅想未来上海各方面的变化:选择其中一个主题(如交通、医疗、住房、教育等),阅读相关资源包,查阅相关资料,畅想未来上海生活,绘制思维导图。

(3) 根据选择的主题撰写讲演稿:根据选定主题和所绘制的思维导图,明确讲演稿的要求和写作思路,绘制讲演提纲。根据讲演提纲小队分工,完成讲演稿的撰写,并根据讲演稿制作辅助材料。

(4) 开展讲演活动:明确评选要求,评选班级最佳讲演小队,作为在学校科技节代表班级参加讲演的小队。

(五) 预期学习活动

时间	项目进程	学习支架/过程评价
入项活动 (1课时)	问题1:中国古代科技有哪些? 问题2:这些古代科技成就对后世产生了哪些影响? 问题3:什么是讲演活动?	1. 科技知识卡片 2.《未来中国》的视频片段 3. 小队分工计划表
项目实施 (3课时)	问题1:目前上海生活中存在哪些不足? 问题2:选择其中的一个问题,畅想未来的上海,可以通过哪些科学技术解决这些问题? 问题3:优秀的演讲稿是怎么样的? 问题4:如何绘制演讲提纲? 如何根据演讲提纲进行小队分工? 问题5:如何为自己的演讲稿制作辅助材料?	1. 思维导图模板 2. 不同主题的资源包 3. 汉堡包图 4. 小队分工表
项目结尾 (1课时)	1. 开展班级讲演活动 2. 明确评选要求,评选最佳讲演小队,作为代表参加学校科技节。	活动评价单

三、项目实施

（一）创设真实情境，激发学生探究兴趣

跨学科学习的主题应该和学生的生活、社会热点等紧密联系，能够引导学生在真实的情境中解决现实问题。同时，也要考虑学生对这个主题的兴趣和接受程度，一般来说，学生兴趣越高，越能提升学生的参与度，也更有利于目标的达成。本次跨学科项目的实施，无论是情境创设、驱动性问题的设计，还是过程的实施，最终的成果展示，都强调了真实性（见图1）。

跨学科课程快速设计简表

项目选题

年级： 五年级，　　**选题：** 未来少年说

主学科： 语文，　**涉及单元/主题** 五上第四单元《二十年后的家乡》，

跨学科： 道法，美术　**涉及单元/主题** 五上第二单元《古代科技，耀我中华》《都市情怀》

情境创设： 从古至今，科学技术推动着人类文明的进步，对人类生活产生巨大的影响。今年学校的科技节将举办一场"科技，改变生活"讲演活动，作为未来少年团的成员，让我们一起行动起来吧！

驱动问题（学生视角）

作为 未来少年团 **（角色）**

我们如何为 闵实小的科技节

举办 一场"科技，改变生活"讲演活动，

以 呈现科学技术对人类生活的影响 **？**

最终成果及公开展示

团队成果： "科技，改变生活"讲演活动

个人成果： 个人创作的各类作品（调查表、科幻习作、绘画作品、纸艺模型、ppt/视频……）

公开展示方式： 讲演活动

本质问题（教师/学科视角）

核心概念： 有依据地想象，科学技术对人类生活的影响

本质问题： 如何用有依据的想象表现科学技术对人类生活的影响？

图1　跨学科课程快速设计

在入项活动中，学生观看《未来中国》，了解现在的科技成绩以及什么是讲演活动之后，由教师向学生明确本次探究的任务：作为未来少年团成员，如何为闵实小科技节举办一场"科技·改变生活"的讲演活动，以呈现科学技术对人类的影响。这样的情景设计，具有真实性、趣味性，有效激发了学生的探究兴趣。

（二）项目实施，根据"跨度"提供学习资源

要完成某一主题的跨学科学习活动，往往会有很多综合性的任务，比如搜

集资料、调查访问、撰写文案、设计图表、统计分析……这些任务对学生提出了很高的要求和挑战。因此,教师要根据学科的"跨度",为学生提供合适的学习支架、学习资源。

首先,提供必要的学习支架。在"未来上海我畅想"这一主题中,学生需要查找资料,发现目前上海城市生活中的不足,然后畅想哪些科学技术能解决这些问题。在完成这一任务时,我们为学生提供了一个思维导图(见图2),引导学生从衣食住行这四个方面去思考未来上海的科技变化。学生可以选择教育、交通、医疗、住房等其中的一个方面,撰写讲演稿。我们先给学生明确了讲演稿的要求,然后为学生提供了一个汉堡图(见图3),梳理了讲演稿的写作框架,有这样的框架,学生就能明确讲演稿的写作思路了。

图2　未来上海我畅想

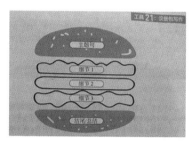

图3　撰写讲演稿汉堡图

其次,提供必要的学习资源(见图4)。根据所跨学科及其内容的不同,跨学科活动中所涉及的知识是非常丰富的,而这些知识对学生来说,没有办法在短时间内去获取。如果让学生自主查找相关知识,一则会花费大量的时间,二则找到的资源也可能是不正确的,因此,我们需要为学生提供必要的学习资源。在本次跨学科活动"未来上海我畅想"主题中,我们为学生提供了交通、住房、教育、医疗等方面的资源包,供学生参考,学生看了这些资源包中的内容后,就可以高效、快速、有依据地想象未来上海科技的变化了。

第3课时资料包（交通）
第3课时资料包（纳米）
第3课时资料包（住房）
第3课时资源包（教育）
第3课时资源包（医疗）

 未来公交车　 概念电动飞行骑车　 未来地铁　 阅读资料

 纳米技术就在我们身边　 气泡图示例　 思维导图示例　 未来上海我畅想

图 4　学习资源

（三）聚焦不同主题，探究上海未来的科技变化

在本次项目实施的过程中，学生主要聚焦家乡未来科技的发展变化，畅想未来的上海。要探究未来上海科技的变化，首先要探究目前上海发展中存在的不足，比如：交通拥堵、环境污染、人口拥挤，等等。从这些问题出发，学生聚焦几个角度去探究上海未来科技的变化。针对不同的主题，学生先根据教师提供自己的资源包，再结合自己搜索的相关资料，发挥想象力，从不同的方面来畅想科技将如何改变未来的上海，并将自己的畅想绘制成思维导图（见图 5）。

未来汽车、未来家具、未来学校……一个个新奇有趣的科技创新在孩子们的笔下诞生了："未来可以使用科技进入虚拟世界，使用 VR 进入课本中的情境，通过真实体验，大大提高课堂的教学效果。"未来的家具更有趣："自带雨刮的玻璃，有了这款玻璃，大年三十再也不用踩着椅子擦窗户了！""自带喷雾可视门，如果有人在摄像头前停留 25 秒，就会自动开启喷雾模式……"相信孩子们的这些奇思妙想，会在将来的某一天实现。围绕这个思维导图，学生进行小队分工，撰写讲演稿，制作辅助讲演的资料，开展讲演活动（见图 6）。

在讲讲评评的过程中，孩子们不仅学会了如何开展讲演活动，更通过有依据的想象，畅想了科学技术对人类生活的影响，表达了对家乡的热爱！

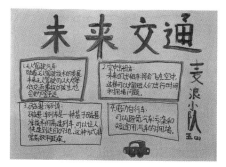 

图 5　畅想未来思维导图

图 6　孩子们开展演讲活动

四、评价方式

(一) 个体自评,回顾总结

在出项课上,我们主要通过自评和互评的方式,引导学生回顾整个项目过程中自己的感受和收获。评价的维度包括参与指数、合作指数、表达指数、贡献指数,具体评价内容如下所示。此外,评价单中还有一些主观表达,例如,在这次"科技,改变生活"的科学讲演活动中,你有哪些收获与感受呢? 通过个体自评,学生能够及时了解自己的学习情况和进步程度,发现自己的优点和不足,使他们更加主动地参与到学习中来。

"科技,改变生活"——科学讲演活动个体评价单

评价内容	自评	小组评	我在讲演活动中承担的任务
参与指数	☆☆☆	☆☆☆	
合作指数	☆☆☆	☆☆☆	
表达指数	☆☆☆	☆☆☆	
贡献指数	☆☆☆	☆☆☆	

我的收获

在这次"科技,改变生活"的科学讲演活动中,你有哪些收获与感受呢? 试着从几个角度写一写。

● **参与指数**:积极参与查找资料、绘制思维导图、撰写讲演稿、制作讲演 PPT、绘画或制作纸艺模型等活动的情况。

● **合作指数**:在小组活动中认真倾听,积极参与讨论,接受他人合理的建议,合理解决小组活动中分歧、矛盾的情况。

● **表达指数**:能对 20 年后的家乡面貌、生活场景展开有依据的畅想,有条理、生动介绍的情况。

● **贡献指数**:对小队成果——科学讲演活动提供支持、贡献智慧、承担任务的情况。

(二)小队互评,评价选拔

在出项课上,每个小队展示了各自的探究成果,同时我们还需要选出一个小队,最终参加学校科技节"科技,改变生活"的讲演活动。如何选择小队呢? 我们设计了科学讲演活动的小队评价单,评价单中包含这样几个方面:演讲的

内容、演讲的姿态、相关辅助材料。根据每一个评价点的得星，最终得出这个小队的总得星，星数最高的小队可以参加学校科技节中的讲演活动。

"科技，改变生活"——科学讲演活动小队评价单

小队名称	讲演主题明确，内容清晰	语言生动流畅、态度自然大方	用动作、手势、表情等增强感染力	PPT和讲演内容契合，有效辅助讲演	用绘画、模型等辅助讲演	得星数
	☆☆☆	☆☆☆	☆☆☆	☆☆☆	☆☆☆	
	☆☆☆	☆☆☆	☆☆☆	☆☆☆	☆☆☆	
	☆☆☆	☆☆☆	☆☆☆	☆☆☆	☆☆☆	
	☆☆☆	☆☆☆	☆☆☆	☆☆☆	☆☆☆	
	☆☆☆	☆☆☆	☆☆☆	☆☆☆	☆☆☆	
	☆☆☆	☆☆☆	☆☆☆	☆☆☆	☆☆☆	
	☆☆☆	☆☆☆	☆☆☆	☆☆☆	☆☆☆	
	☆☆☆	☆☆☆	☆☆☆	☆☆☆	☆☆☆	

五、项目总结与反思

（一）教学支架应用的多样性和适应性需增强

在跨学科项目学习中，我们发现教学支架的应用比较单一，未能充分满足不同学生的学习需求和兴趣点。每个学生都有独特的学习方式和接受知识的偏好，因此，应积极探索和引入更多样化的教学支架。例如，在入项课上，在组建小队的同时，就要讨论出每个小队的小组公约，而且在每节课上要强调该小组公约，这样就能在一定程度上减少成员之间的争论。又如，在整个项目实施的过程中，要根据教学进度不断更新项目地图，使得学生能够时刻明确目前项目的进展以及下一阶段要完成的任务。此外，"世界咖啡馆"讨论法、KWL（know-want to know-learned）策略、"画廊漫步"等一些教学支架都可以根据学习的需要在教学中灵活运用，使得每位学生都能找到适合自己的学习路径。

（二）评价机制的创新与个性化需深化

在本次跨学科学习中，虽然在评价时，考虑到评价主体的多元性，采用了个体自评和小组互评的方式，但是整个的评价过于注重结果而忽视了过程，只有在出项课上进行了评价，而对于平时学习过程中的评价比较欠缺，难以通过评价引导学生进行及时的反思和改进。因此，我们需要创新评价机制，采用多元化、过程性和个性化的评价方式。比如，加强过程性评价，帮助学生反思在学习过程中的不足和收获，从而及时调整学习方向。总之，我们的评价应该关注学生在项目中的成长和进步，而非仅仅关注最终成果。

在小童话里探秘科普大世界

莘松校区 ｜ 刘文婷、陈燕、张会婷、明珠

一、项目简介

　　科普童话有着趣味性和知识性，是儿童了解科学知识的一扇窗，也是宣传科学知识、培养科学精神的重要载体。本主题设计源自统编版《语文》教材三年级上册第三单元习作"我来编童话"。在"全国科普日"来临之际，发行一本科普童话集，以宣传科学知识为任务驱动，引导学生运用自己丰富的想象，开展编科普童话的语言实践活动。学生在主题学习中将综合运用语文、自然、美术学科的相关知识和技能，经历"制订计划""筛选科学知识""撰写科普童话""编辑科普童话集"的过程。在此过程中，学生的学科核心素养及跨学科核心素养均将得到发展。

二、项目设计

（一）学情分析

　　三年级学生喜欢阅读童话，在一到三年级的语文教材和平常的课外阅读

中,接触到了一些科普童话,对科普童话有着良好的兴趣基础,积累了一些阅读经验。三上第三单元《在牛肚子里旅行》就是一篇科普童话,为学生创作科普童话提供了可模仿的样例。在科学知识方面,三年级的学生积累了一些科学知识,他们获取科学知识渠道丰富:自然课中学习了大量的科学知识,平时阅读中也了解了很多科学知识,很多同学还订阅科学杂志。另外,学校一年一度的科技节,也为学生了解科学知识提供了机会。从兴趣角度来看,传统教学中"我来编童话"只是完成一篇作文,学生不明白为什么而作,因此兴趣不高。而"创编科普童话"可以宣传科学知识,还可以汇编成册,人人发表,作品在小队队员之间、班级同学之间传阅,人人都做科普知识宣传者,人人都做小作家,这样的角色转换和任务驱动让学生能够饶有兴致地投入科普童话的创编。

（二）项目目标

以下从跨学科核心概念、跨学科核心知识与能力、学习素养三个层面拆解项目目标。

1. 跨学科核心概念

科学知识的文学化表达。

2. 跨学科核心知识与能力

（1）通过梳理、回顾阅读教材中学过的科普童话,比较阅读科普童话和通常的科普文章,尝试说明科普童话的特点。

（2）在编写科普童话的任务驱动下,能主动梳理自己学习过的自然科学知识,筛选出想要呈现的自然科学知识,并做准确的解释。

（3）在撰写科普童话的过程中,能围绕要呈现的科普知识合理构思情节,将童话的起因、经过、结果写清楚。

（4）在编辑科普童话集的过程中,能根据小队成员编写的童话,提炼共性,为小队童话集取一个合适且响亮的名字。

3. 学习素养

（1）探究性实践:在完成科普童话集的过程中,能从结果逆推过程,不断发现问题,梳理问题,解决问题,获取完成项目的程序化知识。

（2）创造性实践:能围绕自己想要介绍的科学知识创编科普童话,并根据自己创编童话的情节创造性地设计标题、插图、背景等。

（3）社会性实践:在小组合作学习中,能根据分工,完成自己的任务。主动参与倾听讨论,通过听说读写等方式交流与获取信息。

（三）挑战性问题

1. 本质问题

怎样用童话故事的形式呈现科普知识?

2. 驱动性问题

在"全国科普日"来临之际,如何创编科普童话,制作一本科普童话集来宣传科学知识?

（四）预期成果

本项目中,学生形成的产品形式为"科普童话集",公开方式为"校园科普杂志"。关于成果的具体说明如下。

（1）探究了解科普童话:通过语文课内外语言实践活动,能围绕"科普童话"项目,共建项目地图,制作探究计划,并进行分工合作。

（2）创作编辑科普童话:学生结合童话创作方案,创编科普童话故事,并根据创编故事内容绘制插画,编排页面,形成科普童话个人页。

（3）发布科普童话杂志:小组合作汇编成册,设计童话集的封面,面向班级同学展示交流科普童话杂志。

（五）预期学习活动

时间	项目进程	学习支架/过程评价
入项活动 2课时	问题1:科普童话知多少? 问题2:科普童话的特点是什么? 问题3:在全国科普日来临之际,我们是否可以通过创编科普童话,制作科普童话集来宣传科普知识? 完成一本科普童话集需要解决哪些问题?	探究科普童话,完成学习单 项目地图 课后任务单

时间	项目进程	学习支架/过程评价
项目实施 5课时	问题 1：创作一篇科普童话，需要想清楚哪些问题？ 问题 2：如何结合童话创作方案，发挥想象力，编写童话故事？ 问题 3：如何根据故事情节绘制插图？为科普童话个人页排版规划？ 问题 4：如何为小队科普童话集和班级科普童话集取一个响亮的名字，并设计封面与目录？	问题过滤器 科普童话创作方案 科普童话评价标准 科普童话个人页设计评价标准
项目结尾 1课时	问题 1：在校园科普童话编辑活动中，我们获得了哪些成长？ 问题 2：如何完善下一次主题图书编辑活动？你有哪些金点子？	童话集评价标准

三、项目实施

（一）入项活动：增加入项体验，开放驱动性问题，激活学习动能

驱动性问题是围绕项目主题设计的关键性问题，它驱动着整个项目学习的进行，可以让学生建立目的感，使他们的学习和探究始终指向目标，能维持学生持久的探究行为，直至达到目标为止。一个项目在实施前驱动问题往往是设计好的，但在入项课上提出驱动性问题也要讲求时机和方式，这样才能恰如其分地激活学生的学习动能，让学生对项目学习产生兴趣。

1. 增加入项体验活动

我们设计的驱动性问题是：在"全国科普日"来临之际，如何创编科普童话，制作一本科普童话集，来宣传科学知识？这一驱动性问题在整个项目学习的一开始由教师提出，由此驱动学生的学习。经过教学实践，我们发现，虽然这个问题能够驱动学生的学习，但在一开始就提出，学生并未产生极大的兴趣，从学生的角度来看，这似乎是给完成某项学习任务增加了一些噱头而已，有一种司空见惯的感受。为解决这一问题，我们进行了调整。首先，增加入项体验活动，激发学生对科普童话的喜爱之情，在学生重温《小蝌蚪找妈妈》的童话故事后，组织学生分享阅读感受：

师：如果让你把这个故事讲给别人听，你想讲给谁听，为什么？

生：我想讲给弟弟听，因为他很喜欢听故事，而且他喜欢小青蛙，我给他讲这个故事，他可以了解小青蛙小时候的样子。

生：我想讲给妹妹听，这个故事不仅有趣，还能让她了解一点关于小蝌蚪的知识，她一定喜欢。

师：这个故事一直被小学课文选用，还被拍成了动画片，你知道原因吗？

生：我觉得这个故事不仅有意思，还能让人了解一点知识，特别适合小朋友们阅读。

生：我也这样认为，我在一年级学这篇课文的时候就特别感兴趣。

学生在这两个问题的交流中渐渐形成共识：科普童话有极大的趣味性，而且其中还蕴藏着科学知识，特别适合儿童阅读。多读科普童话，能让我们在学习语文的同时掌握更多的科学知识，是一举两得的事。此时，学生对科普童话的喜爱不仅停留在兴趣层面，还有了一些理性的思考。

2. 开放驱动性问题

驱动性问题可以是开放的，由学生讨论商议后自己提出。第一轮教学时，驱动性问题由教师提出，一锤定音。而后来的教学，我们进行了调整：教师只是提供了一个情境，那就是全国每年都有科普日，学校里也会有科技节，我们可以围绕"科普童话"做哪些事情来宣传科学文化知识呢？这样一个开放性的问题一下子就激起了学生主动参与的意识，有的说可以通过读科普童话，组织一个科普童话故事大赛；有的说可以把科普童话画成连环画，组织一个科普画展；也有的说可以自己创作科普童话，因为我们已经学过如何编童话了，正好可以运用上这个本领。这些想法的碰撞，彼此互为补充，最终都指向了创编一本科普童话集，里面收集我们自己创编的童话，可以给自己的童话配画，可以讲自己创编的童话，把优秀作品在校园里推广。

学习动能得到充分激发后，便可趁热打铁，组织学生对学习过程进行规划，通过列出学生问题的须知清单，理清形成终极成果所需要解决的问题，根据问题之间的前后程序，形成指向最终项目成果的学习路径，形成项目地图（见图1）。

在小童话里探秘科普大世界　莘松校区　刘文婷　陈燕　张会婷　明珠

图1　学生小组讨论,项目地图

（二）项目实施:立足学情,运用学习支架,突破学习难点

借助学习支架开展跨学科项目化学习是行之有效的教学策略。项目中有难度的问题往往需要应用多元化的学习支架来支持,以帮助学生实现知识内化,促进问题解决,突破学习难点。

1. 问题过滤器

问题过滤器支架旨在帮助学生删去无效且重复的问题。学生了解项目任务后,进入创编科普童话的学习中。在这一任务中,有两个难点,第一是如何创编科普童话;第二是评价与修改所创编的科普童话。针对这两大难点,教师在项目实施中,运用学习支架帮助学生突破学习难点。首先,教师组织小组讨论:

师:要创作一篇科普童话,需要想清楚哪些问题?

生:这个故事里面都有哪些人物,他们做了什么。

生:故事中的主人公在哪里,发生了什么事情。

生:童话里要讲什么科学知识。

生:故事中主人公经历了一件什么事,才会知道这个科学知识。

生:故事在什么场景下发生,才会用到这类知识。

生:这个故事会给谁看,他是否愿意读。

生:故事中的人物进行怎样的对话,才会把知识讲得简单易懂。

……

学生小组讨论后生成多个问题,但会出现问题重复、质量不高、讨论低效等问题。借助问题过滤器支架,学生可以直观地深入感知并思考哪些是重要问题,筛选出有质量的问题,并在教师引导下对过滤后的重要问题进行交流与思考,为后续创编科普童话做好准备。

2. 科普童话评价标准

科普童话评价标准支架为学生提供了一个清晰、具体的评价标准框架,其中包含了内容、结构、语言三大维度,涵盖了科普知识的准确性、童话故事的趣味性、情节的合理性、语言的生动性等多个方面。

在创作过程中,评价标准支架可以引导学生关注科普童话的核心要素和关键特点,从而帮助他们更好地把握创作方向。例如,学生可能会更加注重科普知识的准确性和童话故事的趣味性,努力在两者之间找到平衡点,创作出既有教育意义又有趣味性的科普童话。

在创作完成后,评价标准支架可以帮助学生和教师进行反思和修改。通过对照评价标准(见图 2),学生可以清晰地看到自己的科普童话在哪些方面存在不足,从而有针对性地进行修改和完善。同时,教师也可以根据评价标准给予学生具体的指导和建议,帮助他们进一步提升创作水平。

科普童话习作评价量表

		评价标准	自评	互评
内容	根据所要讲述的科学知识,合理构思故事的角色、时间、地点等要素。		★★★	★★★
	能围绕这个科学知识,编写故事情节。		★★★	★★★
	能通过故事中人物的对话,把知识讲得简单易懂。		★★★	★★★
结构	能给故事取一个合适的题目,居中书写。		★★★	★★★
	至少分三个自然段来写。		★★★	★★★
	不少于150字。		★★★	★★★
语言	能围绕科学知识把故事写清楚。		★★★	★★★
	语句连贯,没有病句。		★★★	★★★
	书写正确,没有错别字,正确使用标点符号。		★★★	★★★

图 2　科普童话习作评价截图

(三) 项目结尾:形成科普童话集,收获创作与宣传经验

学生创编科普童话后,如何将个人的科普童话变成一本科普童话集呢?

学生在教师引导下,自主设计页面,思考如何布局、配色、选用字体等,这些活动不仅激发了他们的创新思维,提升了他们对美的感知和鉴赏能力,还显著增强了他们的实践操作能力(见图3)。学生完成个人页面的设计后,继续小组合作设计科普童话集的封面和目录,最终将班级内所有作品印刷、装订成册,形成科普童话集。

图3 学生作品(科普童话集封面、目录、个人内页作品)

在项目的最后,我们举办分享交流会,组织学生展示科普童话集,分享创作思路与科普知识,评选优秀作品,这极大地增强了学生的自信心。最后组织学生交流:在校园科普童话集制作活动中,我们获得了哪些成长?如何完善下一次主题杂志创作活动?你有哪些金点子?学生在活动中积累经验,在经验中反思,争取更大进步。

四、项目评价

(一)课堂评价单

本项目注重过程性评价,学生在项目研究的各环节通过自评表、互评表和小组评价表不断进行自我审视和同伴互促,以优化新项目成果。

学生根据"科普童话习作评价量表"从内容、结构、语言三方面对自己创编的科普童话进行评价(见图4)。结合自评结果对创编的科普童话进行自我修正。

学生结合“科普童话个人页设计评价标准”(见图 5)从创新性、科学性、趣味性、艺术性等角度评选出科普童话个人版面“最佳创意作品”及“最佳人气作品”,为学生优化作品提供方向。

科普童话习作评价量表

	评价标准	自评
内容	根据所要讲述的科学知识，合理构思故事的角色、时间、地点等要素。	★★★
	能围绕这个科学知识，编写故事情节。	★★★
	能通过故事中人物的对话，把知识讲得简单易懂。	★★★
结构	能给故事取一个合适的题目，居中书写。	★★★
	至少分三个自然段来写。	★★★
	不少于150字。	★★★
语言	能围绕科学知识把故事写清楚。	★★★
	语句连贯，没有病句。	★★★
	书写正确，没有错别字，正确使用标点符号。	★★★

图 4　课堂自评

评一评

最佳创意作品　最佳人气作品

评价依据	互评
创新性：故事的立意及研究方向有新意。	★★★
科学性：作品具有科学性，符合科学规律。知识点清晰，有科学合理性。	★★★
趣味性：故事情节富有想象力，富有童趣。	★★★
艺术性：能根据想象创造特色人物形象。	★★★

图 5　课堂互评

在小组合作汇编科普童话集环节,学生设计童话集封面,各小组确定杂志名及目录栏,通过小组评价相互借鉴学习(见图 6)。

小组评价 小组商量杂志名和目录栏，并进行现场评价，确定最终版本

小队 杂志内容	第一组	第二组	第三组	第四组	第五组	第六组	第七组	第八组
杂志名								
目录栏 （分类数量）								
目录栏 （分类名称）								
获得星数	★★★	★★★	★★★	★★★	★★★	★★★	★★★	★★★

图 6　小组评价

(二) 项目复盘(反思与分享)

在项目结尾阶段,教师组织现场分享会,引导学生反思与迁移,旨在帮助学生全面审视并表达他们在项目学习中所获得的体验与情感。

刘文婷　陈　燕　张会婷　明　珠　莘松校区

在小童话里探秘科普大世界

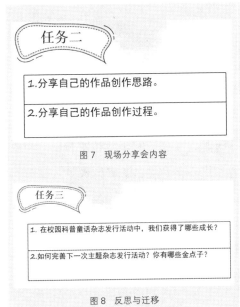

现场分享会让学生分享自己的作品创作思路及过程，鼓励学生们发展创新思维和批判性思考能力，同时也培养学生的沟通和表达技巧。这是项目结尾中的一个重要环节，它不仅增强了学生的自信心和表达能力，也促进了学生之间的相互学习(见图7)。

图7　现场分享会内容

让学生反思总结本次项目学习中的收获，不仅能够巩固和深化他们对项目内容的理解，还能够提升他们的批判性思维、自我评估能力。本次学习所积累的知识，也能为下一个项目学习打下坚实的基础(见图8)。

图8　反思与迁移

五、项目总结与反思

（一）项目成效

1. 建立良好的师生关系，持续评估和挑战

在本次跨学科课程的项目中，我们选择了"在小童话里探秘科普大世界"作为主题，旨在通过童话故事的形式来呈现科普知识，激发学生对科学的兴趣和探索精神。我们通过关心和支持学生，建立信任和积极的学习氛围，鼓励学生分享想法、解决问题和互相支持。我们定期评估项目的进展和学生的表现，识别出可能需要调整的地方，并据此优化项目设计和实施策略，让学生分享进展和遇到的困难，共同制订解决方案。

2. 学生收获与成长

通过创作科普童话，学生们不仅学到了科学知识，还提高了阅读理解能力和文学创作技巧，"在小童话里探秘科普大世界"的跨学科项目是一种融合了文学与科学的跨学科学习方式。

相信这样的跨学科教学方法能够激发学生的学习兴趣，培养他们的综合素养，为他们未来的学习和生活奠定坚实的基础。

（二）项目反思

1. 项目达成度与预期的距离问题

在项目的实施过程中，出现项目成果与预期目标有差距的问题。在项目启动阶段，将科学知识融入童话故事，学生可能遇到了概念理解上的困难，这导致在故事中科学知识的准确性和趣味性无法并重。学生对特定科学主题的兴趣可能不一致，这导致个别学生对研究相关科学知识缺乏积极性。要提高学生的参与度，教师应放手让学生在选题上拥有更多的自主权，让他们选择自己感兴趣的科学领域进行深入研究。针对学情，教师应提供个性化的支持和指导，对于需要额外挑战的学生，可以提供更高水平的创作要求，以激发他们的学习动力。

2. 团队合作与交流的能力有待提升

因科普杂志最终成果以小队为单位合作完成，所以学生个体能力的差异导致小队之间完成度的差异，可能因沟通不畅或合作效率低下，影响了项目的整体进度。所以，教师在整个过程中应及时提供具体而建设性的反馈，以便切实帮助各小队调整策略以满足学生的实际需求。

身边的小动物

春城校区 | 盛晶晶、杨郁梅、舒家萱、方舒

一、项目简介

　　本项目以合作策展的任务为指引,基于语文统编教材一年级下册第五单元,选择了低年级学生感兴趣的"动物"为项目主题。我们尝试通过创设真实"策展"情境,从语文学科的视域出发,融通自然、美术、音乐学科,引导学生以"策展人"的身份为小伙伴开展一次"身边的小动物"科普展,让学生在情景式合作与学习中,学会观察并认识身边的小动物,懂得多元化的表达。

二、项目设计

(一)学情分析

　　一年级学生处于语言学习的初级阶段,对于语言的理解和表达能力还比较薄弱,为提高学生语言运用和思维能力的核心素养,我们设计了本次活动。活动力图通过跨学科项目化学习,引导学生更好地习得学科知识,促进综合能

力提升。

本学期《语文》教材一年级下册第五单元"动物儿歌"一课以"谁在哪里干什么"的基本句式，介绍了6种小动物的生活习性，还配有生动有趣的彩图，形象地展现了动物活动快乐美好的画面。学生通过课文文本学习，借助汉语拼音、课文彩图和生活经验来认识生字、朗读课文。此外，结合课后习题，学生也联系生活实际，进行语言拓展训练。由此，学生积累了一定的动物知识，变得乐于亲近自然。这一选题与学生的认知基础和生活经验息息相关，能够激发他们的探索欲和学习兴趣。

（二）项目目标

以下从跨学科核心概念、跨学科核心知识与能力、学习素养三个层面拆解项目目标。

1. 跨学科核心概念

识字与表达、人与自然。

2. 跨学科核心知识与能力

（1）运用口语交际本领，大胆邀请同伴一同参观展览，了解举办展览的相关知识。

（2）通过设计、使用观察记录表，了解常见动物的分类、栖息地和习性，并制作简单的动物图鉴。

（3）选择喜欢的方式展现动物的一个特性，完成一张"动物小名片"，进一步激发关心、爱护动物的情感。

（4）通过头脑风暴、动手实践，能分工协作完成"身边的小动物"策展布展，乐于交流分享。

3. 学习素养

（1）探究性实践：在设计、使用观察记录表的过程中，能够根据动物的分类探究它们的习性、栖息地，并制作简单的动物图鉴。

（2）社会性实践：在小组合作策展布展中，能够积极倾听他人的观点并给出回应，一同协作，完成科普展览。

（3）审美性实践：通过不同图形、色彩的组合与创意，设计专属"动物小名片"，感悟人与自然的和谐统一。

（三）挑战性问题

1. 本质问题

　　如何观察、认识身边的小动物？如何进行多元化的表达？

2. 驱动性问题

　　作为策展人，如何为校园科普展览提供有趣的展品，让伙伴认识这些小动物，和它们交朋友？

（四）预期成果

　　本项目中学生形成的产品形式为"动物名片"，公开方式为"身边的小动物"校园科普展览。关于成果的具体说明如下。

　　（1）探究了解动物：通过课内外阅读、观察等实践活动，认识身边不同的小动物，从多角度了解它们的特点。

　　（2）制作动物名片：围绕"'身边的小动物'校园科普展览"主题，回顾收集的信息，选择自己感兴趣的形式，创作出独特的藏书票动物名片。

　　（3）布置小组展台：小组合作，进行展台布置，并在校内进行展示和分享。

（五）预期学习活动

时间	项目进程	学习支架/过程评价
入项活动 （2课时）	问题1：什么是展览？ 问题2：想要去哪一个展览，需要注意什么？	气泡图
项目实施 （2课时）	问题1：身边有哪些动物？ 问题2：身边的动物可以如何分类？它们又有哪些习性？ 问题3：如何设计、制作动物图鉴？	观察方案 动物图鉴
项目优化 （2课时）	问题：我想用什么方式、展示动物的什么特性？	气泡图 "名片"制作材料
项目结尾 （2课时）	问题：怎样设计展览，让大家更加了解这种小动物？	"身边的小动物"校园科普展览

三、项目实施

（一）入项活动:动物展览初探,激发自主探究意识

在入项活动中,我们充分关注学生的兴趣所在,结合学生最近关注的"旅美大熊猫"事件,通过新闻播报,让学生获取该事件的完整信息,进而对大熊猫产生了强烈的探究兴趣,如很多学生产生疑问"为什么很多大熊猫无法在野外自主生活?""怎样才能把大熊猫照顾好?""视频中的熊猫生病了吗"等。同时,我们搜集了"1864 大熊猫巡展"的相关信息,让学生不仅对大熊猫有了更深入的了解,对"动物展览"也有了初步的认识。学生们用气泡图这一思维导图梳理了"动物展览"中主题、名称、物料、海报、讲解员、互动形式等关键要素。

有了对动物展览的初步认识,接下来便是引导学生结合小队活动,去自主搜集近期的展览信息,并确定观展时要着重注意记录的信息,然后返校交流。通过这样的小队探究,学生们不仅对展览的多样性有了深刻的认识,还培养了自己的沟通协调能力、信息搜集能力以及解决问题的能力。

（二）项目实施:探究身边小动物,制作动物图鉴

活动伊始,教师播放精选动物世界视频,以鲜活影像激发学生的探究欲。观看视频后,小组讨论识别动物种类,分享见解。继而,教师设问引导:"我们身边有哪些动物? 它们生活在哪里?"以此激发学生好奇心,明确项目学习主题与任务。

1. 小组分工,设计观察方案

学生以小组为单位,利用课余时间收集关于身边动物的资料,包括图片、文字描述、习性特点等。同时,他们还观看了很多与动物相关的视频资料,以丰富自己的知识储备。

为了让学生更深入地了解身边的动物,教师引导学生设计观察方案。在项目实施中,运用"世界咖啡馆"讨论法,学生自主选择角度与任务,不仅锻炼了合作与表达能力,还激发了知识的交融与碰撞。学生围绕"我们身边有哪些

动物""它们的生活习性是怎样的"等议题进行深入探讨后,各小组明确了观察对象、时间、地点与方法,并通过填写观察方案设计表格,细化了观察步骤与注意事项,为接下来的实践活动奠定了坚实基础。

2. 资料分类,制作动物图鉴

依据观察方案,小组成员将收集到的动物资料进行分类整理,并根据动物分类规则(如哺乳动物、鸟类、昆虫等)将信息贴在新的卡纸上。在此过程中,学生需要裁剪 A4 卡纸上的小动物图片或自行绘制动物形象,并在卡纸上补充动物的详细信息,如名称、栖息地、生活习性等。最终,每组学生将制作完成一份详细的动物图鉴。

最后,通过展示与反思,学生深化了对动物习性的理解,同时锻炼了批判性思维和团队合作能力。整个教学过程旨在培养学生的学科素养与学习素养,特别是观察、分类、记录与表达能力的提升。

3. 阅读绘本,了解不同展示形式

通过前期阅读,学生对于自己所选择的动物有了多角度的了解,在此基础上,我们进入了展品制作的环节。如何将我们对于这种小动物的了解,用多样而有趣的方式告诉大家呢? 为了帮助学生拓展思路,我们为学生提供了多种形式的绘本资源,如立体书、叫叫书、触摸书、百科书等,它们一方面能够加深学生对动物特点的理解,另一方面有助于将相对静态客观的知识、技能性内容转化为学生学习的资源。

通过小组轮换,学生进行了充分阅读,拓展了对"名片"形式的认知,在此基础上,我们引导学生借助语言支架"我想用什么方式、展示动物的什么特性?"梳理自己的收获,确定自己想要制作什么形式的作品。在小组交流、展示的基础上,进行修改调整,为后续展品的制作做好充分的准备。

4. 动手实践,制作动物名片

有了前期充分的准备,学生对于自己想要介绍的动物就有了比较深入的了解,也确定了自己想要以哪一种形式来制作展品。此时制作"动物名片"可谓是水到渠成了。

学生根据不同的展示方式调整小组的结构，并自主选择材料，如彩泥、油画棒、彩纸、扭扭棒等进行制作。有的学生选择彩泥、扭扭棒等捏出动物，并展示动物的家；有的学生通过绘画的方式绘制动物的样子、脚印；还有的学生尝试模拟动物的叫声或编儿歌介绍小动物的特点。

跨学科主题学习的核心特征在于多个学科的整合，这使得在学习设计与实施过程中都需要不同学科教师的参与，在学生学习的过程也需要各学科教师及时、应需的指导。如课堂实施过程中音乐老师借助数字化的学习手段，录制了指导视频；美术老师以助教身份进入课堂，对学生进行美术学科相关的指导与协助。

从课堂呈现的效果来看，学生在不同学科教师的启发引导下，能根据自己选择的角度，运用相应形式个性化地呈现自己了解到的动物的特点，为小动物制作"创意名片"。

(三) 项目结尾：策展布展，分享探究所得

在项目结尾阶段，学生以小组为单位，梳理各自展台的主题名称，明确策展布展的分工，最终以一场校园科普展的形式向四年级的哥哥姐姐们展示了项目成果。

1. 借助支架，做好布展准备

在项目实施过程中，各种各样的"动物小名片"呈现在众人眼前，如何更好地将小组探究成果进行展示分享显得尤为重要。聚焦"怎样设计展览，让他人更加了解这种动物"这一关键问题，借助教师提供的任务单支架，学生们充分讨论，有的以"蜻蜓点水"为题，侧重科普展览；有的以"猫咪眼中的世界"为题，侧重叙事展览；还有的以"熊猫的千姿百态"为题，侧重外形展览……当展览主题和内容确定后，学生开始运用"问题过滤器"讨论确定展览的呈现方式，以此凸显所探究动物的特点，也帮助伙伴们更好地认识这些小动物，并和它们交上朋友。

生1：我们的展览场地有多大？

生2：展览的亮点是什么？

生3：用哪些形式可以凸显动物的特点？

生4：展览宣传如何做？

……

在教师的组织和引导下，一些无效、重复的提问被剔除了。学生结合项目入项时观看的"1864大熊猫巡展"，最终确定了各自小组的展览形式。

2. 分工协作，呈现多元成果

小组成员根据特长进行布展分工，有的担任策展人，有的担当"展示设计者""展示制作者"，还有的进行"展品维护工作"……就这样，一场校园科普展如火如荼地举办起来了（见图1）。

图1　校园科普展

以最终成果及公开展示为主，学生对照自己的设计书不断调整、修改展品及展台布置。在本次项目活动与后续评价的过程中，他们及时发现问题并主动调整，形成了可贵的自我反思和批判性思维。

四、评价方式

1. 课堂评价单

课堂评价单如图2所示。

评价内容	自主	互评	教师评
认识身边的小动物,能与他们"交上好朋友"	☆☆☆	☆☆☆	
发挥创意,设计个性化"动物名片"	☆☆☆	☆☆☆	
布置精美小展台,进行展品讲解	☆☆☆	☆☆☆	

得星说明:
1. 能基本熟悉身边的小动物,了解它们的分类、习性等,还能用自己的话简单介绍,得3星;只认识身边小动物的样子得2星。
2. 能运用美术、音乐等学科知识,设计富有创意和美感的"名片"得3星;完成纸质名片得2星。
3. 能和伙伴一起认真布置展台,并条理清晰地讲解得3星;做到一项得2星。

　　本课堂评价单精心设计了"自评""互评"与"教师评"三维度评价体系,并附上详尽的得星标准,旨在营造一个寓教于乐的环境。通过这一多元化的评价机制,学生能够在享受活动乐趣的同时,深刻洞察自我与他人的优势及待改进之处,进而在持续的反思与积极重建中,实现个人能力的飞跃与集体凝聚力的增强。

图 2　课堂评价单

2. 项目反思与分享任务单

　　在项目结尾,教师使用任务单引导学生进行了一次深刻的反思与分享活动,旨在帮助学生回顾整个学习过程中的体验和感受(见图 3)。

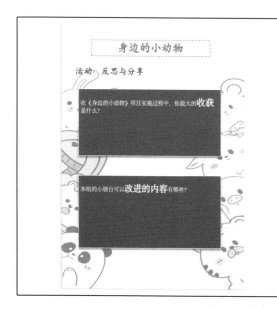

　　在"身边的小动物"的项目学习中,你最大的收获是什么?学生的反馈如:学习到如何对小动物进行分类;知道了我最喜欢的小动物的生活习性。

　　如果项目持续下去,本组的小展台还能怎么改进呢?学生的反馈如:可以加上视频介绍,让哥哥姐姐们更直观地了解我们组想展示的动物。

图 3　分享任务单

五、项目总结与反思

(一) 项目成效

1. 于教师而言:以生为本,积极探索学科实践

以问题链和任务链为驱动,教师在项目推进过程中时刻关注目标的设定与优化,将课程标准转化为相应的学习目标,突出以"学"为中心的课堂理念,意在打破学科边界,坚持学生立场,使学生在项目学习中实现知识理解、信心整合、反思重建。

2. 于学生而言:学科融通,助力核心素养提升

一方面,通过真实问题驱动,学生合作探究,阅读动物图鉴以及各类动物书籍,结合整本书阅读,学生提取信息能力等综合阅读能力得到提升。在科学方法支撑的多次小组讨论中,学生的学科表达能力和协同合作能力也得到了充分锻炼。与此同时,在学习探究中,学生渐渐学会了如何发现问题,并寻求解决问题的方法,不断强化与生活世界的联系,在亲身体验问题的探究与解决过程中,不断提高问题解决能力和创新实践能力。

(二) 项目反思

在项目设计与实施中,我们面对的是小学一年级的学生。所以,过程性的评价既难设计,又显得尤为重要。由于一年级学生的识字量有限,不难发现,他们对于一些跨学科知识的掌握和讨论方法体验不足。后续,对于如何优化学习评价,达成教与学的有机融合是教师需要不断反思重建的。

天凉好个秋

春城校区 | 杨郁梅、朱雯婷、陈何君、唐雪华

一、项目简介

　　这是面向四年级学生的跨学科项目。我们基于语文四年级上册第三单元"持续观察"这一核心要素,融合自然、美术、信息等学科素养,引导学生在实地观察的基础上,设计制作吸引人的"赏秋指南"。学生在这个项目中经历知"秋"、赏"秋"、寻"秋"、荐"秋"四大主题活动,最后以小组为单位,完成"赏秋指南"制作,并在校园长廊内进行布展。项目旨在引导学生运用所学的学科知识去解决制作指南时遇到的问题,在"审美创造""语言运用"等多方面促进学生高阶思维的发展。

二、项目设计

(一)学情分析

　　四年级的学生具备良好的跨学科知识基础,四上《语文》教材第三单元涉

及的"连续观察"这一主题,融合语文、自然、信息、美术四个学科,形成了跨学科的教学基础。学生在校内外生活场景中连续细致观察,结合"赏秋指南"的情境任务,借助观察记录表,饶有兴趣地思考设计有吸引力的"赏秋指南"。从情感上讲,他们也在观察中学会了整合知识"为我所用"去解决问题,拓宽了思维疆界,体验了秋天带来的乐趣,提高了语言文字运用的能力。

（二）项目目标

以下从跨学科核心概念、跨学科核心知识与能力、学习素养三个层面拆解项目目标。

1. 跨学科核心概念

持续观察与表达。

2. 跨学科核心知识与能力

（1）在设计、制作"赏秋指南"的过程中,养成留心周围事物、连续观察的习惯,提高观察能力。

（2）在制作"赏秋指南"的过程中,运用所积累的语言,将观察所得准确生动地表达出来,提升语言运用的能力。

（3）在设计、制作"赏秋指南"的过程中,根据需求进行创意设计,用创新的手法设计及美化海报,提高艺术鉴赏和动手实践能力。

（4）在项目中,根据需求有效地搜索合适的信息源,筛选和评估信息的可靠性,并根据自己的需要组织和利用这些信息。

3. 学习素养

（1）审美性实践:在设计、制作"赏秋指南"的过程中,能够根据所选内容,设计版面、绘制合适的插图、运用恰当的艺术手法辅助表现主题。

（2）社会性实践:在项目实施的过程中,能够与他人充分交流、合作,不断增强集体意识和协调能力。

（3）调控性实践:在项目实施的过程中能够规划进程,及时反思和调整;遇到困难和问题时能调节自己的情绪,激发更主动的自主学习。

（三）挑战性问题

1. 本质问题

如何进行持续细致的观察,并把观察所得准确生动地表达出来?

2. 驱动性问题

作为策划师,如何为伙伴们设计一份"赏秋指南",让他们更好地观察秋天的变化并感受秋季的美丽?

（四）预期成果

在本项目中,学生不仅完成了个人的观察日记,还以小组为单位,完成了"赏秋指南"的制作,并以"赏秋指南"发布展的方式向大家公开。关于成果的具体说明如下。

（1）完成观察日记:学生在单元视野下,基于充分的观察记录,结合自己的观察感受,完成日记。

（2）制作"赏秋指南":在完成观察日记的基础上,总结观察对象最值得观赏的"瞬间",以小组为单位,选择合适、吸引人的形式,分工合作,制作"赏秋指南"。

（3）布置小组展台:小组合作,进行展台布置,并在校内进行展示和分享。

（五）预期学习活动

时间	项目进程	学习支架/过程评价
入项 知"秋": 我们可以赏什么 （1课时）	问题1:从哪些文学作品中感受到了秋天的"美"? 问题2:在生活中,我们观察到了哪些秋天的美?	小组学习资料包 课堂任务单
项目实施: "赏"秋: 我们可以用怎样的观察方式去赏"秋" （2课时）	问题1:用怎样的方式进行观察? 问题2:用怎样的方法进行记录? 问题3:我发现的最美瞬间是怎样的?	观察记录单设计表 观察日记评价单
项目实施: 寻"秋": 我们可以去哪里赏 （1课时）	问题1:去哪里寻找我眼中最美的秋天? 问题2:我们可以用怎样的形式进行分享?	各类打卡地图样例 评价单

续　表

时间	项目进程	学习支架/过程评价
项目展示： 荐"秋"： 如何把我眼中最美的 秋天推荐给更多人 （1课时）	问题1:赏"秋"指南中应该呈现哪些内容？可以有哪些形式？ 问题2:如何把我眼中最美的秋天推荐给更多人？	各类指南样例 赏秋指南设计单 评价单

三、项目实施

（一）创设真实任务，激发学生主动学习的兴趣

"跨学科学习"强调让学生在各种真实而又复杂的情境中，逐渐掌握问题探究的基本步骤和方法，逐渐具备综合运用各学科知识解决实际问题的能力。四季活动是学校的常规活动之一，以此为基础，我们将四年级上学期第三单元的主题——"连续观察"，与学校的秋季活动进行整合，创设了校园展览的情境，来激发学生的内驱力。

在入项课中，我们就已将本次跨学科项目化学习的最终任务发布给学生：校园秋季活动就要开始了，作为策划师，你会如何为伙伴们设计一份具有吸引力的"赏秋指南"，让大家更好地观察秋天的变化、感受秋天的美丽？向学生明确了本次学习的"终点"后，引导学生思考：为了达成这个目标我们需要解决哪些问题。让学生借助"问题过滤器"（见图1）这一学习工具，收集并筛选问题，

图 1　问题过滤器

形成本次跨学科项目学习的学习地图。在此基础上开展四个子项目的学习。

苏霍姆林斯基说过："要让孩子带着一种高涨激动的情绪从事学习和思考,在学习中意识和感受自己智慧的力量,体验到创造的快乐。"这样贴近生活的真实情境创设更能激发学生的学习主动性和积极性。

(二) 构建课堂新形式,促进学生创新思维的提升

1. 拓展教学空间

"知'秋'"活动中,基于之前三年校园秋季活动的基础,学生们对于如何体味"秋天的美"已有一定的认知,他们自命名"秋老虎""一叶知秋""秋花也浪漫""果游记""谷谷争秋",分别从秋天的节气和动物、叶、花、果以及农作物等五个不同类型的视角,组成跨班级的项目小组。

五个项目小组开展人员分工,使用拼图工具,进行跨组同任务人员组合,开展各自的探究任务学习。信息收集员来到电脑房,进行相关信息的整理;资料查询人员在图书馆开展资料收集查阅;实地探景人员则在教师的带领下参观校园,更好地认识校园景观与植物,并学习如何认清方位(见图2)。

图2　资料查询和实地探景

回归教室后,大家在项目小组中交流分享自己的探究所得,合作开展思维导图的制作。学生们思考从品种、功效、生长习性、鉴赏期、鉴赏点等不同方面去立体深入地了解事物主体,提取查阅到的文字资料进行信息重组整合(见图3),从而共同探讨解决在这个秋日,我们"赏什么""赏的价值""如何赏"的问题。

天凉好个秋

春城校区

杨郁梅　朱雯婷

陈何君　唐雪华

汇报交流展示过程中,我们组织学生交流参观,介绍补充,互相评价。

图3　绘图进行信息整合

2. 凸显学科属性

在"赏'秋'"活动中,学生首先学习了第三单元课后练习中的《观察记录单》,明确了表格式、图标式不同类型的观察记录方法。其次,通过问题梳理器,进行了每个项目小组各自不同的观察记录单的设计。大家应用五感、图例、测量、简绘等不同方式进行符合自身项目组的观察记录单设计,交流过程中大家发现,这些观察记录单既有共性又有个性,按照一定的时间观察,能够选取其中变化最显著、状态最美的时刻进行记录,为后续指南制作做好素材保障。同时,根据观察记录单学生更加清晰、细致地进行了观察日记的撰写,而这些日记也作为过程性作品成为布展的一部分呈现在了校园长廊中(见图4)。

图4　观察记录资料展示

学生们认为最具挑战的"赏秋指南",也是需要一定的学科知识能力支撑的。如何进行信息的重组,将所选主体在秋季变化最大、最美的一刻推荐给伙伴们? 我们在提取自己的探究及观察信息时,需要贴合受众群体,让我们的伙伴更喜欢自己的指南介绍,因此我们的文字可以更具童趣性,可以改变人称,也可以运用拟人、比喻、夸张等手法来撰写;同时,我们也需要运用说明文中列数据、作比较等方式进行精准表述。观察日记的撰写、"赏秋指南"的制作、合作布展的呈现,我们以表1为例,不同程度地凸显了语文学科的素养导向,培养了学生语言文字的运用能力。

表 1　进行精准表述

观察日记	赏秋指南	合作布展
借助语文教材资料包,个性化设计观察记录表	提取最美的、变化最大的一刻进行推荐	导语设计贴合受众群体,有阅读性,有吸引力
运用三则日记生动准确地表述观察所得	"赏秋指南"制作图文并茂,语言表达清晰有童趣	展板介绍分工合理,口语表达准确有感情

此外,在每个项目组合作进行指南制作布展过程中,我们对于指南的主题拟定、导语设计、布局排版、底板设计等进行了分工指导。在导语设计的辅导过程中,我们注重调动学生已有的语文学科素养。通过讨论与网络查阅,孩子们发现导语设计需要吸引人,凸显推荐主题的最优特点,并关注受众群体需求。在此基础上,讨论选择适切的表述方式,如古诗、设问、对比、描写等,彰显本项目的特点。学生们在任务驱动中,不断调动已有的知识经验,在获取新的信息过程中实现问题解决。

3. 搭建适切支架

在跨学科主题式教学中,我们结合学生的认知能力水平和实际学习需求,适时提供支架,例如思维导图、框架图、案例等,帮助学生构建思维框架。

教学支架可以是项目学习过程中一些常用的工具,比如在组织小组讨论时,"世界咖啡馆"讨论法就是十分有效的支架,通过设定不同角色来帮助学生明确自己在小组合作中承担的任务,提高小组合作的效率;也可以是教师根据学生的需求所设计的课堂学习单。比如在"荐'秋'"活动开展的过程中,我们结合课堂活动,设计了这样一份学习单(见图5),运用了气泡图这一形式,帮助学生梳理关键信息,为后续开展"赏秋指南"的制作做好充分的准备。

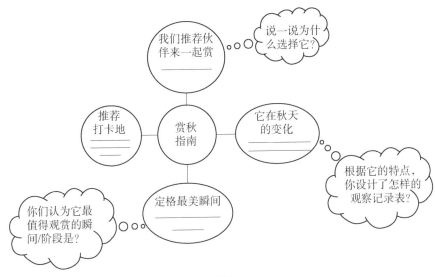

图5　课堂学习单

此外,在实施的过程中,教师及时、应需的指导也是必不可少的。我们可以根据学生在学习过程中可能存在的困难点或者知识盲区,提供有针对性的资料包,引导学生通过自主学习尝试解决问题。

在"荐'秋'"活动中,学生需通过小组合作,构思、设计并制作一份《赏秋指南》,但对"指南"的理解和认识,学生在此前的学习过程中并未涉及,因此我们为学生提供了一份相关的资料包,引导学生了解指南的用途,包含的要素以及呈现方式,帮助他们解决创作难点。现有的指南形式丰富,有注释类、美篇类、地标类、图表类、图例类、美拍类等。基于四年级学生的活动基础和知识储备,我们在资料包中重点介绍了三类指南的呈现方式,如图6所示:图表类、地标类、美拍类。

学生在自主学习的基础上结合自己的项目可以选择最合适的指南呈现形式。如花、果、叶项目组认为运用地标式指南,美拍式指南,更具科普观赏性;农作物、节气与动物项目组认为选用美拍式指南,表格式指南,更具科普考察

性。在这样的探究和实践过程中通过不断打磨和迭代,学生开始关注真实的
世界,并学着尊重科学、敬畏生命、热爱自然。

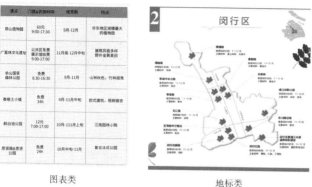

图表类　　　　　　　　地标类　　　　　　　美拍类

图 6　三类指南的呈现方式

（三）举办校园展览,推动学生综合能力的主动发展

在入项课中,我们结合校园秋季活动抛出了"如何为伙伴设计一份具有吸
引力的'赏秋指南'"的问题,在项目的最后,我们就以校园长廊为舞台,为学生
举办了一个"赏秋指南"的发布展。每个小组的作品都将在此呈现,一方面是
向全校的师生展示自己一个阶段的学习实践成果,另一方面也是一次项目评
价。其他班级、年级的学生在老师的组织下前来参观,并根据自己的喜好选择
"打卡同款秋景"(见图 7)。

为了让自己小组的指南能更加吸引观众,学生在设计、制作时个个卯足了
劲儿。

生 1:我们把指南做成一个长卷的形式,大家觉得怎么样?

生 2:稻谷小组就是这样做的,如果我们和他们一样,会不会没有那么吸
引人?

生 3:我有个想法,我们组介绍的是秋天的花,我们可以把指南做成一本书,
先用扭扭棒把每一页串在一起,然后把多余的部分扭成一朵花的样子来装饰。

生 4:这个方案好!书里的装饰也可以都采用和花有关的事物,这样主题
就更加凸显了。

天凉好个秋

杨郁梅　朱雯婷

陈何君　唐雪华

春城校区

图7　打卡同款秋景

除了设计自己小组的成果,学生还参与了整个展览的布展设计。围绕"如何呈现我们的学习过程"这一问题,学生们也各抒己见:呈现观察日记、展示小组设计图、布置照片墙……在讨论的过程中,一个个奇思妙想不断打开伙伴们的思路,我们也欣喜地看到学生的变化,他们的小组合作更为有序,讨论时能始终围绕核心问题展开,汇报交流时更加自信而有条理了。合作布展的过程,再一次为学生提供了一个具体且真实的情境,促使学生主动整合知识去解决问题,也促使学生不断地自我审视、反思,对自己的作品进行不断的修改优化。

四、评价方式

（一）课堂评价单

课堂评价的各项内容如表 2、表 3 和图 8 所示。

表 2　课堂自评单

能根据需求选择合适的打卡地并制作打卡地图	☆☆☆
能接纳别人的建议，并尝试自主修改	☆☆☆
能积极参与小组讨论，体验合作乐趣	☆☆☆
能合理表达想法，交流分析问题	☆☆☆

本课堂评价单以学生自主评价的形式，引导学生对于自己在课堂中的学习表现进行评价。旨在宽松的氛围中，引导学生进行诚实的评价，发现自己的长处与不足，逐步养成自我反思的习惯。

表 3　课堂互评单

评价标准	完全符合	基本符合	不符合
能体现"秋天"的特点			
素材选取适切			
文字表达清晰			
整体设计美观			

这是对各个小组完成的"'赏'秋指南"的互评表。从主题、选材、设计等方面引导学生进行评价。在小组合作和分享的过程中，它能引导学生从这四个方面对自己或他人的作品作出评价或提出建议。

图 8　展品评价

在每个小组制作的"赏秋指南"中，都设有一个互动区域，所有参观者都可以为自己喜欢的作品投票。这样的评价方式不仅更能激发学生的兴趣，也让我们的项目更好地融入了校园活动。

（二）项目反思与分享任务单

在项目结尾，教师使用任务单引导学生进行了一次深刻的反思与分享活动,旨在帮助学生回顾整个学习过程中的体验和感受(见图9)。

图9　反思与分享

借助语言支架"原来我以为……现在我知道了……"引导学生对于本次项目中的收获进行梳理总结。

以"项目持续下去,我还能怎么改进呢?"为话题引导学生对于本次项目学习过程中的学习表现、成果制作进行反思。

五、项目总结与反思

(一)项目成效

1. 于教师而言:立足语文学科,积极探索课堂新模式

在项目设计、实施的过程中,教师进一步理解了"跨学科学习"需坚守语文学科本位,聚焦语文素养,横向把握多个学科的核心概念,找准有机联结点,打破知识间的壁垒与界限,引导学生为有效实践运用而学。

和传统的课堂教学相比,跨学科学习改变了传统的课堂形式,教师以学生的"学"为主,设计学习任务和支架,帮助和引导学生在实践中学习。此外,在学习过程中,学生可以根据需求走出教室,走进校园、图书馆、社区,学习的空间拓展了。

2. 于学生而言:关注真实生活,培养了解决问题的能力

"跨学科项目化学习"强调让学生在各种真实而又复杂的情境中,逐渐掌握问题探究的基本步骤和方法,逐渐具备综合运用各学科知识解决实际问题的能力。在本次项目中,学生以制作指南为目的,经历了确定观察对象、观察记录其变化的探究过程,在撰写日记并确定了最值得推荐的瞬间后,进行赏秋指南的制作。在真实情境和问题的引导下,学生的合作能力和问题解决意识得到了锻炼。在完成任务的过程中,学生通过分工合作,呈现出了一份份各有

特色的"赏秋指南",并布置在校园中。在项目推荐的过程中,学生们不仅解决了自己的问题,还养成了一定的问题解决意识和社会责任感。

（二）项目反思

　　跨学科主题学习的核心特征在于多个学科的整合,学生学习的过程需要各学科教师及时、应需的指导。在本项目实施过程中,如果有自然和美术学科教师的介入,对于学生的观察及指南制作给予更专业的指导,相信学生能够呈现出更为丰富的成果。

心有榜样　行有方向

畹町校区　|　王伟、杨茂华、王莹、曹雯、王娅

一、项目简介

  本项目结合闵实小五年级毕业季活动，以"心有榜样　行有方向"为主题进行"策展"，要求学生把自己汲取到的榜样的力量传递给学弟学妹，为母校送上一份有意义的毕业礼物。项目主题的教学设计源于小学语文五年级下册第三单元的教学内容，学生通过学习革命英雄的事迹，抓住对他们语言、动作、神态的描写，感受革命先辈们的精神品质。我们尝试从语文学科出发，融通道德与法治和美术学科，指导学生通过采访学弟学妹讨论拟定策展主题，制订策展方案，确定展品的内容与艺术表现形式，合作完成展品并在模拟布展中不断反思迭代，最终完成策展。在这一过程中，学生不仅学会了如何进行策展，更加深了对榜样内涵的理解，知道了如何继承和弘扬革命文化，宣传社会主义先进文化。

二、项目设计

（一）学情分析

　　学生经过近五年的学习,对革命英雄的事迹有了一定的了解。如教材中的革命领袖一年级有毛泽东;二年级有朱德、周恩来、邓小平。英雄人物三年级有孙中山,四年级有周恩来、黄继光、雨来、王二小,五年级有刘伯承、毛泽东、方志敏。学生能够聚焦革命英雄人物的品质,按照一定顺序,梳理人物的主要事迹。在梳理人物事迹时,能抓住人物的语言、动作、神态的描写,体现人物的品质。

　　但是在策展的时候,学习难点是:访谈提纲和宣讲词的撰写有难度,梳理信息的能力不足;宣讲得不够生动形象,感染力不够;小组的合作分工以及合作过程中发现问题、解决问题的能力有待加强。

　　在其他学科方面,学生学习的难点是:不清楚什么是策展以及怎样策展;策展前期访谈数据的汇总、提炼能力不够;查找的榜样人物的资料是否准确;选择的展品艺术表现形式能否凸显榜样的精神品质;展品的布置视觉效果是否突出。

（二）项目目标

　　以下从跨学科核心概念、跨学科核心知识与能力、学习素养三个层面拆解项目目标。

1. 跨学科核心概念

　　学习革命英雄事迹,传递榜样的力量。

2. 跨学科核心知识与能力

　　（1）语文学科:榜样阅读卡、展品介绍、宣讲词、项目手册。

　　（2）道法学科:近代以来中国人民为实现中华民族伟大复兴走过的历程,不同阶段不同人物的追梦之路以及他们的英雄事迹。

　　（3）美术学科:制作展品、布置展品。

3. 学习素养

　　（1）探究性实践:在策展过程中,能通过查找资料、阅读等方式,探究真正的榜样是怎样的,有着怎样的品质,并能够根据策展对象和自身的能力,查找、筛选资料,讨论确定展品的内容以及艺术表现形式,宣传榜样的品质。

（2）创造性实践:根据具体策展任务,综合运用学科知识技能动手实践,根据自己的想法不断改造创新,形成有质量的个性作品,传承榜样基因,厚植爱国主义情怀。

（3）社会性实践:能在策展的过程中,积极承担策展任务,以开放、包容的心态接受他人的意见,并能在策展中通过彼此协作共同解决问题;能够在策展过程中向学弟学妹宣讲策展内容,传递榜样的力量。

（4）审美性实践:通过创作连环画、漆画、书法作品和素描等,策划并完成榜样人物展,向学弟学妹传递榜样的力量。

（三）挑战性问题

1. 本质问题

如何传递榜样的力量,促进成长?

2. 驱动性问题

作为即将毕业的大哥哥大姐姐,如何策划一场"心有榜样　行有方向"的榜样人物展活动,将自己汲取到的榜样的力量传递给学弟学妹,实现共同成长,致敬母校?

（四）预期成果

在本项目中,学生完成了策展,并成功举办了"心有榜样　行有方向"的榜样人物展活动,关于成果的具体说明如下。

（1）榜样阅读卡:通过质疑、讨论、比较,梳理观点,对榜样人物的内在价值进一步澄清,对人物品质的内涵有了更加清晰、深刻的认识,由此确定自己的榜样,并在查找资料、阅读书籍的过程中,完成榜样阅读卡。

（2）展品及介绍:学生采用拼图讨论法讨论用哪种艺术表现形式才能更好地传递榜样的力量,在多学科教师的指导下,通过小组合作,借助不同艺术形式的资料包,完成展品形式的选择和展品的制作,并为展品撰写介绍,宣传榜样的精神品质。

（3）宣讲词：根据展区的内容，小组讨论确定宣讲的内容，撰写宣讲词，凸显榜样品质，传递榜样力量。

（4）项目手册：在策展的过程中，学生借助项目手册提供的支架，完成项目节点任务。

（5）举办展览活动：小组根据策展评价标准，在美术老师的指导下布置展馆，对负责的展区进行宣讲，收集学弟学妹的感受和反馈意见，将自己汲取到的榜样力量传递给学弟学妹，宣传榜样的品质，弘扬中华优秀革命文化。

（五）预期学习活动

时间	项目进程	学习支架/过程评价
入项活动 （2课时）	问题1：为什么要宣传榜样？ 问题2：该如何宣传榜样？ 问题3：谁是榜样？ 问题4：他们身上有什么品质？	1. 图书馆调查表 2. 展会资料包 3. 人物阅读卡 4. 人物传记类阅读资料包 5. 小组评价表
项目实施 （8课时）	问题1：我们需要怎样的榜样力量？ 问题2：我们展会将展出哪些榜样人物？	1. 思辨问题支架 2. 阅读资料包和媒体技术支持 3. 自我评价表 4. 小组评价表
	问题1：我们准备用什么艺术形式去传递榜样的力量？ 问题2：为什么我们会选择这种艺术形式？ 问题3：我们的展品将是什么？	1. 拼图讨论法 2. 材料：A4纸、蓝黑色水笔、彩笔、超轻黏土等 3. 小组评价表
项目结尾 （2课时）	问题1：作为毕业季的礼物，学弟学妹是否感受到榜样的力量？ 问题2：榜样策展带给我哪些成长？	1. 建议过滤器 2. 视频资料 3. 项目评价表 4. 小组评价表

三、项目实施

（一）入项活动：创设情境，搭建采访平台，点燃热情

本次跨学科主题活动，我们结合课文内容，联系临近毕业季的五年级活

王伟 杨茂华 王莹 曹雯 王娅 心有榜样 行有方向 畹町校区

动,创设了"在毕业季向学弟学妹传递榜样的力量"这一真实情境。课前,讨论拟订访谈计划,确定访谈问题清单,采访学弟学妹。五年级学生发现自己与学弟学妹对榜样的理解存在差异,从而发现低年级同学对榜样的理解还比较浅显单一,需要高年级同学帮助他们进一步走近榜样,丰富榜样内涵,从而更好地传承榜样的精神和力量。

访谈计划单

时间:年____月____日

访谈问题	访谈对象 (姓名、性别、年级)	回答内容	发现问题
1. 选择榜样的原因 (1) 你心中的榜样是谁? (2) 为什么会选择这个人作为你的榜样? (3) 他有哪些特质或品质或行为值得你学习? 2. 榜样的影响 (1) 这个榜样对你的生活和学习有哪些积极的影响? (2) 你打算如何通过自己的努力,向榜样学习?			1. 2. 3. 4. ……

小贴士:
1. 采访的问题要简单易懂。
2. 注意倾听学弟学妹的回答,鼓励分享,及时记录。

课堂上,学生们主动出击,现场采访了解学弟学妹的需求和他们喜欢的宣传方式,并通过图书馆讨论法和学弟学妹一起讨论,确定本小组的宣传方式。一台展会的策划,除了展品制作,还需要学生明确职责,合作策划。在引导学生明确展会的基本要素的基础上,大家展开讨论,梳理岗位和责任,初步形成"策展任务书",现场发布任务,并根据岗位职责,完成初步的分组。环环相扣的问题和任务,激发了学生活动的热情和内驱力(见图1)。

图 1　达到策展的 5 个步骤

（二）项目实施：学科联动，搭建学习支架，解决问题

1. 价值澄清，确定榜样，梳理榜样品质

在项目实施的过程中，我们通过语文第三单元的教学，链接道德与法治学科，课堂上提供"我是小辩手"这一思辨支架，组织当堂辩论，引导学生质疑、讨论、比较，梳理观点，使他们对榜样从价值的初步认知到通过辩论达到价值的澄清，最后真正达到价值认同。这样一个过程既是学生对榜样品质的内涵形成更加清晰、深刻的认识的过程，也是学生向榜样学习精神，形成正确的世界观、人生观和价值观的过程（见图 2）。

图 2　链接道法学科形成正确三观

澄清价值之后，我们引导学生联系学习生活，知道自己需要汲取何种力量，从而确定自己的榜样。通过语文第三单元的学习，学生知道怎样抓住人物的动作、语言、神态的描写，体会人物的内心，感受人物的精神品质。我们根据补充的课外阅读资料，引导学生借助"人物阅读卡"梳理榜样的品质，不断丰富对榜样的认识，汲取榜样的力量，为策展作品做好准备。

2. 确定展品表现形式,多学科支撑,制作展品

知道了需要何种榜样力量,确定了展览将要展示的榜样,我们又通过双师授课、多师授课,指导学生解决用什么艺术形式去传递榜样的力量,为什么选择这种艺术形式以及展品将是什么的问题。

在推进课的过程中,我们为学生提供资料包,教学生认识艺术表现形式,组织学生用拼图讨论法讨论用哪种艺术表现形式才能更好地传递榜样的力量。每个小组选择一个综合能力比较强的组员作为设计总监,由美术老师培训指导,而后回到自己小组参与讨论,以确保每一个小组的顶层设计合理。在整个过程中,学生围绕人物的要素各抒己见,发现不同的要素适合不同的艺术表现形式,由此不断反思,及时调整,综合考虑,最终达成共识(见图3)。

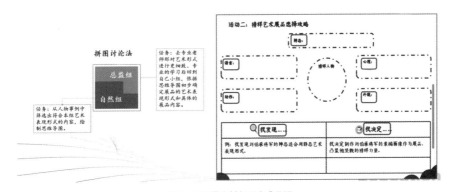

图3 从提供资料包到达成共识

确定了展品的艺术表现形式,展品要怎样表现榜样的精神品质,对于学生来说有一定的难度。展品制作的过程中需要教师多角度提供学习支撑,如通过子任务的分解和细化,帮助学生进一步建构学习体验,习得规划任务完成路径的能力;提供不同艺术形式的资料包,帮助团队完成展品形式的选择和展品的尝试制作;采用拼图讨论法、艺术工坊合作法,进一步深化团队的协同思考……每一次任务都以团队的小结收尾,进一步凸显语文学科的本位和特质,在有机运用多学科知识完成任务的过程中,助力学生语文核心素养的扎实落地(见图4)。

图 4　语文的本位与特质

（三）项目结尾：收集评价，反思迭代，完成策展

完成了展品的制作，学生们在组长的带领下开始了初次布展，"作为毕业季的礼物，学弟学妹是否能从参展中感受到榜样的力量？策展的艺术表现形式是否具有趣味性？展品的布置整体效果如何？榜样策展带给学生哪些成长？"要解决这些问题就需要指导学生根据参观者的评价意见进行展会的评议优化。

1."展厅漫步"，多渠道收集评价

《义务教育课程标准（2022版）》提出："教师可以邀请相关学科教师、家长、社会人士参与评价。评价要关注学生综合运用多学科知识思考问题、解决问题的态度和能力。"本项目中，学生策展的对象是学校里的学弟学妹。因此，这节课就把低年级的学弟学妹邀请到了课堂中来，在五年级哥哥姐姐的带领下参观初步的布展，听哥哥姐姐们宣讲介绍，把自己的评价留在每个小组的评价表上。除此之外，我们邀请美术老师当堂评价指导，还邀请现场听课的教师在评价表上留下自己的建议，多方收集评价建议，这些评价建议就是学生反思迭代的重要依据（见图5）。

低年级学妹　　　　听课老师：朱老师　　　　美术总监：程老师

图 5　从多渠道收集评价建议

2. 以"建议过滤器"梳理、分析、解决问题

项目结尾不仅要展示学生策展的成果,更要展现学生学科能力的发展,本节课中指导学生梳理、分析评价建议,从发现问题到解决问题的过程就是学生能力发展的充分体现。展厅漫步后,每个小组的评价表上收到了很多的评价和建议,为了帮助小组快速对收集到的信息进行有效的整理,我们提供了"建议过滤器"这一活动支架,指导各小组在小组长的带领下先阅读收集到的建议,拿掉有重复建议的便笺纸,相同内容保留一个即可,再根据建议的内容将便笺纸分类整理到评价表里,从而确定本组要解决的问题,最后小组讨论写出本组的解决方案,并由组长做好交流的准备(见图 6)。这一环节,旨在引导学生以开放、包容的心态接受他人的意见,对收集到的各种评价内容进行梳理分析,调整对策,解决问题,不断优化完善自己小组的策展。

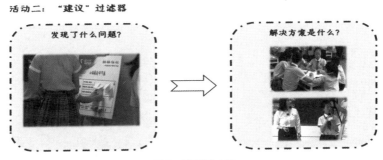

图 6　提供活动支架

3. 捕捉资源,创意迭代,完成布展

项目化学习需要在不断的更新和迭代的过程中提升。各小组通过梳理、分析评价建议,初步形成自己的解决方案之后,各小组的解决方案是否可行,作为项目中的指导和组织者,教师应及时捕捉小组解决方案中的资源,进行评价指导。比如漆画小组,他们在反思中提到可以借鉴小组内同学对漆画的介绍,因为她能抓住红军爬雪山时的动作、神态等这些表现人物品质的细节描写,把红军在恶劣的自然环境下,不畏艰难奋勇向前的精神生动形象地展现在我们面前。教师在学生反思的基础上,指导学生明确:在展品的内容上,不仅

要让学弟学妹们通过画面直观地感受榜样的精神,更要通过文字传递红军用生命铸就的长征精神。教师通过这样的点拨和指导,让语文第三单元的语文要素"通过课文中动作、语言、神态的描写,体会人物的内心"落地生根,凸显了活动的主题。学生根据收集到的建议,对自己的展品进行优化,最终完成布展(见图7)。

图 7　初次布展创意迭代

四、项目评价

(一)过程性评价

课堂评价

(1) 多元评价表。

内容	文字介绍清晰,内容无误。 展品图文并茂,突凸显人物品质。 能让参观人感受到榜样的力量。
形式	展品布置风格统一,美观性强。 展区整体视觉效果突出。
宣讲	能简述展区内容,有条理地介绍,突出重点。 语气、语调适当,运用动作、表情辅助讲解。

我们紧扣本项目中学生在活动中的表现、语文学科主题以及所跨学科的核心技能,从"内容""形式""宣讲"三个维度进行设计。这张评价表,是学生初次布展的参照标准,也是项目反思迭代过程中学生小组互评、邀请老师、学弟学妹评价的标准。在互评环节,评价人将根据这一评价标准对各个小组的布展内容和宣讲情况进行评价,聚焦学生学科素养形成的关键点,评价学生素养在本项目中发展的整体情况。

（2）小组自评表。

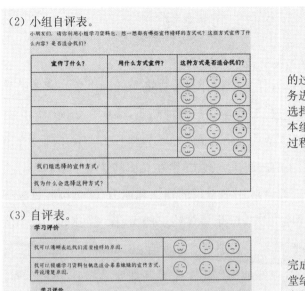

小组评价表用在课堂指导的过程中，对小组合作完成的任务进行评价。借此想一想小组选择的这种宣传方式是否适合本组学生，从而让小组在合作的过程中更有针对性，更高效。

（3）自评表。

小组评价表用在课堂指导的过程中，对小组合作完成的任务进行评价。借此想一想小组选择的这种宣传方式是否适合本组学生，从而让小组在合作的过程中更有针对性，更高效。

自评表的设计，既有课堂上完成相应任务时的评价，又有课堂结束之后，对自己课后项目节点的任务完成情况进行的评价。通过评价，明确了任务要求。

（二）项目反思与分享任务单

项目结尾，我们设计了项目的反思与分享活动，引导学生通过回顾与总结在策展中取得的成果与个人成长，引发学生更进一步的思考。

对"在策展活动中，你有哪些收获"，学生的反馈有以下几点：经过这次榜样人物展的布展，知道在布展的时候要考虑很多方面，展品图片、文字都要有，展品的风格要统一，要突出展会的主题；小组在刚开始合作的时候出现了矛盾，互不相让。后来，在策展过程中，逐渐学会合作、分享；学会了怎么梳理问题，怎么解决问题。

对"你还想了解什么或是提高什么能力"，学生想了解的大致有：更多策展的知识和内容以及古今中外更多的榜样人物事迹。学生想提高的能力大致有：发现问题，梳理问题，解决问题的能力；审美能力；艺术修养等。

五、项目总结与反思

（一）项目成效

1. 学生在真实的项目情境中提升核心素养

此次语文跨学科主题活动，任务的设计与推进都指向学生核心素养的发展，让学生通过学习榜样的事迹，感受榜样的精神品质，继承和弘扬中华优秀革命文化、社会主义先进文化，增强文化自信。小小宣讲员大方有条理地介绍展区内容，组长自信地介绍小组的解决方案，学生在具体的情境中不断提升语言运用能力。我们引导学生综合运用多学科的知识和能力，解决策展过程中的真实问题。在跨学科学习过程中，学生整体构思能力、探究问题能力、团队合作能力、交流表达能力得到提高。特别是对各种信息进行综合分析、评价反思后，做出调整、修改的过程，很好地历练了学生批判性反思能力。策展的过程中，学生根据多渠道收集的建议，关注展品的内容美和形式美，进行创意实践，不断提升发现美和创造美的能力，切实提高了核心素养。

2. 老师在项目设计和推进的过程中不断提高跨学科素养

《义务教育语文课程方案（2022 版）》强调："充分发挥跨学科学习的整体育人优势，增强跨学科学习的计划性和目标意识。""要引导学生在广阔的学习和生活情境中学语文、用语文，提高交流沟通、团队协作和实践创新的能力。"通过参与本次跨学科项目的设计和实施，老师们对新课程标准有了更深入的认识，也对跨学科有了新的了解，知道了语文学科的跨学科项目化学习要凸显语文学科的本位和特质，重视学生语文核心能力的培养，通过设计的有逻辑关系的驱动性问题，联结其他学科，助力学生语文核心素养的扎实落地。除此之外，项目设计和推进的过程中，不仅要展示学生学习的成果，更要展现学生学科能力的发展。需要通过可见的评价，激发学生学习的动力，及时反思提升，深化对核心知识的理解、运用和迁移，推动思维向高阶转化。

（二）项目反思

在本项目推进的过程中，我们尝试将项目与语文课程内容的学习有机融合,整体设计与推进,但是因为学生在完成项目节点任务的过程中,需要查找和阅读相关的资料和榜样故事,完成相应的学习单,制作展品,现场布展,时间有点紧,所以作品完成的质量相对不是特别高,展品的艺术表现形式也不够多元。如何将跨学科的学习任务更好地融入日常教学,确保学生有足够的时间和精力完成跨学科学习任务,不加重学生的负担,是我们在今后的跨学科设计中需要重视的内容。

心有榜样　行有方向

瞰町校区

王伟　杨茂华　王莹　曹雯　王娅

穿越时光遇见他

——走近李白（一）

畹町校区 ｜ 陈绪、任志婷、马倩倩、李雪莹

一、项目简介

三年级语文跨学科项目"穿越时空遇见他——走近李白"基于新版语文课程标准中的语文核心素养——文化自信，从教材中学生学习过的李白的诗歌入手，了解李白生平，欣赏李白诗歌特色，积淀文化修养并开展制作李白传记的项目化学习。

在实施过程中，结合统编教材中"理解意思"这一语文要素，融合美术、信息等学科，要求学生借助文本与音视频资源，提取信息，梳理李白的生前身后，绘制李白大事记轴；品读诗歌，了解诗歌背后的创作背景，理解诗歌含义，在理解意思的基础上想象诗歌画面，小组合作演绎诗歌……不断为最终完成李白人物传记这一核心任务积攒知识。在核心任务的驱动下，提升学生古诗文涵养，汲取人物力量，弘扬中华传统文化。

二、项目设计

（一）学情分析

进入三年级的学生对于李白的诗歌并不陌生。在统编教材前四册的古诗文学习中,学生已经积累了一定的李白的诗歌,对于李白的诗歌风格也有了初步感知,并且李白诗歌恣意浪漫、大胆想象的风格也较为吸引中低年级学生。同时三年级学生的语言学习从字词句向段落过渡,带着问题默读,理解古诗文意思、理解段落与文章意思也给学生带来了新的挑战。在项目推进过程中,我们以李白诗歌为主线,以单元语文要素为能力训练点,融通相关学科,帮助学生提升能力。

（二）项目目标

以下从跨学科核心概念、跨学科核心知识与能力、学习素养三个层面拆解项目目标。

1. 跨学科核心概念

语言积累、信息整合与人物评价,并用合适的方法感受、理解、欣赏而后进行创意表达。

2. 跨学科核心知识与能力

（1）积累、梳理和整合能力:能对前期查阅、收集到的资料进行筛选、整合;能整合小组讨论时获得的信息,为出版做准备。

（2）辩证思维能力:能够在规划、设计、出版《李白传》的过程中,有好奇心、求知欲,能分析比较、反思判断。

（3）感受、理解、欣赏能力:能用不同的艺术形式,从不同角度制作作品,汲取成长力量。

（4）创造能力:能尝试通过绘画、制作等方法自由地表现所感所想。

3. 学习素养

（1）创造性实践:能结合所获信息进行整合,根据主题任务形成《李白传》成果。

（2）调控性实践:对出版《李白传》这一核心任务充满兴趣与责任,能全身心投入,积极主动探索;能克服困难和挑战,相信自己可以通过计划的制订和实施实现目标。

（3）社会性实践:能通过听说读写等方式交流与获取相关信息;在小组合作中会表达和仔细倾听想法,尊重他人;能整合口头、视觉和媒体的信息,评估内容;会使用媒体和可视化方式展示有关李白的探究成果。

（三）挑战性问题

1. 本质问题

如何深入理解诗人的诗歌并进行再创造?

2. 驱动性问题

作为书籍策划人,我们如何为新书签售会设计、制作诗人李白的手绘书,以走近李白,感悟并传承中华优秀传统文化?

（四）预期成果

本项目中学生形成的产品形式为"李白大事记海报""《李白传》手绘书",公开方式为"李白吟诵会""《李白传》发布签售会",关于成果的具体说明如下。

（1）通过语文课内外语言实践活动,围绕"走近李白"项目,共建项目地图,制作李白探究计划,并分工合作。

（2）对李白其人、其诗产生兴趣并加深对其的了解,梳理、整合信息,通过小组合作形成李白大事记海报。

（3）基于学习中的收获,从不同角度思考李白其人、其诗对自我成长的影响,通过小组合作创意化地进行表达,选择合适的方式吟诵李白诗歌,并完成《李白传》手绘书。

（五）预期学习活动

时间	项目进程	学习支架/过程评价
入项活动 （4课时）	主题一 寻找李白的生前身后 问题1:李白是谁? 问题2:你眼中的李白是怎样的? 问题3:李白的生平事迹是怎样的?	李白大事记海报

时间	项目进程	学习支架/过程评价
项目实施 （16 课时）	**主题二 诗歌背后的故事** 问题 1：李白的诗有哪些？它们的创作背景是怎样的？ 问题 2：李白的诗和他的人生经历有什么关系？ **主题三 感悟李白诗歌魅力** 问题 3：李白的诗有哪些特点？ 问题 4：从李白的诗中我们能汲取到怎样的力量？ **主题四 设计出版《李白传》** 问题 5：如何设计《李白传》？ 问题 6：如何美化书本设计稿？	李白游园会 李白吟诵会 学习支架： 创意成果《李白传》 过程评价维度： 1. 内容选择 2. 美观大方 3. 小组合作 4. 兴趣收获
项目结尾 （2 课时）	问题 1：如何确定布展形式？ 问题 2：如何撰写书本推荐词，进行签售？	学习支架： 评价量表 过程评价维度： 1. 兴趣收获 2. 内容选择 3. 小组合作

三、项目实施

（一）选择小切口，打通课内课外

开展跨学科主题学习要选择小切口，从学生比较熟悉的话题来进入。"穿越时空遇见他——走近李白"的第一节课，教师首先引出一个话题"你印象中的李白是怎样的"来引导学生交流讨论，正值暑假《长安三万里》热映，学生们讨论得不亦乐乎，有的说李白爱喝酒、擅长写诗，有的说李白是"社牛"，因为他有很多好朋友……学生们的回答精彩纷呈，授课就在这样热闹的氛围中开始了。此外，课内学习的李白诗歌比较有限，要想真正走近李白，探寻其生前身后，光课内的几首诗歌远远不够。加之三年级的孩子在自主识字、阅读方面能力均有一定的提高，教师由课内出发走向课外，先后带领学生品读多首典型诗歌，了解诗歌背后的创作背景，理解诗歌含义，更深层次地和李白对话，汲取其力量。这样引导学生走向新天地，思考寻常事情中的不寻常，利用音乐、美术、戏剧等多门学科知识能力，解决困惑，提升综合素养（见图 1）。

图 1　学生作品《"我"眼中的李白》

（二）支架加持，锻炼思维，提升活动效益

跨学科主题学习活动构建"以学生为中心"的课堂，一些常用的工具可以提升我们的活动效益，做到精准施策。如在第二学期的"走近李白"入项课前利用 KWL 策略支架及评价表进行学情分析，一方面有助于学生建立先前知识和新知识之间的联系，另一方面有助于鼓励学生提出问题，激发他们的好奇心和探究欲，促进学生主动学习。

KWL 作为一种学习策略，分为以下三个部分（见图 2）：

通过上一学期的学习，你已经知道了哪些知识？（know，已知）

你还想知道什么？（want to know，想知）

你学到了什么？（learned，学知）

图 2　KWL 支架使用

如学习主题三"感受李白的人格魅力"中，课堂上教师先借助评价表，在便利贴上记录学生眼中的李白,呈现学生个体的感受。接着结合文字资料,带领学生了解诗歌内容,赏析诗作,感知李白人格力量。

案例《我眼中的李白》

通过对诗歌的品析,相信大家对李白其人有了更深的了解。你眼中的李白是怎样的呢?请大家完成学习单。

预设:

● 李白是一个浪漫主义诗人,他的诗歌大多数充满浪漫主义色彩。

● 李白很洒脱、豁达。从"举杯邀明月,对影成三人"等诗句中可以感受到他的洒脱,"长风破浪会有时,直挂云帆济沧海"让人觉得他很乐观。

● 李白不与世俗同流合污,他蔑视权贵,一心想报效祖国。

● 李白放荡不羁,积极乐观……

(1)发放学习单。

(2)浏览小组左手边同学的学习单,用便利贴为其留下"帮助性的反馈"。

(3)指出简单交流有帮助的反馈,即有用的意见。

(4)出示评价表,教"鲜花鸡蛋法"。

① 教师讲解示范。

句式:我注意到/我喜欢/我要表扬……

在这个地方,可以试着……这样可以更……

重点:先在情绪上鼓励,再提出帮助性建议,交流中丰富体验。

② 组织学生和右手边的同学对照评价表进行针对性的、有帮助的反馈。

小结:通过"鲜花鸡蛋法"的评价,学生脑海中李白的形象更加立体饱满了。

运用"鲜花鸡蛋法"和旁边的人交流自己的感受,最后在小组合作、交流中,共同讨论,由组长整合每个组关于李白人格魅力的阐述,感受"反馈迭代"的力量。有了工具的加持,增进了交流,锻炼了思维,切实提升了活动效益。

(三)形式多样,活动丰富,创设学习新空间

跨学科主题学习区别于传统的课堂,我们的学生是从年级层面选拔出的

孩子。这堂课学生有了跨班级的伙伴,从物理场域来说,变传统的座位为小组合作,每次上课前学生都要先调整座位,看似是座位的变化实则是小组合作的一种内化。形式多样、丰富的活动可以激发学生的兴趣,因此在实施跨学科主题学习活动的过程中可以分阶段设置一些活动,如在"走近李白"中,我们设计了小组完成剪贴报、小组完成"诗情小剧场""李白游园会""李白吟诵会"等多样的节点活动,让学生在任务驱动下深化对学习知识的理解,多维度地运用跨学科知识,在完成任务时提升跨学科学习素养(见图3)。

图3 "诗情小剧场"准备场景

如在第一学期的学习中,教师适时为学生提供平板,让学生小组合作完成"诗情小剧场",这就需要学生为选定的诗歌挑选相应的 PPT 背景及音乐,有助于实现学生综合运用信息技术、音乐等学科专业知识与语文学科"理解意思,想象画面"能力的勾连。

比如在第二学期项目持续推进中,为了适应团队成员的变化和时间的间隔,我们重新设计了两次入项活动——"李白游园会",基于第一学期的学习内容,采用表现性评价的方式,旨在帮助学生进一步积累李白其人、其诗的基本知识,根据信息梳理李白的生平事迹,并与诗歌进行匹配,在表现性评价中激活知识,增强团队协作的凝聚力,引导学生在活动中利用想象画面的本领完善对李白诗歌的理解。

作为出项活动之一的"李白诗歌吟诵会",是学生对于项目学习的创意表达(见图4)。这里开发非正式的学习空间促进课内课外、学习与生活资源的融通，为学生提供吟诵会的场所，在学校剧场进行演出，有助于促进学生在跨学科知识与活动的互动中展示自我。

图4　"李白吟诵会"现场

四、项目总结与反思

（一）项目成效

"走近李白"跨学科主题学习活动是一次尝试，是立足语文学科本位，基于真实学情，以学生为主体的一次学习活动。我们引导学生走近李白，了解他的生前身后，感悟其独特的人格魅力，提升学生的核心素养。参加项目的学生在文本、影像资料、阅读经验中穿梭，在小组合作与探究中感受到合作的快乐。

在语文学科学习方面，通过历时一年的跨学科项目化学习，学生能够通过课内外语言实践活动，继续巩固主动带着问题默读的好习惯，进一步掌握了理解诗文、课文意思的方法；能够按照一定的方法学习诗歌，积累、梳理和整合关于李白的生平、诗歌风格等相关信息，加深了对诗仙李白的认识，提高了自己的语言运用能力。学生通过汇报、展演等活动了解李白的事迹，并学习了优秀的古诗文，增强了对中华传统优秀古诗文的认同感与自豪感。

恰逢三年级学生参与了"实验小学教育集团二实小杯"古诗词大赛。全年级共有140位学生参与线上比赛，在获奖的44位年级选手中，72.7%出自选择李白课程的学生（见图5）。从数据中我们可以看出，"走近李白"的项目化学习提高了学生的古诗文素养，帮助其掌握了诗歌学习的方法。

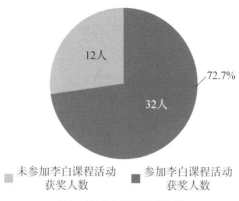

图5 古诗词大赛获奖数据分析

与此同时,学生通过长期的小组分工、学习与合作,进一步深入了解了李白,对自我人生观、价值观的塑造起到了积极的作用,如在应对挫折时不能一直消沉,要及时排解,寻求积极的方式找到人生的意义。同时,学生的跨学科素养也得到了提高,能综合运用信息、美术、音乐等学科知识发现问题、分析问题,并有针对地进行调整修改。学生在学习过程中也学会了发现问题,能接受他人的建议和帮助,进行创意实践,提高了小组合作能力与美术表现能力。

(二) 项目反思

1. 跨学科项目实施时长需要进一步优化

此次"走近李白"的跨学科项目历时一整个学年。基于三年级学生的心理特征,时刻调动学生参与课程的积极性是教师在设计课程内容时需要不断关注的问题。这一过程中会出现部分学生参与度不高,失去兴趣等情况。因此在项目设计时选择适当缩减实施时长,以"短平快"的方式聚焦学习过程,产出学习成果会让跨学科项目学习更加高效。

2. 项目预期实施目标与实际情况有一定距离

项目在实施过程中会遇到各种各样的意外情况,小组成员之间也会存在沟通不畅等问题,导致项目预期达成的目标和实际情况有一些差距。这启发了教师在设计项目时要给予一定的"留白",基于学情灵活调整。

穿越时空遇见他

——走近李白(二)

畹町校区　|　朱青、胡芳源、金润晶、钱钰

一、项目简介

  诗歌是中华优秀传统文化的代表,深度学习与理解古代诗歌,对传承中华文化和弘扬民族精神意义重大。李白是我国唐代浪漫主义诗人,其诗作具有巨大的文学魅力。在小学的语文教材中,收录的李白作品就有9首。基于这样的情况,我们设计了"穿越时空遇见他——走近李白"跨学科主题学习,整理学过的李白的诗,以此作为导入,探究诗文背后李白人生各个阶段经历,引导学生用整合、归纳、演绎的方式,用任务驱动完成李白的微讲座及相关周边信息卡,包含李白人生轨迹图,链接到李白人生所到之处,与经典诗词以及探究到的主要故事相结合,让学生脑海中的李白"活"起来。

  在本项目的推进过程中,我们尝试从语文学科的视域出发,融通美术、音乐等学科,给学生带来不同的学诗环境,引领学生走进中华传统文化的芳草

地,从李白身上感受到乐观豪迈和执著超脱的情怀,以及清奇、含蓄、形象、旷达的艺术特色。

二、项目设计

(一)学情分析

四年级学生处于小学中高年级,认知能力和逻辑思维能力有了显著提升,能够开始理解较为复杂的文本和概念。历史人物距离学生的生活比较远,学生对于李白的了解可能仅停留在会背几首诗词,但对于李白的生平、所处时代背景、诗歌创作特点等方面的了解还较为零散,而且古诗文的学习很重要的一种方法是知人论世,要深刻理解、更好地赏析李白作品,需联系李白的人生经历与其创作背景。李白作为唐代著名的浪漫主义诗人,其诗歌气势恢弘、意境深远,更能激发学生学习的热情。

(二)项目目标

以下从跨学科核心概念、跨学科核心知识与能力、学习素养三个层面拆解项目目标。

1. 跨学科核心概念

深入探究李白的诗歌,走进李白人物世界。

2. 跨学科核心知识与能力

(1)通过古诗背后故事的探究,对李白所处的时代背景和文化环境有一定的了解。

(2)通过诵读吟咏,掌握古诗诵读的方法,了解李白诗文大意,鉴赏李白诗文语言,感受李白诗歌风格。

(3)通过各种途径搜集所需信息、资料,培养自主阅读介绍李白的相关文学作品的能力与合作探究的能力。

(4)探究李白诗词中表现的乐观豁达的人生态度,获得有益启示,进而形成正确的人生观、价值观。

(5)通过小组合作的方式,制作完成李白某首诗歌的短视频微讲坛。

朱　青　胡芳源　金润晶　钱　钰

3. 学习素养(多方面实践)

（1）探究性实践：学生在学习的过程中，首先要进行"我们讲什么内容；讲好这个内容，我们小组要掌握哪些知识，进行哪些阅读；将哪些内容组织到一起"等的思考与实践活动，建立知识联系。其次要思考怎样处理小组同学各自收集的信息，用什么方式来展示。

（2）审美性实践：包括设计 PPT，制作秘密卡片，绘制人物关系图，选择配乐、视频材料等。

（3）社会性实践：在活动的全过程中，小组里准备时的分工、讨论、修改、排练，展示时的倾听、团队合作、口头表达等互动。

（4）技术类实践：PPT 的制作、视频剪辑等。

（三）挑战性问题

1. 本质问题

如何通过学习李白的诗歌弘扬中华传统文化？

2. 驱动性问题

李白知多少？ ——如何向小豌豆们介绍李白的诗歌。

（四）预期成果

本项目中学生形成的产品形式为"李白诗歌介绍短视频"，公开方式为"走近李白宣讲会"。

关于成果的具体说明如下：从李白的众多诗歌中精选出具有代表性的作品，如《静夜思》《将进酒》《早发白帝城》等，为每首诗歌制作一个独立短视频。结合历史背景、诗人生平、诗歌意境，对每首诗歌进行创意解读，通过动画、实景拍摄、角色扮演等多种表现形式，让诗歌内容生动可视化。在视频中穿插介绍与诗歌相关的文学知识、历史文化背景，以及李白的生活趣事，增加视频的趣味性和教育性。依托校园活动平台，举办"走近李白"主题宣讲会，通过演讲、互动问答等形式，深入解读李白诗歌及其文化价值。

（五）预期学习活动

时间	项目进程	学习支架/过程评价
入项活动 （1课时）	1. 李白是谁？ 2. 我们学习过李白的哪些诗？ 3. 你还知道关于这些诗歌的哪些知识？	李白信息卡、李白"朋友圈"
项目实施 （6课时）	1. 李白的人生经历是怎样的？ 2. 李白是在什么情况下写下这些诗的？当时的社会背景是怎样的？ 3. 李白的诗歌中藏着哪些"秘密"？ 4. 我们要探究哪首诗，又要告诉小豌豆们哪些内容呢？	李白"秘密卡"、人生轨迹图
项目优化 （4课时）	1. 我们该如何呈现这些内容呢？ 2. 我们需要在短视频中加入哪些图片、背景音乐呢？ 3. 我们可以采用哪些演绎的形式呢？	短视频、宣传海报
项目结尾 （1课时）	我们该如何借助短视频向小豌豆们弘扬传统文化呢？	

三、项目实施

（一）入项活动：阅书籍，走"近"李白

如何让学生走进项目情境中，明确任务，并以此为起点进行探究是入项课的关键。首先我们通过一段视频铺设背景知识，用生动的语言讲述唐朝某段时期的盛世景象、李白的生平事迹。学生们仿佛穿越时空，回到了那个诗酒风流的时代，与李白并肩漫步在长安城的街头巷尾，感受那份属于那个时代的独特气息。这一环节不仅激发了学生们对历史的兴趣，也让他们更加深刻地理解了李白诗歌中蕴含的历史情感与文化内涵。

随后，我们选取了李白的几首代表作，如《静夜思》《将进酒》等，进行了深入的文学赏析。其中不乏学生已经学过的古诗。教师引导学生们从诗歌的意象、语言、情感等方面入手，品味李白诗歌的独特韵味。同时，鼓励学生发挥想象力，尝试将诗歌中的场景转化为画面，用画笔或文字表达出来。这一跨学科的活动不仅锻炼了学生们的文学鉴赏能力，也激发了他们的艺术创造力。

接着，抛出学习任务——如何向大家介绍李白的诗歌？要求学生在一分钟站会中讨论，把问题拆解为：

第一，"我们讲什么内容？"

教师给出基础逻辑研究法——用"是什么—怎么样—为什么"来提出问题。

学生进行"要讲好这个内容，我们要掌握哪些知识，进行哪些阅读，将哪些内容组织到一起"等的思考与实践活动，建立知识联系。

第二，"我们用什么形式介绍？"

有了大致的介绍内容方向，那么可以采用什么形式来介绍呢（见图1）？

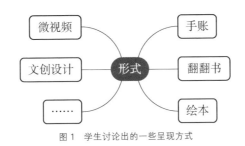

图 1　学生讨论出的一些呈现方式

课堂上，我们一起分析了这些呈现方式的优劣势，指出微视频讲座能够更直观地展示探究过程，方便分享和传播，有助于提升表达和演讲能力，更重要的是校园蒙正电视台有这样的栏目征稿需求。

以上两个问题中最主要的问题是"讲什么内容"，在内容探究方面，除了后续给到的专题学习外，我们也给到学生各种途径进行自主探究，比如阅读书籍、搜索官方权威网站、观看央视纪录片。

最后，我们引导学生理解"团队"的意义，形成"走近李白"小组项目活动。怎样推进活动项目的进度，以实现优秀成果的呈现呢？我们用这样的一张策划书帮助小队成员讨论、设计（见表1）。

表1 "走近李白"微讲座之＿＿＿＿＿＿＿策划书

阶段	内容	负责人	所需资源
人物探究	1. 李白的人生经历 2. 李白古诗背后的故事 3. 时代背景		
编写脚本	1. 确定主题 2. 编写脚本		
录制编辑	1. 准备素材 2. 录制编辑 3. 反馈修改		
成果发布	1. 设计制作 2. 展示评价		

在整个探究与学习的过程中,我们引导学生根据探究成果确定一个具体、有吸引力的主题,强调主题应聚焦探究的核心问题或发现,确保内容连贯、有条理;指导学生编写微视频的脚本,包括引言、主体内容、结论和互动环节(如提问),强调脚本应简洁明了,同时包含必要的视觉元素描述,以帮助小朋友更好地理解;引导学生收集与主题相关的图表、动画等视觉素材,强调素材应与脚本内容紧密相关,并符合版权要求;提供录制设备或软件,让学生分组或个人进行录制,录制完成后,指导学生进行视频编辑,包括剪辑、添加字幕、配乐等;观看学生的初版微视频,并提供具体的反馈和建议,鼓励学生根据反馈进行修改和完善,以提升视频质量。最后我们鼓励学生将优秀的微视频讲座分享到更广泛的平台,如社交媒体、学校网站等。

(二)项目实施:品诗文,走"进"李白

在项目实施阶段,我们引导学生通过品鉴诗歌进一步加深对诗人的了解。和传统语文课堂不同的是,本项目的学习并非采取以教师教授为主的师生互动模式,而是本着"以学生为中心"的原则,引导学生"在做中学",培养学生自主发现问题、解决问题的能力。在项目实施环节,学生以子问题"李白的诗歌中藏着哪些秘密?"为驱动,通过完成"秘密卡"、制作人生轨迹图等形式让脑海中李白的形象更丰满、全面。

1. 阅读合作,认识"真正"的李白

　　活动伊始,学生通过自主开展整本书阅读了解少年李白、青年李白、中年李白、老年李白,分析其代表作及诗歌创作的历史背景,结合书中注释了解每首诗的大意,并在学习单上用关键词批注。完成自主阅读后,进一步开展小组共学,在讨论中完善李白信息(基本信息、诗歌风格、一生经历、好友圈等)(见图 2)。

图 2　以读促思,在整本书阅读中完善人物信息

　　在小组交流后,通过师生互动的形式学生汇报交流学习成果,教师对小组呈现的学习成果适时点拨拓展,使学生对历史人物具有更客观的认识。

　　师:这个小组发现,李白结识了杜甫、岑参、王昌龄、高适、王之涣等著名诗人。你知道这些诗人和李白之间发生了怎样的故事吗?

　　生1:李白是杜甫的"偶像"呢! 杜甫很崇拜李白,他还和李白一起去旅游了,心情一定很激动吧。

生2:我从《长安三万里》这部电影里认识了诗人高适。他起初也是李白的好朋友,只不过狱中的李白向高适求救,高适却没有伸出援助之手,还真是"友谊的小船说翻就翻"。

生3:我们知道了,高适是杜甫的朋友,杜甫是李白的"迷弟",李白是孟浩然的"粉丝",孟浩然是王维的挚友,王维是裴迪的故交。

师:是啊,诗人的"朋友圈"有时也很小,现在,你能根据刚才了解到的内容绘制李白的"朋友圈"吗(见图 3)?

图 3　开展师生互动,绘制"朋友圈"

2. 结合人生轨迹,绘制人物信息卡

上一个环节,学生在整本书阅读过程中了解了李白不同时期代表作的创作背景,并在师生、生生讨论中全方位了解了李白,获得了大量点状信息。此时通过制作人物思维导图、探究李白朋友圈、李白小诗集、李白小百科等方式,学生可进一步分类梳理现有知识,并通过概括、对比、分析、推理等思维方法整合信息,让心目中的李白形象更丰满、立体。

师:我们可以通过哪些方式绘制人物信息卡?

生1:漫画的形式能让我的信息卡看起来更加有趣。

生2:我们组要为李白先生做一份简历,用一张纸介绍他的辉煌成就。

生3:我们比较擅长用小报的形式。小报既有图片还有文字,能让更多的小朋友了解李白和他的诗歌。

……

师:你们的想法都很有创意,在创作中,你们可以提炼关键词,让你们的板块变得更清晰,还可以加入诗人的人生轨迹图,介绍诗人的人生经历。

最后,我们通过让学生交流创作的李白信息卡,讲述唐朝历史与诗歌文化知识,回顾梳理学习成果,增强学生对优秀中华文化的认同感,发展其分析、比较、推断等思维水平,落实学科核心素养(见图4)。学习活动让学生心目中的李白形象变得更丰满、立体,也为后期的展示创造做了准备。

图4　学生成果展示

(三) 项目优化:讲故事,走"浸"李白

本节课学生将通过阅读、解析李白的诗歌,提升对诗歌的理解能力,同时通过创作诗歌、绘画、音乐等方式,增强创意表达能力。此外,在艺术作品的创作和呈现中,学生将进行跨学科整合,将文学、历史等不同学科的知识和素材融合,增强综合能力。

通过探究性实践,学生将选择特定的李白诗歌进行深入分析和解读,探究其文学特点、意象和主题，并以微讲座为目标，进行绘画、视频、音乐等艺术创作实践，将理解和感悟通过艺术形式呈现出来。同时，学生将作品在社区或学校展示分享，传播李白诗歌的美和文化内涵。

1. 探究唐代社会文化，了解作品时代意义

通过上节课的学习，学生制作了李白小报、李白信息卡、李白年谱等。这节课我们基于这些探究成果，借助书籍《李白与他的朋友们》和 iPad，让学生以小组为单位，选择最感兴趣的方面，结合整本书阅读，针对性搜索最喜欢的李白相关作品的资料，将文学、历史、哲学、艺术等跨学科知识融入探究，深入探讨李白作品所反映的时代特征、文化现象，以及对后世文学、艺术的影响（见图5）。

图5　师生互动，分享"你了解的李白故事"

2. 化身媒体制作人，对外分享有巧思

本次教学活动旨在全面理解和掌握李白及其作品的精髓，提升学生对唐代诗歌文化的认识。第一，通过小组合作，学生合理划分出关于李白的多个主题，确定每个主题的重点和讲解方式，确保内容的全面性和系统性。第二，学生将设计出逻辑清晰、层次分明的微讲座结构，保证讲座内容的连贯性和易理解性。

在资料整理方面,学生将把前期收集的李白相关资料进行有效的整理和分类,通过小组讨论展示分类方法,并按照展示的逻辑顺序进行排列,以提升资料处理和组织能力。随后,学生将编写简洁明了的展示文字,并制作用于展示的PPT、视频或其他材料,同时学会使用图片、视频、音频等多媒体资源,以增强内容的可视化和感染力(见图6)。

图6　学生探究过程

师:同学们能告诉我,李白的诗歌有什么特点吗?

生1:他的诗歌常常表现出豪放不羁的风格,还有很多描写自然景色的诗句。

师:没错,李白的诗歌充满了想象力和对自由的追求。接下来,我们将进行小组活动,把李白的生平和作品分成几个主题。每个小组负责一个主题,大家可以讨论一下该如何划分。

(学生们开始分组讨论)

师(走到一个小组旁边):你们打算把李白的哪些方面作为主题呢?

生2:我们打算分成三个主题——李白的生平、他的诗歌风格和他与其他诗人的交往。

师:这三个主题很好。记得每个主题都要有明确的重点和讲解方式。接下来,我们要设计微讲座的结构,确保内容连贯。谁来说说你们的讲座结构是怎样的?

生3:我们计划先介绍李白的生平,然后讲他的诗歌风格,最后讲他与其他诗人的交往。每个部分都有具体的例子和分析。

师:很不错,这样的结构很清晰。现在,请大家把前期收集的资料进行整理和分类,然后按照你们刚才讨论的逻辑顺序进行排列。

(学生们整理和分类资料)

师:整理好资料后,我们要编写展示用的文字,并制作 PPT 或视频。大家记得要简洁明了,同时可以使用图片、视频和音频等多媒体资源。这样可以增强讲座的可视化和感染力。谁有好建议?

生4:老师,我们可以在讲解李白诗歌时播放相关的音频朗诵,这样更有感染力。还可以选择一些与李白及其作品相关的艺术品和历史图片进行展示,并准备一些诗歌朗诵。

(学生们开始准备展示材料和诗歌朗诵)

3. 练习演讲与仪态,不断打磨出精品

学生在小组内反复练习微讲座的演讲内容,熟悉每个部分的讲解内容和顺序。首先,在练习过程中,结合评价表,学生需要注意语速、语调、表情等演讲技巧,确保表达流畅、生动。其次,学生将在同伴或老师面前进行试讲,收集反馈意见并进行修正和改进。队长将重点关注听众的理解程度和反应,根据反馈意见调整微讲座的内容和表达方式。通过这些步骤,学生将全面提升演讲技巧,增强对内容的掌握和自信心,并学会根据反馈进行自我改进,确保录制时自然流畅。

(四)项目结尾:微视频,弘扬文化

学生如何通过学习李白的诗歌弘扬中华传统文化,并在此过程中探究李白诗词表现出的乐观豁达的人生态度,获得有益启示,进而形成正确的人生观、价值观? 与传统的语文课不同,我们鼓励学生通过各种途径搜集所需信息、资料,在探究性活动中小组合作,分享自己的智慧。

1. 微视频内容共探讨

"周二的红领巾电视台正在招募新的媒体人,如果你是本期的媒体发言人,你会在微视频中介绍什么呢?"学生小组合作自行探究介绍李白的相关内容。最终通过"游园活动"来呈现本项目的出项成果。

师:如果你是听众,你想在微视频中听到哪些内容呢?

如果你是小媒体人,你会在微视频中说些什么呢?

如果你是校长,你希望微视频中涉及哪些内容呢?

如果你是教授本节走班课的老师,你希望微视频中涉及哪些内容呢?

生1:如果我是听众,我希望在视频中听到李白的相关信息和他生活中的有趣小故事。

生2:如果我是小媒体人,我肯定会把我在走班课上学到的知识都说出来!还要放上我们组共同制作的海报和手账本。

生3:如果我是校长,我肯定希望这个视频是有正能量的,能让全校同学都爱上李白,喜欢上我们的中华传统文化。

生4:如果我是教授本节走班课的老师,我肯定希望班里的同学能真正听懂老师课上讲的内容,尤其是老师重点"敲黑板"的部分,把重点说给大家听。

课堂中,学生代入自己的角色发表观点,各抒己见,进行讨论和设想(见图7)。

图7　小组交流微视频内容

2. 微视频文稿共书写

学生们需要将课上讨论的微视频内容转化为演讲稿,小组分工,完成自己需要介绍的部分(见图8)。

生1:我可以编写一个剧本,用讲故事的方式说一说李白的"风流天下闻"。

生2：我要制作一张李白的"身份证"，用思维导图的形式向大家介绍李白的基本信息。

图8　小组合作完成微视频文稿

3. 微视频走进现实

在项目的最后，开办"穿越时空遇见他——走近李白"场馆，举办李白介绍会。学生布置场馆，组织观影、听讲座、粘贴收获等活动（见图9、图10）。

图9　学生布置李白场馆

图10　左侧为讲解员，右侧为听完讲座后贴下收获的学生活动图

探究过程是阅读鉴赏、梳理探究和表达交流的层级性学习过程。学生们通过层层递进的课堂学习，对李白的了解越来越深，对他们而言，"李白"不再

是遥远的历史人物，不再是一个简单的"诗仙"称谓，而是一个鲜活生动的有故事的人。同时，通过与李白诗歌的亲密接触，学生们也提高了对诗歌的鉴赏能力和审美情趣，也更热爱中华优秀传统文化了。

四、评价方式

1. 课堂自评互评单

（1）课堂自评表。

学生可以在每节课结束后，根据自己在课堂上的表现，在每个评价标准后的空格中勾选相应的自我评价等级。同时，学生也可以在"总体评价"部分填写自己对这节课学习的整体感受、收获以及需要改进的地方。这样的自评表格有助于学生更好地反思自己的学习过程，明确自己的优势和不足，从而不断提升自己的学习效果。

（2）课堂互评表。

在这个互评表格中，学生依然可以通过画星星的方式来评价他们在学习过程中的小伙伴，评价内容更加贴近小学生的日常生活和学习体验，同时在"我想对他/她说"栏中写下对小伙伴的总体印象和一些想说的话。这样的设计更加简洁明了，也更容易被学生所接受和理解。

2. 项目反思与分享任务单

为了系统地回顾与总结学生在"走近李白"综合实践活动中所取得的成果与个人成长,我们借助任务单帮助学生全面梳理自己在活动期间所掌握的知识要点、所提升的能力维度以及所感悟的情感体验。这不仅是对个人学习成效的一次深刻反思,也是对自己探究过程的记录,还可引发学生更进一步的思考。

"我知道了这些知识":学生的回答大概可以梳理为以下几点——李白的生平事迹,包括他的出生、成长、游历、创作以及晚年生活,对李白的一生有了更加全面深入的了解;学习并鉴赏了他的代表作,如《静夜思》《将进酒》等,感受到了他诗歌中蕴含的豪情壮志与深远意境;知道了李白所处的时代背景,了解了唐代的社会风貌、文化特色以及对李白诗歌创作的影响等。

"这些能力提升了":学生纷纷表达了文学鉴赏及小组合作方面的能力提升,比如学会了如何深入品读诗歌,体会其中的情感与意境;在小组活动中学会了分工合作,共同完成任务;通过搜集资料、整理信息,对李白及其诗歌有了更深入的研究。还有同学觉得自己的表达能力也有所提升。

"我还想知道":这里学生的回答还是很丰富的,有的对李白的诗歌创作技巧感兴趣,有的还想与其他唐代诗人进行比较。

五、项目总结与反思

作为"走近李白"项目的教师,我们深感这次项目不仅对学生是一次宝贵的学习经历,对我们也是一次极富挑战和收获的教学实践。

(一)项目总结

1. 教学内容的创新与整合

本次跨学科学习主题以李白为切入点,将文学、历史、艺术等多个学科内容有机融合,为学生提供了一个全方位、多角度的学习体验。这种跨学科的教学方式不仅丰富了教学内容,也提高了学生们的学习兴趣和积极性。

2. 教学方法的多样性与实践性

在实施过程中,我们采用了小组讨论、角色扮演、自主探究等多种教学方法,让学生在实践中学习、在学习中实践。这些方法不仅锻炼了学生的团队合作能力、沟通表达能力,也让他们更深入地了解了李白及其诗歌。

3. 学生主体性的发挥

本次跨学科学习注重学生的主体地位,鼓励他们主动探索、自主学习。项目化的学习方式让学生能够根据自己的兴趣和需求选择研究方向,这极大地激发了他们的学习动力和创造力。

(二)项目反思

在跨学科学习中,教师的角色不再是传统的知识传授者,而是学生学习过程的引导者和合作者。这要求我们在教学过程中更加注重与学生的互动和沟通,及时给予他们指导和支持。然而,在实际操作中,我们发现自己在角色转变上还存在一定的不足,需要进一步加强与学生的互动和合作。

通过本次项目,我们深刻体会到了跨学科教学、学生主体性发挥以及教师角色转变的重要性。在未来的教学中,我们将继续努力探索和实践!

数学篇

杯垫 DIY

莘松校区

邓君、陈欢花、谢晟洋、张思琪

蒙娃学时间

畹町校区

陈蓓蓓、张宋怡、沈伟颖、张端、
王晓云、夏国兰

小小规划师

畹町校区

朱华卉、戴玲、张秋霞、姜晓黎

营销大作战

畹町校区

戚晓蕾、王婷、徐倩倩

用爱来设计，给 TA 一个家

莘松校区

邓君、张思琪、谢晟洋、陈欢花

蒙娃学购物

畹町校区

王晓云、夏国兰

数 学 篇

小小活动策划师

景城校区

刘佳、魏旖、陆慧佳

小小调查员

春城校区

邱菊香、谢隽、季常振、孙雪

杯 垫 DIY

莘松校区　|　邓君、陈欢花、谢晟洋、张思琪

一、项目简介

　　要实现"新课程方案"和"新课标"的要求，就需要明确新时期"跨学科教学"必须基于五育融合的大背景和大方向，积极回应核心素养的新要求，主动追求学科跨界融合和动态生成。基于数学学科的跨学科学习，要以实践性项目为导引，强调学生在真实情境中完成学习任务，学习数学知识，掌握基本技能，深化数学学科和跨学科知识的理解及观念的形成，提升几何直观能力、空间观念以及创造能力、思辨能力、艺术鉴赏能力等。

　　本次数学跨学科学习活动，是以三年级"轴对称图形"为核心知识，打破学科界限，注重数学学科与美术、劳技、道法等学科联系的一次探索，旨在融合不同学科，寻找学科联系、沟通知识内容，通过真实体验活动，促进学生利用相关学科学习的知识和经验，提升解决数学问题的能力，拓展学生的数学思维，培

育学生良好核心素养。

轴对称图形是一种常见的平面图形,在日常生活中有着广泛的应用。它是在学生学习了一些平面图形的特征、形成了一定空间观念的基础上进行学习的。新课程理念一直强调发挥学生的主观能动性,激发学生的学习兴趣,让学生在动手操作、猜测、验证中自己寻找解决问题的方法。本项目正是让学生通过观察、折叠来验证轴对称图形的特征,从而发展学生的空间观念。通过对轴对称图形的认识,学生不仅能加深对周围事物的了解,提高解决实际问题的能力,还能为今后学习平移、旋转、图形变换等知识打好基础。

因此,本次学习活动以驱动性问题"如何为爸爸妈妈设计好看的杯垫作为十岁生日的回礼?"为主线,分别经历"认识轴对称图形—找找画画轴对称图形—杯垫 DIY—评选与思辨"四课时,从而聚焦本质问题:一定是轴对称才美吗?即在深入认识轴对称图形,动手创造轴对称图形,感知轴对称图形的美之后,思辨关于生活中除了对称美,还有均衡美等问题。

二、项目设计

(一)学情分析

轴对称现象是现实生活中普遍存在,也是学生所熟知的,但小学生对轴对称概念的理解还只是一种模糊的认识,往往是比较感性与肤浅的,甚至在理解与认知上存在本质性错误,如对平行四边形是否是轴对称图形的判断等。因此,我们在课堂上力求暴露学生的真问题,引导他们在质疑、操作、讨论中进行思辨,并通过验证、建构、调整学生对轴对称概念的理解。

(二)项目目标

以下从跨学科核心概念、跨学科核心知识与能力、学习素养三个层面拆解项目目标。

1. 跨学科核心概念

形成对项目探究的整体意识和自主意识。提升合作能力、语言表达能力、创新能力,塑造空间观念。

杯垫DIY 莘松校区

邓君 陈欢花 谢晟洋 张思琪

2. 跨学科核心知识与能力

（1）在思辨验证中，建构、调整对轴对称概念的理解，并能找出对称轴，丰富空间观念。

（2）经历杯垫设计、制作和展示的过程，提升团队合作意识，语言表达能力。

（3）体验用简单几何马赛克块拼贴精美图案的过程，初步建立对对称以及均衡美的认识，为养成思辨以及审美能力奠定基础。

3. 学习素养

（1）数学学科素养：通过找找画画轴对称图形，发展几何直观能力和空间观念。

（2）其他学科素养：通过杯垫的制作，提升创造能力、思辨能力、艺术鉴赏能力等。

（三）挑战性问题

1. 本质问题

如何设计一个轴对称图形？如何表达对家人的情感？

2. 驱动性问题

恰逢10岁生日，如何融合数学和艺术，设计一个对我和家人有特殊寓意的轴对称图案，并制作成杯垫送给他们作为感恩礼物，感谢他们陪伴我的成长？

（四）预期成果

本项目中学生形成的产品形式为"轴对称图形杯垫"，公开方式为"校园展览"。

关于成果的具体说明如下：

（1）通过充分的学习和动手实践，对轴对称图形的概念有了深度的认识。

（2）通过画一画轴对称图形，动手创作杯垫的过程，发展了几何直观能力与空间观，感知了生活中的对称美等。

（3）通过杯垫的评选，对"美"有了更深刻的理解与体会。

（五）预期学习活动

时间	项目进程	学习支架/过程评价
入项活动 （1课时）	1. 恰逢 10 岁生日,如何融合数学和艺术,设计一个对我和家人有特殊寓意的轴对称图案,并制作成杯垫送给他们作为感恩礼物,感谢他们陪伴我的成长? 2. 任务拆解 3. 问题:什么是轴对称图形?	任务卡 关于轴对称图形的学习资料
项目实施 （2课时）	问题1:怎么画轴对称图形? 问题2:怎么设计杯垫的图案?	项目地图 轴对称图形学习单
项目结尾 （1课时）	问题:一定轴对称才美吗?	有关对称美、均衡美的学习资料

三、项目实施

（一）入项活动——学生有兴趣、有能力去探究的有现实背景的活动

"杯垫 DIY"第一课时入项活动原设计如图 1 所示。

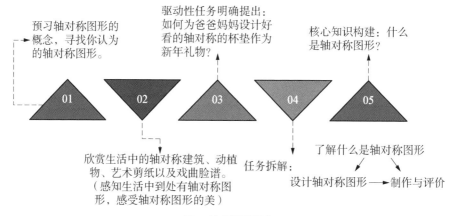

图 1　轴对称图形杯垫

问题:为什么是做杯垫? 为什么是轴对称的杯垫? ——学生有兴趣、有能力去探究的有现实背景的项目不够凸显,缺少一定的现实意义和价值。

分析与改进:确实在实施过程中,听课的老师和孩子们会有疑惑:给爸爸妈妈的新年礼物有很多,为什么一定要做一个轴对称的杯垫作为礼物送给爸

爸妈妈呢？因此，为了使现实背景更具意义，结合本校三年级的"十岁生日"项目，进行了以下的改进（见图2）：

背景调查

1.父母喜欢的颜色
2.有纪念意义的日子
3.有纪念意义的故事
4.有纪念意义的照片

项目启动

入项

1.讨论选定有意义可以亲手制作的礼物
2.制作杯垫需要的学科知识：轴对称图形的认识
3.其他学科：美术、哲思等
4.选定数学学科：轴对称图形；美术学科；对称美

入项主题：利用学校学到的本领亲手做一个礼物在"十岁生日"主题活动上给爸爸妈妈一份感恩的回礼

认识轴对称图形

欣赏生活中的轴对称建筑、动植物、艺术剪纸、戏剧脸谱

认识什么是轴对称图形
画一画轴对称图形

认识轴对称图形

设计轴对称图形

1.明确任务及评价标准
2.设计轴对称图形杯垫

制作轴对称的杯垫

欣赏与思辨

1.一定是轴对称才美吗？
2.脸谱、建筑中轴对称的文化内涵
3.拓展：对称美、均衡美

图2　三年级"十岁生日"主题活动

（1）将原来的驱动任务"如何为爸爸妈妈设计好看的杯垫作为新年礼物？"改为"恰逢 10 岁生日，如何融合数学和艺术，设计一个对我和家人有特殊寓意的轴对称图案，并制作成杯垫送给他们作为感恩礼物，感谢他们陪伴我的成长？"这样，本次跨学科活动的现实背景就更具现实意义和价值了。

（2）将原来的"轴对称图形的预习单，和找一找生活中的轴对称图形"改为"小调查——调查自己的爸爸妈妈喜欢的颜色、形状、有纪念意义的日子、物品或故事"。

（3）在礼物的选择上，从一开始教师给定的杯垫到孩子们自己想要送什么，在"买"和"亲手做"的选择中得到：亲手做的更有意义。让学生发挥想象，在 DIY 的产品中，可以有哪些元素？哪些可以利用学校学到的本领来实现？最终，共同协商决定：做一个轴对称的杯垫。

至此，基本解决了为什么做杯垫、为什么是轴对称的杯垫的问题。入项的

活动也具备了现实意义。

(二)跨学科项目化学习——发展主学科素养与跨学科素养

跨学科实践活动是一个综合实践的过程,学生调用主学科知识和跨学科知识来解决驱动问题,经历这样一个问题解决的过程,让学生综合学科素养得到发展。

教学片段

活动一:信封里有这样的两个图形,先仔细观察,想一想它们是轴对称图形吗? 动手画一画或折一折,验证一下这两个图形是不是轴对称图形。

小结:在一个平面内,沿着一条直线对折,两边完全重合,这样的图形叫轴对称图形。折痕所在的直线叫作它的对称轴。

活动二:老师还带来了 7 个图形,它们都是轴对称图形吗? 请同桌两人合作,根据学到的轴对称图形的知识交流一下,有困难时,也可以折一折。

这些都是轴对称图形吗?

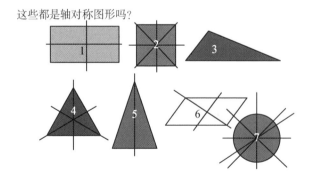

聚焦 3、6 号图形:为什么 3、6 号图形不是轴对称图形呢?

小结:沿一条直线对折,两边是否能完全重合是我们判断轴对称图形的主

邓君 陈欢花 谢晟洋 张思琪 杯垫DIY 莘松校区

要依据。

1、2、4、5、7号图形都是轴对称图形,你能找到这些轴对称图形的对称轴吗?同桌互相说一说。

过程指导:有的同学在折的过程中,发现有些图形好像不止一条对称轴,那你能知道这些图形到底有多少条对称轴吗?

小结:看来轴对称图形的对称轴有时不止1条,甚至可能有无数条。

活动三:这些字母是轴对称图形吗? 有几条对称轴呢? 请同学们将结果独立记录在学习单上。

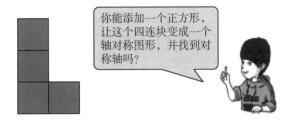

	D	H	M	N	S
判断是否是轴对称图形	√	√	√	×	×
有几条对称轴	1	2	1	无	无

活动四:这是一个我们接触过的四连块,你能添加一个正方形,让这个四连块变成一个轴对称图形吗?同时是否能找到对称轴呢? 请你在学习单上画一画、试一试。

你能添加一个正方形,让这个四连块变成一个轴对称图形,并找到对称轴吗?

以上四个活动是跨学科项目化学习中的第一课时的内容。想要让学生充分经历发现猜想—动手验证—得出结论的过程,需要花费较多的时间,传统的数学课堂仅有 35 分钟,很难有充足的时间给学生动手探究和进行表达。而这样的跨学科项目化学习让学生们的思维与学科素养有了充分的发展。

活动一:想一想这两个图形是轴对称图形吗?学生在判断的方法上呈现出多元的思维路径:其一是直接通过想象进行判断;其二是尝试在图上画一条线,再进行判断;其三是直接通过折一折,进行判断。这些多元的思维表达,在互动交流中,从点到面地启发了所有的学生,发展了他们的思维。

活动二:平行四边形是一个中心对称图形,而不是一个轴对称图形。这是学生的学习难点。传统的数学课堂时间有限,没有充分的时间给学生去深入探究,并拓展中心对称的概念,而我们跨学科学习的课堂,可以让学生进行深度学习。在传统数学课堂上,我们往往是让学生通过观察发现平行四边形的对边相等,看上去像是轴对称图形,再通过折一折检验发现无论怎么折图形两边都无法完全重叠,发现平行四边形不是轴对称图形。但是,学生对平行四边形的判断仅仅停留在动手折的基础上,而不清楚平行四边形为什么看着像又不是轴对称图形的原因。在跨学科学习的课堂上,我们有更多的时间让学生来探究,可以让学生感知到平行四边形通过一点旋转可以重叠,却无法沿着一条线进行对折后重叠,让学生在矛盾冲突的解决过程中,既强化了对轴对称图形概念的理解,也拓展了对中心对称概念的认识。

活动三:有了活动二的基础,对活动三中的"S"和"N",学生便能够主动联想到平行四边形的情况,进行类比迁移并作出有效的判断。这就发展了学生的推理意识。

活动四:有了以上三个活动的经验基础,学生在构建轴对称的五连块时,方法更加多元了。有的学生会想尝试上下左右各个方向上都添一个正方形;也有思维敏锐的孩子先考虑对称轴可以是横的,可以是竖的,也可以是斜的,再去构建轴对称图形。

四个活动层层递进,活动三和四更凸显了学生对"轴对称图形"的理解以及对"对称轴"的认识,进一步发展了学生的几何直观能力、空间观念、推理意识等学科素养。

（三）跨学科项目化学习——提高解决问题的综合能力

第一课时聚焦的是数学学科的核心素养。第二、三、四课时则指向学生跨学科素养的发展。

如在第二课时中，

活动一：剪一个轴对称图形。

活动二：请你以中间虚线为对称轴，画出下面两个图的另一半，使它们成为轴对称图形。

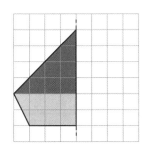 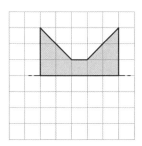

小结：要在方格纸上画出一个轴对称图形的另一半，我们可以先找到对称点，再依次连接各点，即可画出图形的另一半。

活动三：你能在方格纸上自己设计一个轴对称图形吗？思考：设计的轴对称图形是要送给自己家人的，你会怎么设计？如下图，说说为什么这么设计？（全班交流）

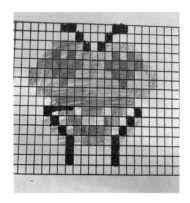 

在以上三个活动中，剪、画、设计需要学生综合运用数学的学科知识、美术

的色彩艺术表现力、劳技学科中动手操作的能力等。这进一步发展了学生的跨学科素养。

四、项目评价

学生根据自己对轴对称图形概念的理解，结合自己对美的认识和儿童哲学的思辨意识设计马赛克杯垫。最后展示评选最美杯垫。在自评和互评的过程中，教师肯定学生的学习成果。

学生在这种既融合了数学轴对称图形知识，又融合了文化理解和美术的审美感知、艺术表现的学习中，用自己所学的知识设计制作了马赛克杯垫，提升了核心素养。

过程性评价方案：

我已经知道了什么	我还想知道什么	我学到了什么

结果性评价方案：

_____的"杯垫 DIY"评价单

小朋友们，请你在交流学习中为其他小组进行评价，做到的在□里打"√"。

作品评价表				
评价项目		较好(☆☆☆)	一般(☆☆)	须努力(☆)
制作能力	设计新颖			
	黏贴牢固			
	干净整洁			
	做工细致			
表达能力	表达流畅			
	契合主题			

五、项目总结与反思

（一）项目成效

1. 充足的时间和空间，促进了深度学习

跨学科项目化学习是一种综合性的学习，传统数学课堂通常将数学与其他学科分开教授，而跨学科教育鼓励学生将不同学科的知识和技能整合在一起。这有助于学生更全面地理解问题，并培养综合思考的能力。跨学科课堂的创造性空间更大，跨学科教育鼓励学生寻找创造性的解决方案，而不仅仅是死记硬背公式。这样的深度学习，有助于培养学生的创新能力和解决问题的能力，使他们更积极参与数学学习。

此次跨学科项目化学习的主学科知识"轴对称图形"这一内容，在传统数学课的教学安排中需要两课时，而在跨学科实践中我们设计了 4 个 50 分钟的课时，比传统课堂要多 130 分钟，这促成了学生深度学习的发生。在这 130 分钟内，学生动手折一折，验证了轴对称图形的性质；动手剪一剪，运用性质自己创造了轴对称图形；动笔画一画，画出了每个人独特的轴对称图形；动手做一做，给爸妈送上亲手制作的马赛克杯垫；最后自己悟一悟，感受到了美的多样性。有了这样的深度学习，学生自己操作感悟的空间大大增加了，不仅数学知识学得更扎实了，思辨能力和美的感知能力也得到了发展。

2. 充分的学习体验，发展了学科素养

知识建构理论注重"做中学""学以致用"，在"用"数学的过程中，注重活动设计，从而有效提高学生的学习效益。小学数学的跨学科教育打破了传统数学课堂的局限性，给学生提供了更多的时间和空间，通过将数学与实际问题、其他学科和创造性思维相结合，给学生提供了更丰富、更有趣的学习体验。这样的多元课堂不仅激发了学生的创造力，更发展了他们的综合学科素养。

在此次跨学科项目化学习中，学生在观察、猜想、折叠来验证轴对称图形的特征的过程中，发展了自身的空间观念。通过对轴对称图形的认识，学生不仅加深了对周围事物的了解，提高了解决实际问题的能力，也为今后学习平

移、旋转、图形变换等知识打好了基础。这一过程也很好地发展了学生的几何直观能力与空间观念等。

此外，学生根据自己对轴对称图形概念的理解，结合自己对美的认识和对家人的了解，从轴对称、美观、设计理念三个维度进行了创作。学生在这种既融合了数学轴对称图形知识，又融合了文化理解和美术的审美感知、艺术表现的学习中，用自己所学的知识设计制作了马赛克杯垫，提升了跨学科核心素养，同时这也是一次对传统精神的践行。学生对"美"的认识不仅仅停留在轴对称是美的，更是对"轴对称"背后的美（文化内涵）的理解（为什么建筑、京剧脸谱是轴对称的），是对美术色彩表现的美的认识，也是对"父母的爱"的美的感知。

3. 丰富的跨学科活动，打造了学生喜爱的课堂

跨学科课堂极大地提高了学生的学习兴趣，因为课堂中的活动为学生创造了有趣、有意义的学习体验。此次的跨学科课程还鼓励学生思考创造性的解决方案。他们运用了自己学习的本领设计了杯垫来给自己的父母回礼。这种自主性和创造性的学习方式增强了学生的参与度和兴趣。不仅如此，在跨学科课堂上，我们还鼓励学生进行合作学习，与同学一起解决问题。通过与他人合作，学生可以分享思路、讨论观点，共同探索知识。这不仅培养了协作能力，也增加了学习的乐趣。

"这节课这么快就结束了？""这是我最喜欢的课了。"……很多学生发出了类似的感叹。看到学生沉浸在课堂活动中的喜悦和过程的分享，我们认为跨学科项目化学习活动真正深入了学生的心里，是他们所喜欢的课堂。在家长们拿到孩子亲手制作的杯垫后，也纷纷给老师们发来消息——"这是我收到的最好的礼物了""收到礼物的那一刻，我真的好感动"……

此次实践让我们也深刻认识到了：跨学科项目化学习不是两门以上学科知识的堆砌，而是围绕一个项目，以一门学科的知识和思想方法为主干，运用多学科的视角、思想和方法来观察、思考、分析，融会贯通地创造性解决真实的复杂问题，从而促进学生核心素养的提升。这也需要我们教师走出自己的学

科领域,大胆跨出去,深入挖掘"文化内涵",去尽情领略不同学科带给我们的"盛宴"。

(二) 项目反思与拓展

1. 进一步拓展跨学科融合的范围,加深对项目背景及其内涵的认识

　　1) 轴对称的力学和美学价值的认识

　　首先,结构稳定性:对称性使建筑物在结构上更加稳定。对称的布局使得建筑物在受到外力作用时,两侧的受力能够相互平衡,从而减少了建筑物因受力不均而产生的变形或破坏的可能性。这种稳定性不仅保证了建筑物的安全,也延长了其使用寿命。从力学的角度来看,对称性的结构形式在建筑物的重力感、力的传递与支撑的关系中表达出了建筑结构的作用。对称的建筑物结构自身重力更趋于均衡,在相同地基的承载下,相对于不对称建筑物具有更好的抗震性,不易因受力不均产生裂缝。

　　其次,美学价值:对称的建筑外观更加美观和谐。通过对称的布局,建筑物的各个部分可以相互呼应,形成整体的美感。这种美感不仅体现在建筑物的外观上,也体现在其内部空间的布局和设计中。

　　对称的建筑给人一种庄严肃穆的感觉,具有古典美感和秩序感。这种美感符合人们对于秩序和规则的追求,也是古代社会等级和秩序在建筑上的体现。对称的建筑还具有一定的文化内涵和象征意义。例如,在中国古代,对称的建筑代表着对"天人合一"和"中庸之道"的追求,体现了人与自然、人与社会的和谐统一。

　　脸谱的对称同样体现了对称在美学和文化上的价值。在京剧等中国传统戏曲中,脸谱的对称设计不仅是为了美观,还具有一定的象征意义。例如,通过左右对称的脸谱设计,可以表现出角色的性格特点和身份地位,使观众更容易理解和接受角色形象。同时,对称的脸谱也符合中国传统文化中对于平衡和和谐的追求。

　　综上所述,建筑和脸谱的对称设计都是基于结构稳定性、美学价值和文化内涵等多方面的考虑。这种设计不仅使建筑物和戏曲角色更加美观和稳定,

也体现了人们对于秩序、平衡和和谐的追求。

2）身边轴对称物品的认识

麦当劳的 M 符号、足球、篮球、天坛、眼镜、剪刀、对联、飞机等都具有轴对称的特点。这些物品的设计不但美观，而且符合人们的审美习惯。因此，在入项选择合适的支架并产出时，可以考虑结合创造轴对称的美。

画：可以绘制一些简单的轴对称图形，如正方形、长方形、圆、五角星等。绘制这些图形可以锻炼自己的空间想象力和手眼协调能力。

剪：可以使用彩纸或布料等材料，通过折叠和剪切的方式制作出轴对称的剪纸作品或布艺作品。这些作品不仅具有装饰性，还可以作为礼物赠送给朋友或家人。

本项目选择杯垫 DIY，制作杯垫和创造轴对称的美都是基于实用性和美观性的考虑。通过制作和使用这些物品，我们可以更好地感受到数学和美学在生活中的融合和体现。

2. 加强项目的过程性评价和反馈机制，及时发现和解决学生在学习中遇到的问题

1）突破核心知识的难点

在数学中，轴对称和中心对称（旋转对称）是两种不同的对称性概念，但它们之间也有一些联系和相似之处。轴对称：一个图形关于某条直线（称为对称轴）对称，要求图形上的每一点关于这条直线都有对称点，并且这些对称点都在图形上。中心对称（旋转对称）：一个图形关于某一点（称为对称中心）对称，要求图形上的每一点关于这一点都有一个对称点，并且这些对称点与原点的连线与对称中心相交成相同的角度。因此，在课堂教学中，通过对平行四边形的对称性的练习识别，发现它是中心对称而非轴对称图形。这可以通过尝试将图形围绕某个点旋转 180°（或其他角度）并观察是否与原图形重合来完成。通过不同对称性概念的对比，从而强化对轴对称图形概念的理解。

2）加强评价反馈机制

在过程性评价中，及时进行评价。如判断轴对称图形时，对学生的思维层

次进行及时评价,形成评价单。判断的层次通常指的是在做出决策或评估时,所考虑的因素和维度的复杂性和深度。它可以从几个不同的层面来理解。

基本层次:基于直接观察或表面信息的简单判断,没有深入的分析或考虑。

中级层次:考虑了多个因素,包括一些潜在的、不那么明显的因素,进行了初步的分析和比较。

高级层次:深入分析了所有相关的因素,进行了系统的权衡和评估。

同样地,在杯垫 DIY 的制作中,也可以及时对学生的创作进行更确切的评价。在艺术领域,画的层次通常指的是作品在视觉表现上的复杂性和深度。这也可以从几个层面来理解。

基础层次:画面基本完成,具有基本的构图、色彩和光影处理。

中级层次:在基础层次上增加了更多的细节和质感。

高级层次:画面具有丰富的层次感和深度,可能包括复杂的构图、精确的细节、丰富的色彩和光影效果,以及强烈的情感表达。

总之,判断的层次、创作的层次和家长收到礼物的感受都涉及不同的层面和维度,通过理解这些层次,我们可以更全面地进行评价。

3. 引入更多的创新元素和实践机会,让师生在实践中不断挑战自我、超越自我

1)基于文化内涵的感知与传承

文化内涵是一个国家、民族或社会在长期的历史发展过程中所形成的精神财富的总和,它包含了语言、艺术、道德、习俗、宗教等多个方面。感知文化内涵,就是要深入了解这些精神财富的精髓,理解它们背后的历史、社会和人文背景。

传承文化内涵,则是指在感知的基础上,将这些精神财富传承给后代,让它们得以延续和发展。传承不仅仅是简单的复制,更需要在新的历史条件下进行创新和发展,以适应时代的需求。通过教育、宣传、文化活动等多种方式,我们可以促进文化内涵的传承,让更多的人了解和认同自己的文化。

2）学科教师本身的文化素养

学科教师作为教育工作者，其文化素养对于学生的成长和发展具有重要的影响。一个具有丰富文化素养的学科教师，不仅能够传授给学生学科知识，更能够引导学生感知和理解文化内涵，培养学生的文化自信心和民族自豪感。

因此，学科教师应该注重自身文化素养的提升，通过阅读、研究、交流等方式，不断拓宽自己的文化视野，增强自己的文化素养。同时，学科教师还应该将文化素养融入教学，通过生动有趣的教学方式，激发学生的学习兴趣，引导他们感知和理解文化内涵。

3）文化内涵的延伸：苏扇——文化传播的产品

苏扇是中国传统文化的一种独特表现形式，它以精湛的工艺和独特的文化内涵，成为中国文化的瑰宝。苏扇不仅仅是一种实用的物品，更是一种文化的载体，它蕴含着丰富的文化内涵和历史底蕴。

通过将苏扇作为文化传播的产品，我们可以让更多的人了解和认识中国传统文化。通过苏扇的制作、展示、销售等活动，我们可以将中国传统文化的精髓传递给更多的人，让他们感受到中国文化的魅力和价值。同时，苏扇作为一种具有实用价值的文化产品，也能够满足人们的日常生活需求，让人们在生活中感受到文化的熏陶和滋养。

总之，基于文化内涵的感知与传承、学科教师本身的文化素养以及文化内涵的延伸等方面，都是我们在推广和传承中国传统文化时需要关注和重视的方面。通过多方面的努力，我们可以让更多的人了解和认同中国文化，推动中国文化的传承和发展。

蒙娃学时间

畹町校区 ｜ 陈蓓蓓、张宋怡、沈伟颖、张端、王晓云、夏国兰

一、项目简介

我们尝试在"时间的初步认识"这一单元中，结合学生真实问题，为学生挑选时间的相关绘本，通过绘本学习，帮助学生形成对时间的初步认识。但在这一过程中，我们发现适合低学段学生阅读的绘本较少，大部分绘本内容单一，内容丰富的又超出学生的自主阅读能力。

基于这一真实问题，我们通过带领学生经历"了解时间、认识时间、感受时间、应用时间"4 个活动的学习，让其对时间有比较全面的认识，并根据自己的学习感受，用绘本的形式，从孩童的角度展现对时间的认识，体会时间的意义，初步养成合理规划时间的能力，为之后学习相关内容的小豌豆们提供丰富的学习资源。

二、项目设计

（一）学情分析

　　小学低年段的孩子存在做事拖拉、无先后顺序等现象，导致学业任务与休息时间发生冲突。究其原因，是时长的把握与事件的规划无法适度匹配，学生在遇到多项任务时无法合理规划。

（二）项目目标

　　以下从跨学科核心概念、跨学科核心知识与能力、学习素养三个层面拆解项目目标。

1. 跨学科核心概念

　　将时间相关内容在空间中做可视化表达，关注解决问题、小组合作、创新能力的培养。

2. 跨学科核心知识与能力

　　（1）数学：通过操作、对比，能够认识钟面并能正确记录时刻；结合生活情境，能够区分时刻和时间段，从而解决实际问题；联系生活，建立时、分、秒的实际时间观念，养成应用意识。

　　（2）语文：通过多样化的阅读材料，激发学生的阅读兴趣，培养学生获取信息、理解主旨的能力；在绘本制作过程中，引导学生根据一定的顺序，用较为准确的语言文字描述事物，或者人物的具体表现。

　　（3）美术：在绘制绘本的过程中，通过人物形象、构图排版，独立进行绘本的制作；在创新意识的指导下，展现创造性的思维和行为。

3. 学习素养

　　（1）探究性实践：把时间相关内容与真实世界联系起来，通过动手操作、小组讨论，能够分析问题、解决问题。

　　（2）社会性实践：学会倾听，积极参与讨论，尊重他人，能整合视觉和媒体的信息，表达自己的意见。

　　（3）审美性实践：选择适合表现主题的材料、构图与色彩进行视觉艺术品创作。

（三）挑战性问题

1. 本质问题

通过自己的学习，也帮助别人合理规划时间。

2. 驱动性问题

如何设计一本适合低学段阅读的时间绘本？

（四）预期成果

本项目中，学生学习时间相关内容，形成富有低年级学生特点的时间绘本，并能对自己的一天进行合理安排。

（五）预期学习活动

时间	项目进程	学习支架/过程评价
入项活动 （1课时）	问题1：作为绘本设计师，要如何改编绘本？ 问题2：如何选择一个内容，对绘本进行改编？	任务单： 自主阅读绘本并完成表格； 清楚直观地绘出古代计时工具
项目实施 （3课时）	问题1：如何更为清晰地展示小豌豆的一天？ 问题2："1分钟、1秒钟、1小时到底有多长？" 问题3：如何更为合理地安排课后时间？	小组讨论 视频支架 学习单
项目结尾 （1课时）	活动：请给小豌豆们在时间学习以及规划上提一些建议	绘本、课后安排表

三、项目实施

（一）入项活动：基于学生真实问题，激活学生创新意识

小学低年段的孩子在对时间的认识上会出现许多的问题。例如：难以理解抽象的时间单位；无法清晰区分时间顺序；难以准确读取时钟等。这些问题也导致了孩子们普遍缺乏时间概念。比如：对于时间的流逝没有清晰的认识；时间分配不合理：在玩耍上花费大量时间，而留给阅读、学习的时间很少。以至于在对时间进行规划时，缺乏计划意识。

基于这样的现实背景,我们尝试在"时间的初步认识"这一单元中,结合学生的真实问题,为学生挑选时间的相关绘本。入项活动中,师生一起阅读绘本,感受绘本,通过绘本情境,引发学生学习兴趣,帮助学生形成对时间的初步认识。但是在这一过程中,学生发现了一些问题,引发讨论。例如:绘本字太多,读不懂;图片太少等。同时,对比市面上的绘本,发现适合低学段学生阅读的绘本较少,大部分绘本内容单一,内容丰富的又超出学生的自主阅读能力。为何不对绘本进行合理改编和创作呢? 可以从孩童的角度展现对时间的认识,也可以为之后学习相关内容的小豌豆们提供丰富的学习资源。在此过程中,学生还可以初步养成合理规划时间的能力。

(二)项目实施:搭建学习支架,促进学习的有效发生

学习支架即在项目式学习中,教师设计的能帮助学生有意义地解决问题或有效完成学习任务的各类支持。学习支架是建立在一定情境中的,是根据学生的学情特点、学段特点,切中学生学习需求而建立的支架,有助于激发学生在项目化学习中的学习兴趣,提升数学语言表达能力,提升数学学科核心素养。在本次项目中,我们主要使用了以下三类学习支架。

1. 文本阅读支架

开展项目化学习,要求学习者能综合运用不同学科的知识与方法去解决问题,打破学科间的壁垒,丰富单一的数学学科学习过程。

在第一课时的入项活动前,教师选择绘本《时间从哪里来》中的两大模块,大自然中的时间与古代计时工具演变,以视频和图片的形式,推送给学生,学生可以自主选择听或看绘本。为了便于学生在阅读过程中有目标、有线索地获取关键信息,初步形成知识框架,我们设计了阅读学习单(见图1)。

阅读学习单融合了语文学科要素,在阅读单中给到学生一些线索和支撑,帮助学生进行阅读填空。学习内容不再局限于数学学科的相关知识,还有数学与历史和语文学科知识的交融与碰撞。旨在引导学生在语文阅读中解决"时间从哪里来?"这一数学问题,从而提升学科素养。

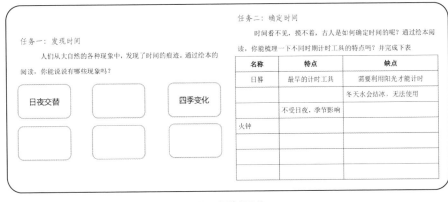

图 1 阅读学习单

2. 小组讨论支架

开展项目化活动,旨在提升学习者以小组的形式进行合作探究、共同解决问题的能力,培养学生的合作和探究精神。

例如,第二课时的第三个学习活动是"小组合作,完善校园时间安排"。在本课时的活动中,五人为一组,学生认领各自任务,各司其职、分工协作。一人记录钟面的起点时刻,一人记录钟面的终点时刻,一人计算经过的时间,一人创编故事,一人负责记录。五位学习者共同参与项目,但又能通过独立思考,调用这节课所学的新知,有问题时互相解答,有错误时互相交流,在表达与倾听的过程中提升团队合作能力与交流能力。

在合作过程中,由于个人的知识储备、生活经验、思维认知存在差异,每位学习者都能有机会接受不同的思维模式与想法,引发思维的碰撞,共同创造出更多的可能性,优化项目成果。

3. 语言表达支架

开展项目化活动,有助于学生逻辑思维表达的提升。当学生输出自我观点时,倾听者能否理解和对话,取决于学生的表达水平,这时语言支架便是支撑学生逻辑思维表达的重要途径。

在个人发言时,可以给予学生不同表述和回应的语言支架,如"我想说……""对于同学的回答,我有补充……""对于同学的回答,我有疑惑……"

等,帮助学生提升表达观点的有序性,思维发展的逻辑性。

在小组合作发言时,组内推选出代表,给予代表语言支架,如"我们组的想法是这样的""我们组的分工合作是这样的""接下来由某同学介绍"。在成果交流展示结束后,也可由小组代表总结"以上是我们组的汇报,欢迎大家对我们提出修改指正"等,帮助课堂中小组发言的有序推进,提升课堂层次性。

(三)项目优化:落实实践活动,积累学习的活动经验

"实践"这个词强调的是"做"和"学"的不可分割性,这就意味着项目化学习不仅包含"做",即技能,同时也包含"学",即对知识的深度理解。在每一课时学习后,学生都会完成相应的子任务,从而促进最终驱动性任务的完成。同时,本项目化学习中的实践活动并不局限于课后,而是分为课前、课中、课后三个时间段,不同类型的实践活动分别指向不同的目标达成。

课前实践活动:在入项活动前,我们通过发布阅读绘本《时间从哪里来》任务,创设时间的学习情境,并让学生对时间这一名词拥有初步认知。同时,由这本绘本引发驱动性问题"绘本太难读,如何改编绘本"达成驱动性目标。因此,《时间从哪里来》这本绘本具有双重性,既引发了学习问题,又生成了学习成果。绘本难读成为真实的学生问题,绘本改编亦是学生的真实成果。

课中实践活动:在第二课时中,学生应能达成会认读几时几分,能感受时间段的目标。学生借助学具钟面,在拨动钟面的过程中感受时针和分针的联动性,同时感知所经过的时间,认识时间段。我们在实践活动中精准运用工具,让学生边动手边思考,促进目标的达成。

课后实践活动:在第三课时中,学生在课堂上感受1秒、1分钟、1小时,积累时间的量感,在课后开展续写的实践活动"续写迟到一分钟的故事",结合自身拖延行为进行反思。这有助于推动学生对于时间观念的理解,培养学生珍惜时间的意识,体现数学学科的育人价值。

无论是将抽象的时间落笔纸上,还是动手操作感受时间,又或是自省迟到一分钟可能产生的后果,无论是数学学科与其他学科融合,还是实践性与综合

性的联结,都挖掘出了学科间显性与隐性的联系。这让学生对于时间的相关知识在绘本与文字中有了一次创造展示的机会,寄数学于实践,发挥学习的主观能动性,促进了核心素养的提升。

(四)项目结尾:丰富的内容表达,助力创新意识落地

1. 成果指向驱动性问题,具有思维的真实性

驱动性问题是有真实性的,成果也需要有真实性。本项目每一课时的成果都以绘本为载体,让学生亲历一项项子任务的解决过程,将有关时间的感知融于画笔,将学科思维跃于纸上。项目化学习帮助学生打破学习学科知识和亲历实践体验之间的壁垒,绘本之下便是学生数学学科思维与核心素养的体现(见图2)。

图2 跨学科创作绘本

2. 成果指向个人和团队,具有发展的长程性

在开展项目化学习的过程中,要做到全员参与和个体能力培养相互统一,保证个人成果和团队成果共同生长。因学生具有个体差异性,例如,有些孩子在绘画方面较薄弱,但编故事能力较强,教师不能强求精美的绘本图册产生,而应关注到孩子在四课时中的能力成长,关注每一位学生解决每一个任务时的内驱力,在收获团队成果的同时,关注到不同能力孩子的综合培养(见图3)。

图 3　发挥编故事能力

四、项目评价

跨学科学习的评价要围绕跨学科主题学习的教学目标,从学生核心素养发展的各个维度,以多元的方式展开:关注学生相关知识内容的理解,以及对现实情境与数学表达之间关系的把握;关注团队合作素养和问题解决能力,发挥评价的育人功能;在主题活动的设计与实施过程中,既注重结果性评价,又关注过程性评价和表现性评价。

"蒙娃学时间"主题学习的评价主要由课堂评价、作业评价、成果评价三个部分组成。课堂评价以考查学生课堂学习情况为主,分为自评、互评、师评。作业评价针对每一课时的课时作业目标进行评价,促进学生自主学习以及自主完成任务。成果评价以项目成果绘本为载体,进行自我评价以及小组评价。互评中,组内学生和组间互相评价,肯定他人的进步或者提出合适的建议。

作业评价			
评价标准	自评星级	互评星级	作业评价单关注学生自主学习、独立完成任务的能力
我能独立完成任务单	☆☆☆	☆☆☆	
我能准确记录时刻和时间段	☆☆☆	☆☆☆	
我能对时间做一个合理的安排	☆☆☆	☆☆☆	

蒙娃学时间

陈蓓蓓　张宋怡　沈伟颖　张端　王晓云　夏国兰

畹町校区

续　表

成果评价			
评价标准	自评星级	互评星级	师评星级
我能独立完成课后实践单	☆☆☆	☆☆☆	☆☆☆
我的作品主题突出，排版合理	☆☆☆	☆☆☆	☆☆☆
我的作品数学表达正确	☆☆☆	☆☆☆	☆☆☆
我的作品有自己的创意	☆☆☆	☆☆☆	☆☆☆

成果评价单关注各学科知识与能力要求

五、项目总结与反思

（一）如何更为有效地关注个体差异

主题学习活动的作业设计多以综合问题解决为主，能力较弱的学生往往难以入手。虽然在本次活动中，关注到了这个问题，例如可以选择小组合作或是独立完成等形式；但是在面对复杂问题，比如规划较长的一段时间时，学生个体差异明显，如何更好地识别学生兴趣与优势，设计差异化的学习活动和作业，是我们今后需要不断摸索的。

（二）如何更为有效地进行作业评价

首先，跨学科主题学习活动作业涉及多个学科领域，每个学科的知识体系、能力要求和评价重点都有所不同，评价内容复杂，细目繁多，导致难以制定一套全面、客观且统一的评价标准。

其次，对跨学科能力的评估难度高，跨学科能力如综合思维、创新能力、问题解决能力等较为抽象，难以通过具体的指标进行连续性的量化和科学评价。

小小规划师

畹町校区 | 朱华卉、戴玲、张秋霞、姜晓黎

一、项目简介

　　"小小规划师"是基于三年级数学教材第三单元"年月日"教学内容展开的主题式跨学科学习项目,包含了"二十四节气我知道""种植月历我做主""专属年历我设计"和"专属年历我来展"4 个主题。先通过对历法资料的查找、讲述和探究活动引导学生感悟二十四节气与农事安排之间的联系,感悟中国悠久的历史。接着,将月历的制作与植物的生长习性相结合制作出专属的月历,最后将农庄一年四季的农事安排融入年历的制作,让学生体会中国劳动人民依据四季和节气指导农事生产的智慧。

　　项目实施过程中,我们学生还经历了农作物的播种和植物生长过程观察,对"农庄一年四季可以种些什么"有了初步的认识,为学生带来了不一样的数学盛宴。参与项目的孩子感慨:"原来数学课可以这么有意思!"

二、项目设计

(一)学情分析

三年级学生解决实际问题的能力相比低年级有了一定提升,数学学科中"年月日"的知识与校园生态农庄的农事安排需求为跨学科学习提供了基于学科知识的跨学科主题学习研究的基本条件。三年级自然教材有关于植物生长习性《牵牛花的一生》和了解古代计时工具的知识《自由探究——做个小水钟》的教学内容,也说明了让三年级学生解决生态农庄农事安排的实际问题是有学情基础的。但是平时数学学科和自然学科在教室上课,学生需要一定的时间和空间动手探究并亲身经历观察植物的生长的过程,所以"小小规划师"这一跨学科主题学习很适合三年级学生开展主题学习活动。

(二)项目目标

以下从跨学科核心概念、跨学科核心知识与能力、学习素养三个层面拆解项目目标。

1. 跨学科核心概念

农事规划。

2. 跨学科核心知识与能力

(1)基于农事专属年历的制作任务,回顾并综合运用"年月日"相关知识。

(2)根据"年月日"的知识和农事访谈初步设计农庄一年的种植安排表,提升对所学知识的应用能力和问题解决能力。

(3)初步了解有些植物可以用种子来繁衍后代。

(4)初步了解不同植物的生命周期细节不同,感受植物完整的生命过程,产生探究植物生命周期的兴趣。

(5)能够根据植物生长周期情况,设计豌豆农庄种植月历和年历。

3. 学习素养(各种类型的实践活动)

(1)调控性实践:在项目学习过程中遇到困难和问题时能够调节自己的情绪,激发更主动的自主学习,学会对不确定的答案进行沟通和交流、反思和规划,坚持成长性思维调控。

（2）社会性实践:在小组团队合作过程中,能够积极倾听他人的观点并给出回应,能够综合团队的力量设计出科学的农事安排表。

（3）探究性实践:通过项目计划的设计活动,基于 KHWAQ 表格培养解决问题的能力。经过和"年月日"知识建立联系,产生迁移。在草本植物视频观看过程中,能够根据习性及生长周期,形成相关信息梳理表;分析和探究梳理结果,将获得的信息迁移至其他植物生长周期的细节,从而设计豌豆农庄种植月历、年历。

（三）挑战性问题

1. 本质问题

二十四节气是如何为农事安排服务的?

2. 驱动性问题

作为豌豆农庄的小小规划师,如何为新的生态农庄规划四季的种植?

（四）预期成果

本项目中学生形成的产品形式为"农庄专属年历",公开方式为小报与微视频展示。

关于成果的具体说明如下:先通过小组合作,查找关于二十四节气如何为农事服务的相关资料,再进行农事安排的访谈,对一年四季的种植安排有初步的了解。小组合作先完成种植月历的设计,再完成生态农庄农事专属年历。

（五）预期学习活动

时间	项目进程	学习支架/过程评价
入项活动 （1课时）	问题1:完成这个项目的计划是什么? 问题2:如何组建项目团队? 问题3:如何根据访谈设计农庄的农事安排?	项目初步计划表 项目推进墙 农事安排初设计
项目实施 （2课时）	问题1:二十四节气是如何为农事安排服务的? 问题2:如何根据某种植物的生长习性设计植物的种植月历? 问题3:农庄里一年四季的种植该如何整体安排呢? 问题4:制作年历要注意些什么? 农庄专属年历可以有哪些特色?	植物生长过程视频 植物生长过程信息梳理 基于某种植物的农事月历 合理的农事安排专属年历

朱华卉 戴玲 张秋霞 姜晓黎

续　表

时间	项目进程	学习支架/过程评价
项目结尾 （1课时）	问题1：如何展示小组农庄专属年历的设计宗旨与特色？ 问题2：如何客观地评价不同的专属年历？ 问题3：如何基于评价进行反思与修订？ 问题4：对于项目的整个过程有哪些感受？	农事专属年历评价表 项目收获视频

三、项目实施

（一）入项活动：基于农庄规划需求，激发学生解决问题的兴趣

在"小小规划师"跨学科主题学习项目中，我们聚焦学生自主探究能力的培养，以确保他们不但能完成探究任务，而且能够进行深度的学习。我们引导学生以农庄农事安排为核心研究对象，鼓励他们通过资料查找、访谈调查以及实践操作等多种方法，独立地发现问题、探索解决方案，并最终通过小组合作解决问题。这一教学模式旨在激发学生的内在驱动力和创新意识，让他们在实践中积累经验，实现真正的成长与发展。

入项活动中，学生实地参观了豌豆庄园。农庄的农事该如何安排呢？豌豆农庄的小小规划师展开了激烈的讨论："我们需要了解一下气候"，"我们要知道植物生长的习性和种植方法"，"我们要制订种植计划"，"我们可以访谈上海当地农民"……为了能够让我们的农庄生机盎然，孩子们凭借生活经验，调动了各自不同的学科知识背景和独特想法。学生作为规划的主导者，以教师的引导为辅助，共同构建了一份项目地图（见图1）。

针对农庄种植安排的整体规划，由于学生们对于种植的相关知识大多停留在"听说"阶段，对于其具体细节和深入理解尚显不足，同时由于"规划"所涉及的学科知识范围相当广泛，在这种情况下，独立解决问题显然对于当前学龄段的学生是有较大难度的，因而，教师打破常规课堂学生学习模式，让学生们自由组合，成立了多个小型项目组，采用小组合作的方式，分工协作，完成各项任务（见图2）。

学生在组群探讨中体会到了同伴学习的乐趣，小组围绕同一主题展开学习

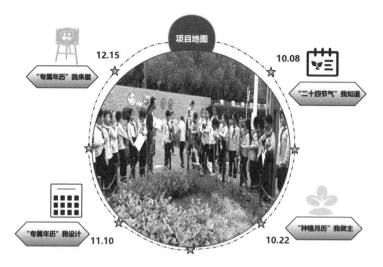

图1 "小小规划师"项目地图

讨论,制定以"二十四节气我知道""种植月历我做主""专属年历我设计"和"专属年历我来展"为主线任务的学习计划。通过这种方式,学生们可以有的放矢地展开研究,更深入地了解农庄的种植知识和技巧,制定合理有效的种植月历及年历,同时也能够提升他们的团队协作能力和学科知识的综合运用能力。

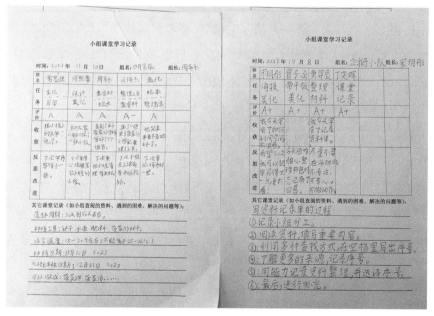

图2 小组课堂学习记录

（二）项目实施：基于探究式学习，逐步培养跨学科学习能力

项目实施前，教师指引学生梳理并明确项目所需的知识储备和行动计划，借助师生之间的集思广益，为项目制订了详尽且合理的计划。

师：关于制作农庄专属年历，我们需要知道什么？可以怎么做？

生：我们要了解气候。

生：我们要知道植物生长习性。

生：我们可以借助制作月历和年历的数学知识。

······

在项目中，学生前期讨论精心制订的活动计划涵盖了二十四节气的探究、植物生长习性的全面了解、农事安排专属月历的设计等。这些项目任务都是鼓励学生通过小组合作的方式，积极查阅相关资料，细致梳理并归纳的。在整个探究过程中，学生需要紧密围绕主题，有序开展交流讨论，及时处理在探究过程中遇到的问题，最终形成有效的任务小结，以此达到对知识的深刻理解和任务的有序开展（见图3）。

图3 小组二十四节气探究小报

1. 探究二十四节气是如何为农事安排服务的

在探究中国历法的过程中,学生结合自然学科知识,深刻了解了节气对植物生长的重要影响。

师:二十四节气是如何为农事安排服务的?(查阅资料)

生:看季节种植的,季节的确定需要看二十四节气。

生:二十四节中,芒种到了后,气温升高,雨量充沛,特别适合播种。

师:是啊,小朋友的自主学习本领真强。那二十四节气适用于所有的地域吗?

生:不是的,南方北方气候不同,所以播种的节气也不同。

生:对的,我发现,在上海的最佳播种节气为芒种,而在哈尔滨则是清明这个节气。

师:我们在资料中确实能发现这些节气对农事安排的影响,那现实中还有什么要注意的种植要求吗?我们不妨一起走出教室,去采访一下当地的农民吧(见图4)。

图4 学生走出教室观察了解植物的生长周期

2. 设计农庄植物种植的专属月历

在设计农庄种植专属月历的过程中,学生不仅要了解月历制作相关数学知识,还需要探究植物的生长习性以及种植过程中需要注意的问题,如何时播种、如何浇水、怎样施肥等(见图5)。

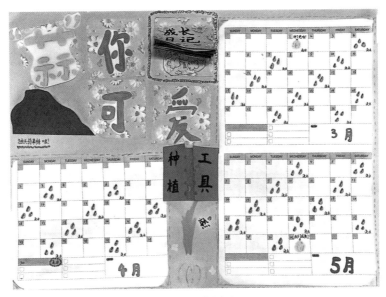

图5 小组合作完成农庄专属月历

师：如何设计植物的种植月历？

生：我们要知道植物的生长习性。

生：就是要知道植物什么时候播种，什么时候浇水和施肥。

生：月历上标注上这些时间点，就是这种植物的种植月历了。

师：小朋友们真会相互倾听并补充，把解决问题的方法想得很全面。那月历在制作的时候，有什么要特别注意的地方吗？

生：要确定这个月的第一天是星期几。

生：还要知道是大月还是小月，如果是2月份，要看是平年还是闰年。

……

（三）项目结尾：举办年历推介会，分享交流小组设计理念

在小组合作中先查找关于二十四节气如何为农事服务的相关资料，再进行农事安排的访谈，对一年四季的种植安排有初步的了解。小组合作先完成种植月历的设计，再完成生态农庄农事专属年历。在最终的专属年历推介会中，因为是小组合作，与传统的班内学习不同，我们鼓励学生进行交流和合作，所以最后的推荐会中，我们也鼓励小组合作分享设计理念，交流

制作体会(见图6、图7)。

图6 小组合作与交流

  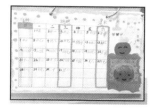

图7 农庄专属年历展示与交流

学生们在交流的过程中,也对自己的整个项目进行了回顾。他们在知识上有所收获,小组成员间的情感也得到了升华。这种对植物的热爱和对农庄的归属感,不仅来源于对知识的掌握,更来源于对农庄的深入了解和体验,热爱与责任。

四、项目评价

1. 基于课堂学习过程的评价

本项目一共有"二十四节气我知道""种植月历我做主""专属年历我设计"和"专属年历我来展"四个板块的学习任务。教师针对每个任务内容和学生的参与情况进行了过程性的评价,前三个板块采用了活动过程评价自评表,促进了学生在学习过程中的自我反思和同伴互助。

"二十四节气我知道"活动过程评价自评表

评价标准	自评星级
1.我了解了二十四节气的形成过程。	☆ ☆ ☆
2.我知道二十四节气与农事之间的关系。	☆ ☆ ☆
3.我能参与小组合作,完成古代计时工具。	☆ ☆ ☆
4.组长:我在小组合作中能合理安排组员分工。 组员:我在小组合作中能够听从组长的安排,高质量的完成任务。	☆ ☆ ☆

引导学生思考、体会中国古代劳动人民依据太阳运动周期划分四季与节气,并指导农事生产的智慧,进一步感受度量时间的意义。

"种植月历我做主"活动过程评价自评表

评价标准	自评星级
1.我了解了不同月份适合种植什么草本植物。	☆ ☆ ☆
2.我能通过文字、图、表格或其他方法整理草本植物的相关种植信息。	☆ ☆ ☆
3.我能设计草本植物生长周期的月历。	☆ ☆ ☆
4.组长:我在小组合作中能合理安排组员分工。 组员:我在小组合作中能够听从组长的安排,高质量的完成任务。	☆ ☆ ☆

引导学生对草本植物种植时间和生长周期的关注与梳理。培养学生团队合作收集查找资料的能力、整理归纳信息的能力。

"专属年历我设计"活动过程评价自评表

评价标准	自评星级
1.我了解了年历制作注意事项。	☆ ☆ ☆
2.我能结合植物生长知识,运用2024年年历,设计农庄专属年历。	☆ ☆ ☆
3.我能参与专属年历说明视频的制作。	☆ ☆ ☆
4.组长:我在小组合作中能合理安排组员分工。 组员:我在小组合作中能够听从组长的安排,高质量的完成任务。	☆ ☆ ☆

引导学生先对年历有初步认识,为专属年历的设计做参考。团队合作进行全面思考和构思,并在后期对制作过程通过视频的形式进行复盘说明。

2. 基于课程成果检验的评价

项目结尾的成果,教师使用了两张评价表——小组合作能力评价表和"专属年历"交流分享小组互评打分表,引导学生进行了一次课程的反思与分享活动,旨在帮助学生回顾整个学习过程中的体验和感受。

小组合作能力评价表				
评价点	做到1项,累计得1分	自评	生评	师评
小组合作能力	遇到的困难是:＿＿＿＿＿＿			
	解决的方案是:＿＿＿＿＿＿			
	全员参与计划的讨论			
	组长能够听取组员意见			
	组员能够听从组长安排			
	组内意见不统一时能通过协商达成一致			
小组问题解决能力	我们组在合作过程中遇到的困难是:			
	我们组解决困难的方案是:			

在整个项目化学习过程中,你在团队学习时遇到了哪些困难? 你是怎么解决的呢? 碰到和组员意见不统一时,我们可以怎么处理呢? 除了掌握课程内容,如何增强学生的团队合作意识也是非常重要的。

评分点	非常好	良好	有进步空间	不够好	满分
1.演讲水平	4	3	2	1	4
总体上,演讲时是否声音响亮,与观众眼神交流,肢体语言得当					
2.小组合作	4	3	2	1	4
是否有组员介绍,是否通过演讲体现分工合作与团队精神					
3.采购方案计算	4	3	2	1	4
采购总价计算是否准确					
4.采购方案介绍	4	3	2	1	4
方案价格是否最合算					
5.方案改进	4	3	2	1	4
是否及时反思并对采购方案进行改进					
6.学科知识	4	3	2	1	4
是否运用到课堂所学知识,知识运用是否准确					
7.方案功能	4	3	2	1	4
知道在采购时如何计算最优方案					
8.辅助手段	4	3	2	1	4
是否运用多媒体手段对演讲进行帮助					

"我们小组的专属年历制作心路历程是怎样的呢?"对于过程的复盘是再一次学习的过程。"其他小组有什么值得学习的地方吗?"我们鼓励学生对于"专属年历"进行大胆的交流和分享,提高自己的表达能力,学会自我欣赏和欣赏他人。

小小规划师

朱华卉 戴玲

畹町校区

张秋霞 姜晓黎

五、项目总结与反思

（一）项目成效

1. 综合提升了教师跨学科教学能力素养

从教师层面来看，通过跨学科主题学习的设计和实施，教师对跨学科知识有了更进一步的理解，而且在教学过程中能够发现设计的问题并及时进行修改。而且因为跨学科学习教育理念的渗透，任课教师对于传统的学科课堂有了突破性的转变，会不自觉地留给学生自主学习时间，更多地将重心下移给学生。

2. 切实拓宽了学生跨学科学习综合能力

从学生层面来看，学生在跨学科主题式学习过程中感受到了不一样的学习体验，能有更多自主的学习空间和时间，很多有想法的孩子有了展示自我的机会。而且学生的课堂也不局限于教室，可以跟随老师走进农庄展开真正的实践学习，也有机会走出学科和教室这个限定范围，开始基于问题情境体验不一样的学习过程。

3. 逐步积累了学校跨学科课程教学资源

从教学层面来看，为了满足跨学科主题学习的需求，我们整合了数学、科学、美术等多个学科的知识点和技能点，开发了一系列富有创意和实用性的教学资源，为学生的学习提供了有力的支持。同时，我们还充分利用现代信息技术手段，如网络教学平台、多媒体教学资源等，为学生提供了丰富多彩的学习体验。这些数字化资源不仅方便了学生随时随地进行学习，也提高了教学效果和学生的学习兴趣。

（二）项目反思

通过以"年月日"为主题的"小小规划师"跨学科学习实践，不论是教师还是学生都收获满满，但是跨学科教学研究之路还很漫长，需要我们不断探索和完善项目研究中遇到的一些问题，以下三点是我们任课教师集中讨论交流后整理的一些反思要点。

第一,项目的驱动性任务难度偏高。根据三年级孩子的实际情况来看,项目的驱动性问题还需要更加聚焦,以降低问题解决的难度。首先是种植的对象太宽泛,资源很难集中查阅分享。所以可以尝试将种植对象根据气候条件、学生兴趣、学科教学内容进行整合,例如可以参考三年级语文习作《我的植物朋友》、自然教材中《牵牛花的一生》,将规划的种植物规定为一两种学生感兴趣的植物。其次,年历的制作任务时间较长,可以将专属年历成果调整为某种植物的种植月历。

第二,研究对象(农庄的种植规划)偏广。基于农庄的农事种植规划相对来说难度较大,可以尝试调整为某一块种植土地的种植规划,这样可以使得研究更有深度,将种植时间规划延伸到土地规划、采购规划等更多的方面,不仅融入"年月日"的知识,还可以融入面积、周长、单价、数量、总价等更加综合的知识内容。

第三,项目研究的过程性评价量表不够丰富。评价量表的设计是一个跨学科学习项目有序开展的关键。三年级学生在开展小组合作过程中,总是不可避免地遇到很多问题,例如,小组成员分工不合理,小组过程中发生矛盾,小组任务完成效率低等。为了及时跟进解决这些问题,教师需要提前设计针对性的评价量表,在项目研究过程中利用评价表及时指导学生解决问题。

营销大作战

畹町校区　　│　　戚晓蕾、王婷、徐倩倩

一、项目简介

　　基于"豌豆庄园迎来了大丰收,产出了丰富的产品,可是这些产品该怎么销售才能收回成本并取得盈利,保证农场的正常运营呢?"这一真实情境,我们开展了"营销大作战"的项目化学习。提供"金牌营销师"的角色帮助学生入项,激发他们自主探究的兴趣,并在探究过程中解决产品销售问题,达到农庄正常运营的目的。学生经历"营销知识我知道""市场调研我来做""产品推广我能行""产品价格我来定""产品销售我最棒"这5个主题活动,理解本质问题"什么是营销? 如何运用营销维持企业的可持续发展?"后,发展了数学中的"数据意识""模型意识",美术中的"美术表现""创意实践",跨学科中的"审辩思维""合作素养""创新实践"等核心素养。

二、项目设计

（一）学情分析

五年级学生具备良好的跨学科知识基础，数学课上学习了沪教版中的"统计与概率""综合与实践"后，初步具备了"数据意识""模型意识"的核心素养，美术课上学习了上教版的"设计应用"，初步具备了"美术表现""创意实践"的核心素养。此外，学生在校内参加过各种学科类的综合实践活动，对于制作小报、制作微视频、制定方案有一定的方法基础。在情感方面，选题以"营销大作战"为切入点，与学生的日常生活密切相关，学生会有较高的兴趣和参与度，并且有一定认知基础和生活经验。

（二）项目目标

以下从跨学科核心概念、跨学科核心知识与能力、学习素养三个层面拆解项目目标。

1. 跨学科核心概念

运用营销知识维持企业的可持续发展。

2. 跨学科核心知识与能力

（1）运用 3W 法则，经历自主学习理论知识的过程，初步构建市场营销的基本步骤，体会数学核心素养模型意识的外延。

（2）经历调研农庄产品、确定目标客户群、调查目标客户需求的统计过程、撰写市场调研报告，为后续产品推广提供数据支撑，发展数学学科中的数据意识。

（3）在设计品牌 Logo 的过程中，感知企业文化，培养美术学科中的创意实践素养。经历不同方案对比的过程，培育跨学科素养中的审辨思维能力。

（4）通过核算产品成本，了解产品定价方法，确定产品价格，渗透数学学科素养中的模型意识。

（5）在模拟售卖的过程中积累实战售卖的经验，通过销售利润表制作、客户回访等方式确定"金牌营销团队"，培养应用意识，提高综合素养。

（6）在小组合作的过程中能够有效分工，增强企业凝聚力，培养跨学科中的合作素养。

3. 学习素养

（1）探究性实践：在市场调研过程中，经历设计问卷、收集整理、描述分析数据的全过程，能从数据中发现问题、提出问题，运用统计知识解决问题，发展数据意识，培养批判性思维。

（2）审美性实践：在设计品牌 Logo 和推广海报的过程中，经历理论知识的学习、校园文化的了解，能选择适合表现主题的材料、构图与色彩进行视觉艺术创作，培养美术表现与创意实践素养。

（3）创造性实践：在模拟售卖的过程中，能灵活调用不同的推广方案，根据不同的情境选择合适的促销形式，积累实战售卖的经验，进一步发展数据意识和模型意识，培养创新创造能力。

（4）调控性实践：在任务探究或作品制作中遇到困难和问题时，能调节自己的情绪，主动通过和组内成员交流，经历不断反思的过程，调整想法，完善作品。

（5）社会性实践：在小组合作与评价活动中，积极参与讨论，会表达和仔细倾听想法，能整合信息，评估内容，实现交流的目的，培养合作沟通能力。

（三）挑战性问题

1. 本质问题

什么是营销？如何运用营销维持企业的可持续发展？

2. 驱动性问题

作为金牌营销师，如何为豌豆农庄解决产品销售问题，达到农场的正常运营？

（四）预期成果

在本项目中，学生制订了"香包营销方案"，并在"豌豆市集"上公开售卖。关于成果的具体说明如下：

（1）通过市场营销的知识学习，共建项目地图，组建销售团队，经历市场调研的过程，撰写市场调研报告。

（2）通过品牌推广的学习，小组合作设计品牌 Logo、宣传海报和推广方案，测算产品成本，制订不同情境下的产品定价和营销方案。

（3）在六一嘉年华"豌豆市集"上结合具体真实情境，灵活进行售卖。

（五）预期学习活动

时间	项目进程	学习支架/过程评价
入项活动（1课时）	问题1：什么是营销？ 问题2：营销师需要做些什么？	"营销知识"思维导图/兴趣态度；思维导图运用
项目实施（4课时）	问题1：什么是市场调研？ 问题2：这些产品可以销售给谁？ 问题3：产品推广方式有哪些？ 问题4：怎样设计品牌 Logo？ 问题5：怎样推广产品？ 问题6：如何计算产品的成本？ 问题7：产品的定价方法有哪些？	客户调研表；市场调研报告框架；推广方案；成本核算表；产品定价表/兴趣态度；小组合作；方案设计；模型构建；收获反思
项目结尾（1课时）	问题1：如何成功售卖产品？ 问题2：哪组是金牌营销团队？	销售利润表/模型运用；小组合作；收获反思

三、项目实施

（一）以问激趣，唤醒自主探究意识

在"营销大作战"项目化学习中，我们重视学生发现问题、提出问题、解决问题的能力，运用"3W"（what-why-how）提问法贯穿整个项目推进的过程，以现实生活中的真实问题激发学生兴趣，驱动学生自主深入探究。

入项活动中，我们引入豌豆农场主的求助视频，给学生提供了金牌营销师的角色，提出"我们如何为豌豆农庄解决产品销售问题，达到农场的正常运营目的？"在解读问题时，发现学生对于"营销"这一新的领域是完全未知的。我们先利用"3W"提问法，引导学生提出"什么是营销？""为什么要营销？""怎样营销？"三个问题，再让他们通过查阅资料解决上面三个问题。学生通过阅读老师提供的文本、视频资料（见图1），初步了解了营销相关知识。除了学习资源的提供，我们还采用了半开放式思维导图的支架，以便学生快速抓住重点，梳理和构建知识框架（见图2）。

"营销知识我知道"资料包

一、什么是营销?

现代营销学之父菲利普·科特勒曾说,"营销就是管理有价值的顾客关系"。目的就是为顾客创造价值,通俗理解为,"营销就是在满足顾客需要的同时创造利润"。满足顾客需求这是最基本的,商品诞生的一瞬间,营销就跟着出现,最终目的就是利润,从进入市场,发现买家(消费者),满足需求,铺开销售,继而为企业创造价值或利润,每一步都离不开"营销"。正所谓消费者在哪,市场在哪,营销就在哪。

二、营销和销售

1.区别

〔专业解释〕	〔专业解释〕
营销是关于如何发现、创造和交付价值以满足一定目标市场的需求,同时获取利润的学科。	销售就是介绍商品提供的利益,以满足特定需求的过程。
〔通俗解释〕	〔通俗解释〕
营销是客户需要什么,我们卖什么给客户,重点在于需求利益最大化。	销售是我们有什么,就卖什么给客户,在于追求有利益可图。
营销是企业在花钱。	销售是企业在赚钱。
营销体现的是企业的高层经营思维。	销售体现的是基层终端的手段与技巧。

2.关联

企业和消费者之间有个恒定的距离,产品在两者之间移动,企业对产品距离为营销的力度与效果,产品到消费者的距离为销售的力度与效果。由此我们可以看到,企业营销做得好,销售变得简单;企业营销做得不好,销售将变得困难。

三、营销的主要步骤

营销是一个复杂的过程,一般包括以下主要步骤。

1. 市场调研:通过市场调研和分析,了解消费者需求和市场趋势,找到市场空缺,为制定相应的营销策略提供数据支持。

图 1　"营销知识我知道"资料包

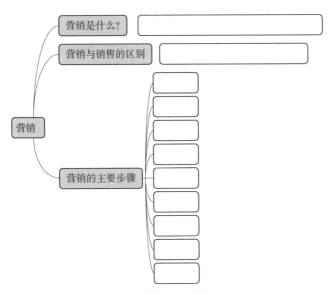

图 2　"营销知识"思维导图

在拆解问题链时,学生面对真实问题无从下手,因为任务过于庞大或复杂而感到困惑。这时,我们提供了 KWH 策略支架。学生先进行小组讨论,将点状的想法记录并贴在黑板上：我们已经知道了营销的概念以及营销师的工作内容，还想知道如何做市场调查，卖什么东西，储存不当造成的损失怎么办，成本如何，我们要卖多少钱，怎么卖等（见图3）。经过问题的分类和梳理，学生对解决问题的路径达成共识，形成了初步的项目地图（见图4），营销概念理解—市场调研—产品定价—产品推广—产品销售，并且可以通过查阅资料、市场调研、计算等方法来解决，为后续的深入探究提供了路径。

图3　KWH策略支架

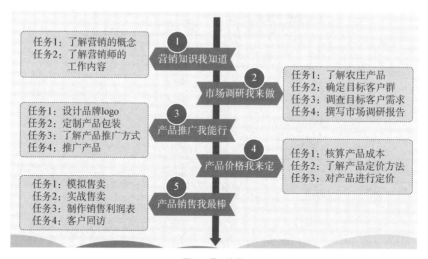

图4　项目地图

学生经历这样的自主探究式的学习过程，不仅初步理解了营销的概念、营销师的工作内容，还在老师的引导下，自主梳理了整个项目推进的路径，培养了自主发现问题、解决问题的意识。

(二)深度体验,促进核心素养养成

1. 关注"时空"的留白,培养数据意识

市场调研主题主要体现数学学科中的数据意识,在撰写市场调研报告的时候考虑到五年级孩子的年龄特点,我们主要以小报的形式呈现,并在这一过程中注重培养学生美术学科的审美表现。对比以往的数学课,这次我们更多聚焦在数据收集后的绘制图表、数据分析上。但其实亲历数据收集的过程才能更好地让学生经历数据的形成过程,让他们对于为什么要收集这样的数据有更深刻的认知,让后续数据分析有更清晰的底层逻辑的支撑,让学生感受统计的意义。在传统课堂中,我们没有时间和空间给到学生经历这样的一个探究过程,但在跨学科项目化学习的过程中,可以给学生创设这样一个学习空间和时间。

这是课中的某一个片段,让我们感受一下学生对于全程经历统计的期待。

师:对客户需求你们准备怎么调研?

生1:我们可以利用问卷星平台设计问题,给老师做问卷。

生2:对于学生群体,我们可以采用校园采访的形式。

生3:对的,为了更严谨,防止数据作假,我们还可以用平板等设备记录过程。

师:你们还考虑到了数据真实性,统计意识非常棒! 但是课上是没有时间调研的,只能够生成调研提纲。你们准备用什么时间去调研呢?

生1:我们可以用中午、课间等时间去调研。

生2:对的,虽然中午、课间我们有时候会比较忙,但是我觉得这个校园采访很有趣,我很愿意去。

生3:是的,我作为组长会分配好组员任务,召集大家进行调研的。

师:看到大家充满热情,老师很期待大家的调研成果哦!

经历亲身调研,学生们带回数据以及数据分析后,在课中的汇报互动中,充分体现了学生数据意识的发展。下面是课中汇报的一个片段。

师:接下来我们就请各小组汇报调研结果,其他组进行评价。

生1:我代表我们1号组说说我们的调研结果。我们共发放问卷20份,分别每个年级访问了 4 名学生。以下是我们的调查数据。

生 2：我对于 1 号组的数据收集有些建议，我们畹町校区有 2 000 多名学生，只调查 20 名，数据会不会少了？这样抽样调查的数据对于后续分析可能会造成一定的偏差。

生 1：这个建议我们认同的，讲得很有道理我们确实没有考虑到。

生 3：我代表 2 号组说说我们的调研结果。我们组有考虑到样本需要多一点的问题，但是由于精力有限，每个年级先发放了 20 份，共计 100 份问卷，再用条形统计图分析，发现对于香包的功能更看中，对于外观没有太大要求，价格能接受的是 5～10 元，所以我们的结论是需要性价比高的。

生 4：我代表 3 号、4 号、5 号组进行汇报。我们 3 组也考虑到人力有限，又想要收集更多的数据，便于后续更精准的分析，所以我们组际合作，共发放 300份问卷，利用 PPT 进行图表制作，从图表中我们也发现功能性需求大，对于包装有的表示简约一点，有的表示喜欢卡通古风，更多元一点，对于价格也是 5～10 元之间，所以建议后续在推广的时候可以多考虑一些卡通古风，不一定要在包装上，可以是其他宣传方面，吸引眼球。

生 5：我们怎么没想到合作共赢呢？后面这个建议也值得我们学习的，非常有道理。

师：为刚才精彩的汇报鼓掌，更为 3、4、5 组鼓掌，遇到问题的时候智慧解决，分析的时候还给出后续建议策略，很喜欢你们的一个词：合作共赢！

给足学生空间和时间，他们会带给我们意想不到的惊喜，数据意识也在整个过程中肆意生长。图 5 是学生在课中汇报现场图。

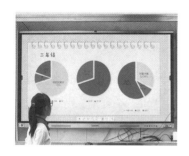 

图 5　现场汇报

2. 关注学习支架的设计,培养模型意识

跨学科项目化学习中学生会面临大量生活中的现实问题,有的需要理论支撑,有的则需要策略支撑。如果直接让学生解决问题,学生会无从下手,造成项目的无法推进,所以学习支架是非常重要的,它不仅是项目前行的助推器,也是培养学生模型意识的阶梯。图 6 和图 7 分别是成本测算支架和产品定价支架。

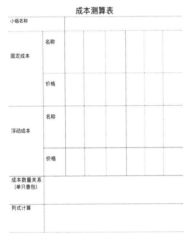

图 6　成本测算表

图 7　产品定价方案

上述只是本项目中支架的一部分,通过支架能够帮助学生构建模型,顺利开展项目。

3. 关注思维碰撞的激发,培养创新素养

如果说好奇是创新的萌芽,那么能够包容、整合他人想法,使得思维中出现输入与输出就是创新在蔓延。在本项目中就有很多这种思维激荡的时刻,下面是在设计品牌 Logo 中的一个小小片段,我们看看思维碰撞下的无限创意。

师:下面就对刚刚 Logo 设计的初稿进行介绍,请其他组评价,如果认同就采纳他人建议,如果不认同就不采纳。

生 1:我们组的整体是古风设计,后续采用木质框,融合豌豆庄园的元素紫

藤花和小豌豆,还有很多麦穗,代表我们的豌豆农庄。

生2:你们组的创意很好,但是我们是卖香包的,所以是不是还要增加一点香包的元素?

生1:你们的项目我们当时也考虑过的,但是我们后续考虑到这次我们是卖香包,但是下次不一定,为了统一性和整体性我们舍去了放香包在上面,更突出品牌的文化性。

生3:我们组也考虑到这点,但是你们说是古风,那么是不是色彩上会比较淡呢?我们在色彩上也需要考虑一下。还有这个画面整体偏满,感觉东西太多了,可以再简洁一点。

生4:还可以增加校徽,这样更能突出我们是实小豌町的。

生1:刚才同学们的建议挺好的,后续我们再修改一下。

让创意飞扬,一次次对话就是一次次思维的碰撞,学生在碰撞中逐步形成开放的思维,不断整合想法,调整想法,创生出更好的作品,图8就是学生们的作品。

图8 品牌 Logo

（三）躬行实践,提高问题解决能力

在项目的最后,为了展示活动中学生运用营销方案进行成功售卖的成果,我们参与了学校策划组织的六一梦想嘉年华暨校本课程成果展示活动。学生以小组的形式进行摊位的自主设计与规划,在售卖的过程中与伙伴合作、沟通、交流,灵活调用营销方案成功售卖,在反思复盘的时候聚焦售卖中的优势和劣势回溯整个学习过程中的优点与不足。

1. 合作素养助摊位设计

在摆摊前期,各小组根据小组的积分情况进行了整体的规划与设计,在小组活动的过程中进行了组员之间的合理分工与安排,小组讨论如火如荼地进行着。

组长:我们首先得规划好每个人的职责,一定要分工明确,做到各司其职,大家可以先自主报名自己适合什么岗位。

生1:我表达能力比较好,我可以负责摊位售卖。

生2:我可以作为流动的"广告广播",我负责去招揽客户吧。

生3:我擅长绘画,我们组的海报设计就交给我吧。

生4:活动当天的摊位很多,我觉得我们还可以提前印发一些小广告,提前招揽客户,这个小广告设计可以交给我。

课堂上各小组在组长的带领之下,组员之间积极研讨互动,各抒己见,创意满满,每个小组都基于自己组的实际情况做出了合理的设计与规划(见图9)。

图9 小组讨论场面及讨论设计的小广告

2. 社会化素养助成功售卖

在六一梦想嘉年华活动当天,豌豆市集上是校本课程的摊位展示区,除了积分最高的主摊位小组有摊位小车以外,其他四个小组需自主搭建构造摊位,四个小组的小伙伴们集思广益,有的就地取材,有的自主创设,有的主打简约风格,有的情调满满,还有的充满二次元,但都纷纷独立自主且创设出具有自己小组风格的最佳摊位,在自主构建摊位的过程中培养了问题解决能力,在售卖过程中培养了小组合作与表达能力。

摊位布置与设计	产品介绍与售卖

小组积分最高,主摊位:提供展示架、展示盒、桌布、摊位小车等,自主加入二次元因素吸引客户。	小组 5 人分工售卖,主售货人流动进行。 售卖结果:全部售卖完,收获 68 枚豌豆币。

就地取材型:借助长廊上的花草展示货架,自主构建摊位,加入 iPad 循环播放音乐吸引客户。	小组分工明确,主要售货人招揽顾客、产品介绍等。 售卖结果:全部售卖完,收获 66 枚豌豆币。

就地取材型:借助长廊上的装饰凳,自主构建摊位,自主借助 iPad 呈现物品价格,加入赠品设计。	小组分工明确,主要售货人吸引招揽顾客、产品介绍等。 售卖结果:全部售卖完,收获 61 枚豌豆币。

续　表

摊位布置与设计	产品介绍与售卖
 就地取材型:借助学校的小豌豆舞台作为摊位地点,借助课桌自主构建摊位。	 小组团队合作,2 人负责招揽客户,3 人负责售卖。 售卖结果:全部售卖完,收获 55 枚豌豆币。
 简约风格型:自带地垫,自主构建摊位,加入小喇叭循环进行广播宣传。	 小组团队合作,摊位留守 3 人负责售卖,2 人负责招揽客户。 售卖结果:全部售卖完,收获 58 枚豌豆币。

3. 审辩思维助复盘反思

在六一梦想嘉年华活动结束后,统计小组就售卖情况进行汇总分析,小组讨论互动进行思考:本次活动过程中我们组有哪些销售策略值得推广? 还有哪些销售策略有待提升? 整个销售过程中哪些情况是没有预设到的?

生 1:我代表第四组发言,我们没有预设到人流量的集中是在活动开始半小时后,一开始人不多,卖得少,我们就立刻采取了降低价格的营销策略,所以虽然也卖完了,但是收获豌豆币不多。

生 2:我代表第一组发言,我们采取了 2 人留守,3 人出去招揽客户策略,我觉得比较可取,豌豆市集上一共有 3 个我们营销大战的摊位,所以还是非常需要出去招揽客户的,这一过程中我还是抢到了不少客户。

生3:我代表第五组发言,我们组提前发的小广告还是比较有用的,这样一来这些顾客可以提前知道我们摊位地点,但没有预设到的是人流量非常大,想精准找到摊位不容易。

生4:我代表第二组发言,借助音乐去吸引顾客这个策略与实际情况不相符,人流量大,我们的 iPad 播放的音乐基本听不到,如果有下次机会,我们要准备一个小音响。

生5:我代表第三组发言,我觉得赠品策略还是很吸引顾客的,但是赠品策略不能太早使用,不然最后收益也会降低,我们组就是一开始就进行赠品售卖策略,老早卖完了,后来没东西卖了。

生6:我补充第二组,我们一开始没有搞清楚豌豆币的样子,收到了一些假的豌豆币,大家可以引以为鉴。

本次活动过程中的一些经验的交流与分享,培养了学生的语言表达和活动反思能力,在这一过程中他们不仅对营销的理论知识有所收获,同时对于营销的实践经验有了积累,在实践操作体验中感受到了营销策略灵活运用的重要性。

四、项目评价

(一)课堂自评与互评

本项目的评价主要分课堂自评与互评两个维度,促进学生在项目化学习中进行反思。

1. 课堂自评单

课堂自评单

1. 我对活动充满兴趣。　★★★
2. 我能全程参与活动。　★★★
3. 我能掌握相关知识。　★★★
4. 我能运用知识解决问题。　★★★
5. 我能与他人协作完成任务。★★★

自评单从兴趣、参与度、知识掌握程度、解决问题能力、团队协作这几个维度进行评价。

学生在完成本课学习后,通过自评反思自己在学习过程中的优点和不足,明确后续改进方向。例如,对于本节课的活动十分感兴趣就是三颗星,一般就是两颗星,不怎么感兴趣就是一颗星。

2. 课堂互评单

课堂互评单在小组交流、互相评价的时候使用。评价的时候从表达的清晰完整、成果内容丰富、成果内容完整、成果排版美观几个维度进行评价。

通过学生互评可以提高学生的表达能力，优化成果。

（二）项目反思与分享任务单

为了帮助学生回顾整个项目的过程，丰富对于项目的体验与认知，我们设计了项目的反思与分享任务单。

"在'营销大作战'项目的学习中，你有什么收获吗?"学生的反馈如:学会思维导图梳理信息、团队合作、自信表达、增强思维能力、营销的相关知识。

"在'营销大作战'项目的学习中你有什么遗憾吗? 如果再给你一次机会，你准备怎么弥补遗憾?"学生反馈如:宣传不到位、营销成本大导致盈利少;增加才艺，提高数学思维能力。

五、项目总结与反思

（一）项目总结

经历一学年小学数学跨学科项目化的学习，每个学生的综合素养都有提升。比如面临新知识的时候学生会自主调用"3W"法则进行分析，信息梳理筛选时会借助思维导图明晰知识结构，面对一个任务发布时会自主组内协商分配组织完成任务，面对困难时会主动询问、调整、协作完成，积极参与完成每个任务。这体现出学生的综合实践素养、社会化责任、解决问题的能力、创新能力、批判思维等。通过本次核心素养导向下跨学科项目化学习的实践过程，我们团队的跨学科项目化学习的设计能力有了显著的提升，对于跨学科项目化学习有了更深刻的理解。

（二）项目反思

学习支架需要进一步细化。本次项目实施的过程中运用到很多学习支架，虽然在设计的过程中已经充分设想了学生的可能情况，但有些学习支架实践下来效果并不理想。比如学生在新学知识运用思维导图梳理知识的过程中，差异化较大。其本质原因是学习支架给得过于开放。五年级的学生自主学习梳理知识的能力参差不齐，所以为了更好地推进教学，可以给出思维导图的框架，让学生填写内容，帮助各个层次的学生都有所收获。

活动任务需要作进一步的迭代更新。需要将销售利润的计算融合在"产品定价"这个主题中，因为在后续售卖的过程中，虽然学生通过不同的售卖方案成功销售了产品，但是学生认知还是停留在销售额最高就是销售冠军的层面上。这样的认知是存在偏差的，需要考虑盈利多少决定谁是销冠。并且在小学阶段，学生对于盈利的概念不清，盈利计算的模型构建欠缺，而本项目的学习就是一个很好帮助学生掌握这一概念和模型的契机，所以需要新增一个关于销售利润的活动任务。

用爱来设计，给 ＴＡ 一个家

莘松校区　｜　邓君、张思琪、谢晟洋、陈欢花

一、项目简介

三年级学生的空间观念相对较弱，在学习周长与面积时，可能存在以下的困难：①会混淆周长与面积的含义；②在计算复杂图形的周长与面积时，数据的选择会存在困难；③运用概念解决实际问题时会出现无从下手的现象。

因此，我们以驱动问题"校园里出现了许多流浪猫，学校想为它们提供一些温暖，你能帮忙为小猫们设计一个可以遮风挡雨的家吗？"激发学生的学习兴趣，引导学生综合运用周长与面积的知识，为小猫们设计一款兼顾实用性、美观性、环保型的小屋。

此项目旨在融合数学、道法、美术和自然等多个学科的知识与技能，让学生在主题学习中了解流浪猫的习性和需求；发挥创意，绘制小屋的设计草图；

合理规划小屋的空间,确保结构合理且经济实用,用实际行动关爱身边的流浪动物。

通过这一跨学科项目,学生们不仅能够掌握跨学科的知识与技能,还能在团队合作中提升沟通协作能力。最终,经过评选,最合理、实用的设计将会被采纳,由学校为流浪猫1∶1制作一个遮风挡雨的避风港。这不仅是一次富有意义的学习经历,更是一次传递爱心与关怀的实际行动。我们期待每一位学生都能在这个项目中收获成长与喜悦。

二、项目设计

(一) 学情分析

三年级学生在跨学科学习中已经具备了一定的基础。通过本学期的数学学习,学生们对基础的几何概念如周长和面积已经有初步的理解,但他们经常会混淆周长与面积,或者在计算复杂图形的周长与面积时遇到一些困难,而在应用这些知识解决实际问题时部分学生甚至会感到无从下手。

学生对周围世界充满好奇和探索欲望,设计流浪猫小屋这一选题不仅贴近学生的日常生活,还能激发他们的同理心和社会责任感。在设计过程中,学生们不仅要考虑如何将数学知识应用到实际设计中,还要通过观察和研究流浪猫的生活习性,了解它们的需求。此举可以培养他们的观察力和科学探究能力。

通过这样的跨学科学习,学生们不仅能够巩固和深化学科知识,还能在实际应用中提升综合素养。他们在团队合作中学会沟通和协作,在创意设计中发展审美感知,在解决实际问题中培养创新意识。最终,学生们通过实践和反思,形成对知识的深层次理解和对社会的关爱,达到学科育人和情感教育的双重目标。

(二) 项目目标

以下从跨学科核心概念、跨学科核心知识与能力、学习素养三个层面拆解项目目标。

1. 跨学科核心概念

将周长与面积概念在小屋设计中作可视化表达。

2. 跨学科核心知识与能力

（1）在为流浪猫设计小屋的过程中，能综合运用周长与面积的知识解决相关实际问题，发展学生的创新意识、应用意识以及培养他们的空间观念。

（2）尊重并关爱流浪猫的生命，意识到每个生命都有其价值和意义。

（3）在设计小屋的过程中，能够运用艺术表现方式创意设计，发展审美感知和创意实践素养。

（4）通过观察和研究流浪猫的生活习性和需求，了解动物与环境的相互关系，以及动物对栖息地的基本要求，发展生态意识、观察力和科学探究能力。

3. 学习素养

（1）创造性实践：在整个跨学科主题活动中，通过"设计小屋"的活动，借助驱动性任务、学习支架、课堂学习单，融入合适的创造性方法并形成创造性成果。

（2）调控性实践：在完成练习、设计小屋遇到困难时调节自己的情绪，激发更主动的自主学习，学会对不确定的答案进行沟通和交流、反思和规划，坚持成长性思维调控。

（3）探究性实践：在跨学科主题活动初始，通过驱动问题"校园里出现了许多流浪猫，学校想为它们提供一些温暖，你能帮忙为小猫们设计一个可以遮风挡雨的家吗？"引导学生结合所学知识在真实世界中进行探讨与实践，实现学科育人的探究性实践。

（4）社会性实践：在小组团队合作中，能够积极倾听他人的观点并给出回应，通过"画廊漫步"等活动分享交流。在学习活动中，学会接纳，包容，理解并尊重他人。

（5）审美性实践：选择适合表现主题的构图与色彩进行小屋设计，融入和表现对学科概念的理解。

（三）挑战性问题

1. 本质问题

如何综合运用周长与面积的知识？

2. 驱动性问题

校园里出现了许多流浪猫，学校想为它们提供一些温暖，你能帮忙为小猫们设计一个可以遮风挡雨的家吗？

（四）预期成果

本项目中，学生将通过数学和跨学科的融合学习，完成一个综合性的设计任务——设计流浪猫的小屋平面图。本项目的具体成果说明如下：

通过小组合作，主动将相关的周长与面积的数学知识应用到小屋平面图设计这一实际问题中，形成以实用性、美观性、环保性为标准的平面图设计方案。

参与"画廊漫步"活动，展示流浪猫小屋设计图，通过互评和教师的指导，获得对设计改进的反馈，进一步提升设计的合理性和创新性。

通过展示和呼吁，积极倡导更多人关注流浪猫问题，传递爱心和关怀，激发更多人参与到保护和帮助流浪动物的行动中来。

（五）预期学习活动

时间	项目进程	学习支架/过程评价
入项活动 （1课时）	问题1：流浪猫生存现状如何？ 问题2：你想怎样改善它们的生存现状？ 问题3：周长与面积的知识怎么在设计中灵活运用？	流浪猫现状视频 课堂学习单/ 设计合理性
项目实施 （1课时）	问题1：怎样合理设计个性化小屋各功能区大小与形状？ 问题2：设计图中需标注哪些信息？	课堂学习单/ 设计准确性
项目优化 （1课时）	问题1：你能向同学们介绍你们小组的设计图吗？ 问题2：你能为其他组的设计图提出一些改进建议吗？ 问题3：小组设计图还能进行怎样的优化？	评价单 画廊漫步/ 达成度

续 表

时间	项目进程	学习支架/过程评价
项目结尾 （1课时）	问题1：哪幅作品是最佳流浪猫屋设计图？ 问题2：怎样让更多人关注到流浪动物这一社会 问题？	作品展示

三、项目实施

（一）入项活动：流浪猫关爱行动——周长面积实践与社会责任

我们设计这个项目的初衷，是希望学生们不仅为了完成既定任务而学习，更希望他们能从内心深处对流浪猫问题产生深厚的共鸣，并主动探索和实践，以找到切实有效的解决方案。这样的学习方式旨在培养学生的同理心、责任感以及解决实际问题的能力，让他们的学习过程充满意义和价值。

入项活动的开始，我们先播放了一段关于流浪猫生存现状的视频。视频中，小猫们在城市中的困境触动了每一个学生的心弦。大家纷纷讨论起自己身边的流浪猫：它们的生活状况如何？ 我们可以为它们做些什么？"我们可以提供食物！""我们可以寻找领养者！"学生们提出了各种救助方案，眼中闪烁着关切与希望的光芒。

接着，我们引导学生关注校园中的流浪猫问题，播放了校务管理部陆老师的讲话视频。他向学生们发布了一个任务："你们能为流浪猫设计一个遮风挡雨的小屋吗？"这不仅仅是一个简单的设计任务，而是一种情感的驱动，激励学生用自己的智慧和爱心为流浪猫创造一个温暖的家。我们在黑板上写下了这个驱动问题，强调学校会选择优秀的设计制作成实际的猫屋。

学生们分组讨论，设计一个流浪猫屋平面图需要做哪些准备工作。小组讨论中，大家踊跃发言："我们需要学习和巩固周长与面积的知识。""还要了解猫的习性。""我们要进行分组和小组分工，设计平面图。""最后还要进行评选和呼吁。"

在进行正式的设计之前，学生开始进行周长和面积的实际操作练习。以张老师设计的一个猫屋平面图为例，大家一起帮忙计算卧室和活动区的周长与面积,并讨论设计的合理性。通过实际计算和讨论,学生探索如何利用最少的材料围出最大的活动区和进食区。这一步不仅加深了他们对周长和面积知识的理解,还教会他们在实际设计中考虑经济性和实用性。

通过这样的入项活动,学生们不仅在实践中加深了对周长与面积概念的理解,还培养了他们的情感共鸣和社会责任感,让他们在实际行动中传递爱心与关怀。

(二)项目实施:周长面积应用——团队协作与创新思维实践

项目开始前,师生一同回顾了第一课时所学的周长与面积的相关知识。通过示例平面图,学生们进行了自测,确保每个人都为接下来的设计任务做好准备。

1. 组内分工

在进行正式的设计前,大家根据各自的特长和兴趣进行分工,有的负责设计,有的负责计算,还有的负责美化等。通过分工合作,学生们明确了各自的任务,增强了团队合作的意识。

2. 初步绘制

学生们先在 A4 纸上初步绘制小屋的草图,标注各功能区的位置和大小,如卧室区、猫砂盆区、猫粮区、活动区等。大家发挥创意,设计出个性化的小屋布局。通过计算,学生们确定了小屋各功能区的具体尺寸,并在草图中准确标出周长与面积的信息。大家认真核对每一个数据,确保设计的准确性和合理性。接着,用铅笔、彩笔、卡纸等工具,进一步完善和修改设计图。学生们在小组合作中,互相提出建议和意见,不断调整和优化设计方案,最终形成了一份详尽的小屋平面设计图(见图 1)。

通过这样的跨学科项目,学生们不仅提高了对数学知识的应用能力,还增强了他们的团队合作能力和创新思维。在项目中,大家真正体会到了学习的乐趣和意义,从而激发了更强的学习兴趣和动力。

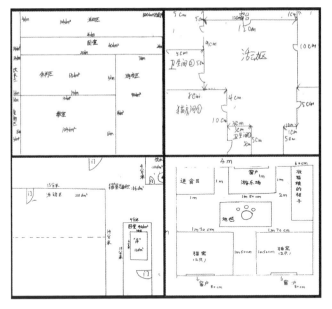

图 1　学生第一稿设计图

（三）项目优化：画廊漫步与互评——小屋设计优化与团队协作深化

在每个小组都有了自己的第一稿设计图后，我们采用了"画廊漫步"的形式，先让学生们互评并提出意见，再结合教师的指导，推动作品的更新迭代和设计优化。

学生们将他们的设计图展示在教室四周的墙壁上，布置成一个"画廊"。每个小组轮流站在自己的设计图前，向其他同学介绍他们的设计理念、具体功能和如何满足流浪猫的需求。参观的同学认真倾听，积极提问，设计小组耐心解答，进一步说明自己的设计思路和选择。

"你们的小屋为什么选择这个形状？"一个学生好奇地问道。"我们发现这种形状可以更好地利用空间，而且看起来也更美观。"讲解的学生自信地回答。通过这种互动交流，学生们不仅展示了自己的成果，也从他人的提问和反馈中发现了设计中的不足和改进空间。

接着，学生们使用课堂互评单对其他小组的设计进行评分，评分标准包括实用性、美观性、准确性、创意性、合作性和表达能力等。通过打分和填写意见，学生们为每个设计提供了具体的反馈和改进建议。"我觉得你们的设计很有创意，但如果能增加一些通风口，会更适合猫咪的需求。"一个学生在评价单上写道。

教师根据学生的互评结果，集中讲解设计中的共性问题和优秀之处，提供进一步的指导和建议。针对每个小组的设计，教师进行一对一的点评，指出设计中的亮点和不足，并给出具体的改进建议。学生们根据互评和教师的反馈，回到小组进行讨论和设计优化。他们结合新的思路和建议，对原有的设计图进行调整和完善。通过合作和讨论，学生们不仅改进了设计，还提升了团队协作和解决问题的能力。

通过这次画廊漫步和设计优化活动，学生们不仅掌握了更深层次的周长与面积知识，还在实际应用中提升了设计思维和团队合作能力。他们在相互学习和合作中，不断优化自己的设计，最终设计出了更实用、更美观、更有创意的流浪猫屋，为校园中的流浪猫提供了温暖的家。

学生们在课后准备猫屋评选的介绍语，为即将到来的展示活动作准备。他们将自己的设计理念和设计过程总结成文字，力求在评选中脱颖而出。通过此次实践活动，学生们不仅掌握了周长与面积的知识，还在设计过程中发展了审美感知和创意实践素养。大家对未来的评选活动充满期待，希望自己的设计能够被实际采用，为流浪猫提供一个温暖的家。

（四）项目结尾：投放与爱心传递——设计成果展示与全面评价

优化后的设计图再次展示在教室中，学生们互相欣赏，发现设计的进步和改进之处（见图 2）。教师对每个小组的最终设计进行总结和表扬，强调改进过程中的努力和成果。学校将根据学生们的设计，选择最优秀的方案制作实际的流浪猫屋，并在校园中投放使用。这不仅是对学生设计成果的肯定，也让他们感受到了通过学习实际改变生活的成就感。

最终，我们评选出了班级中最好的设计，由这一小组的学生亲自交给校务管理部老师。老师们负责制作成了真实的猫屋，并邀请学生一起将猫屋投放在学校的草丛中。学生们围绕在猫屋旁，兴奋地讨论着："我们真的为小猫们建了一个家！""希望它们喜欢我们设计的小屋。"

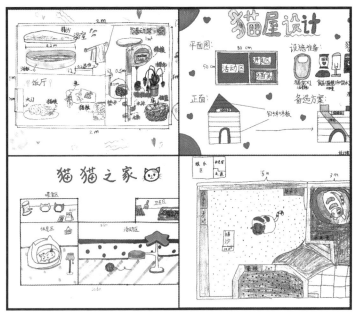

图 2　学生优化后的设计图

学生们在课后也自己制作了呼吁人们善待流浪动物的小视频，分享了自己在设计和制作过程中的心得和感受，表达了对流浪动物的关爱之情。

"大家好，我们是三年级的学生。今天，我们在学校里为流浪猫设计了一个温暖的家。希望大家也能多多关注身边的流浪动物，给予它们更多的关爱和帮助。"在视频中，学生们充满热情地说道。

四、项目评价

课堂自评、互评单

评价单在设计图的优化过程中起到了至关重要的作用，它为学生们提供了明确的反馈和改进方向，使他们的设计作品得以不断优化和提升。

平面图设计课堂互评单

评价标准：

请对以下各项进行评分，评分范围为1-5星，其中1星表示"非常不满意"，5星表示"非常满意"。

评价项	评价标准	评价
实用性	设计是否合理实用，能够满足凌浪猫的基本需求。	☆☆☆☆☆
美观性	设计图是否美观，有创意，颜色搭配合理。	☆☆☆☆☆
准确性	设计图中的周长和面积计算是否准确，数据是否标注清晰。	☆☆☆☆☆
创意性	设计是否具有创新性，与众不同，有独特的想法和思路。	☆☆☆☆☆
合作性	小组成员之间的合作是否顺利，每个成员是否积极参与并做出贡献。	☆☆☆☆☆
表达能力	介绍设计图时，表达是否清晰，逻辑是否合理，能否清楚地说明设计理念。	☆☆☆☆☆
附加意见或建议		

在画廊漫步中，每个小组展示了自己的设计图，并根据评价单上的标准接受其他小组的评分和反馈。学生们认真倾听，并在评价单上写下具体的建议。通过互评单的使用，学生们不仅仅是在展示自己的作品，更是在接受同伴们的评估和建议，这让他们有了更广泛的视角来审视自己的设计。

平面图设计小组自评单

评价标准：

请对以下各项进行评分，评分范围为1-5星，其中1星表示"非常不满意"，5星表示"非常满意"。

评价项	评价标准	评价
实用性	我们的设计是否合理实用，能够满足凌浪猫的基本需求？	☆☆☆☆☆
美观性	我们的设计图是否美观，有创意，颜色搭配合理？	☆☆☆☆☆
准确性	我们的设计图中的周长和面积计算是否准确，数据是否标注清楚？	☆☆☆☆☆
创意性	我们的设计是否具有创新性，与众不同，有独特的想法和思路？	☆☆☆☆☆
合作性	小组成员之间的合作是否顺利，每个成员是否积极参与并做贡献？	☆☆☆☆☆
表达能力	我们在介绍设计图时，表达是否清晰，逻辑是否合理，能否清楚地说明设计理念？	☆☆☆☆☆
小组反思与改进		

学生们还使用了自评单，对自己的学习和合作过程进行了反思。他们诚实地评估自己的表现，发现了自己的优势和改进空间。一名学生在自评单上写道："合作中我贡献不够多，下次要更加积极参与。"另一名学生则写道："我在表达设计理念时有点紧张，以后要多练习，提高自己的表达能力。"

通过这些自评和反思，学生们不仅改进了设计，还提升了团队合作和解决问题的能力。评价单帮助他们明确了哪些方面需要改进，提供了一个具体的、可操作的反馈框架，使得每个小组都能够有针对性地优化自己的设计。

五、项目总结与反思

（一）项目成效

1. 真实情境与跨学科知识的完美结合

"用爱来设计，给 TA 一个家"跨学科主题式学习项目成功地将数学中的周长与面积计算、道德与法治中的人文关怀、美术设计的美学原理，以及自然科学中动物习性的知识融为一体，创造了一个贴近生活的真实学习情境——

为流浪猫设计小屋。这种教学模式极大地提升了学生的学习兴趣与参与度，实现了知识的多维度交叉应用。

2. 实践与创新能力的双重提升

项目鼓励学生从实际问题出发，运用多学科知识进行设计，不仅锻炼了他们的动手实践能力，更激发了创新思维。通过亲手设计并制作小屋，学生们深刻体会到理论与实践的紧密结合，对所学知识的理解和应用达到了新的高度。

3. 团队协作精神的强化

项目中，学生们分工合作，共同完成设计、制作和美化等任务。这种团队合作的方式不仅提升了学生的沟通和协作能力，也让他们学会了如何倾听、尊重和欣赏他人的观点，从而增强了团队合作精神。

4. 情感价值观的深度培育

关注流浪猫的生存现状，不仅激发了学生的同情心和关爱之情，还让他们在实际行动中体验到了帮助他人的快乐与意义。这种情感的共鸣与价值观的塑造，为学生们社会责任感的形成奠定了坚实的基础。

（二）项目反思

1. 学科知识整合的挑战与收获

在推进项目过程中，我们深刻体会到不同学科知识整合的复杂性和重要性。数学作为基础学科，其知识如周长、面积等在本项目中得到了实际应用，但如何将这些知识与科学、社会情感等跨学科内容有效融合，成为一个重要的挑战。设计流浪猫小屋，学生们不仅需要运用数学知识计算小屋的尺寸和所需材料，还需考虑小猫的生活习性、环境因素等，这促进了学生综合素养的全面提升。我们意识到，在跨学科课程中，教学目标的设定必须更加明确和具体，以确保各学科核心素养的培养能够得到有效平衡。未来，我们将继续探索更有效的跨学科教学方法，促进知识的整合与应用。

2. 团队合作的协调难题

虽然团队合作在跨学科学习项目中为学生们带来了诸多积极的变化，如促进沟通协作能力、激发创新思维等，但在实际操作过程中，也不可避免地会遇到一些挑战,如意见不合、分工不均等问题。这些问题若处理不当,可能会影响到团队的和谐氛围与整体效率。因此,作为项目的引导者,教师需要密切关注团队成员之间的互动与沟通情况,及时发现并调解潜在的矛盾。

3. 教学资源与材料的匮乏

当前,我们面临的一个显著挑战是缺乏专门针对跨学科课程的系统性教材和丰富的教学资源,这一现状无疑加剧了教师备课的难度与复杂度。为了克服这一障碍并不断丰富我们的教学内容与形式,使之更加贴合跨学科主题学习活动的需求,我们必须采取积极主动的策略来寻找、整合并开发相关的教学资源和材料。

4. 教学评价与反馈机制的优化

在项目实施过程中,我们采用了多种评价方式和反馈机制,以确保教学效果的及时性和有效性。通过小组自评、互评以及教师的综合评价,学生们能够清晰地了解自己在项目中的表现以及需要改进的地方。这种具体的、可操作的反馈框架为学生们提供了针对性的优化建议,帮助他们不断提升自己的设计能力和综合素质。未来,我们将继续优化教学评价与反馈机制,引入更多的评价工具和手段,以更加全面、客观地评估学生的学习成果和能力发展。

5. 项目设计的改进与展望

虽然本次项目取得了一定的成果,但我们也意识到在项目设计方面还存在一些不足之处。例如,部分学生在理解复杂图形的周长与面积计算时仍存在一定的困难;在跨学科知识整合方面还有进一步提升的空间。

针对这些问题,我们将采取以下改进措施:一是加强基础知识的巩固和拓展训练,提高学生的数学应用能力;二是加强跨学科知识的融合教学,促进学生在不同领域之间的知识迁移和应用;三是引入更多的实践环节和案例分析,提高学生的实践能力和解决问题的能力。

今后,我们将继续深化跨学科教学改革,探索更多创新的教学模式和方法,为学生们提供更加丰富、多元的学习体验和发展空间。同时,我们也将持续关注学生的学习成果和能力发展,为他们的全面发展提供有力的支持和保障。

蒙娃学购物

畹町校区　｜　王晓云、夏国兰

一、项目简介

　　人民币与我们的日常生活密切联系,但是对于低年级学生来说,他们没有实际的支付经验,最多在日常的学习或生活中作为一个间接因素出现。随着社会的发展,电子支付方式的普及,使用现金交易的机会也越来越少,所以人民币对于他们来说是一个相对抽象的概念。为了帮助学生更好地理解货币的价值和功能,我们开展了一年级数学跨学科主题式活动"蒙娃学购物"。该主题的教学设计源于小学数学沪少版一年级第二册"认识人民币",根据学生的年龄特点,以游戏的形式让学生体会货币的等价交换和文化元素,期待学生在真实情境中理解人民币的基本概念,积累"支付"的数学活动经验,帮助他们体验人民币的价值,增强合作和反思意识。

二、项目设计

（一）学情分析

一年级学生对人民币的使用缺乏实际经验，对货币的发展、作用、设计原理、使用规则更是所知甚少。在认识人民币的实践活动中，从学生的表达可以发现，学生认识人民币的面额，但是对人民币的要素认识不够全面，呈点状，且在价格和货币对应上有困难。在"宅家小超市"游戏中，学生对人民币和买卖双方角色扮演充满兴趣，有一定的收付款意识，但付款速度、正确率、灵活性上差异较大，尤其是需要找零的简单计算也存在困难。

另外，一年级学生处于跨学科学习的起步阶段，在活动操作、规则意识、合作交流等能力培养方面还处于准备阶段，沪少版道法一年级第二册"一起来合作"的内容正好契合了学生乐于与他人交流的心理特点，他们有较高的兴趣和参与度。伴随着主题活动的开展，学生在解决数学问题的同时，增强了规则意识，提升了合作能力。

（二）项目目标

以下从跨学科核心概念、跨学科核心知识与能力、学习素养三个层面拆解项目目标。

1. 跨学科核心概念

货币的等价交换。

2. 跨学科核心知识与能力

（1）数学学科：认识元、角、分及其关系，在真实或模拟的情境中合理使用人民币，积累数学活动经验，发展货币量感，同时能够清晰表达和交流信息，完整复述购物的过程，及时反思，提升问题解决能力。

（2）道法学科：在小组合作中培养规则意识，学会反思与调整，提升沟通和交流能力。

3. 学习素养

（1）探究性实践：经历真实问题的解决过程，积累活动经验，发展应用能力。

（2）社会性实践：在独立思考的基础上，能够倾听和表达，对自己及他人在活动中的表现有清晰的认识，能及时调整，共同完成任务。

（三）挑战性问题

1. 本质问题

什么是货币？如何利用货币进行等价交换？

2. 驱动性问题

作为豌豆小超市的老板，如何让同学们买到喜欢的奖品？

（四）预期成果

本项目产生了两个学习成果——"我们的公约"和豌豆小超市。"我们的公约"从倾听、表达、分工、合作等方面进行了约定，并绘制了小报。这些小报张贴在班级中，对学生日常的学习也起了示范的作用。豌豆小超市的定期开张激发了学生的自主性。随着学生能力的提升，豌豆小超市的举办形式迭代更新，小超市的"布置、进货、销售和管理"整个过程由学生自主完成，锻炼了学生的经营能力，同时也帮助他们树立了正确的金钱观，培养了财商。

（五）预期学习活动

时间	项目进程	学习支架/过程评价
入项活动 （1课时）	问题1：开办小超市需要做些什么？	学习单
项目实施 （3课时）	问题1：我们怎么分工？ 问题2：我们需要遵守哪些规则？	角色分工 制订公约
	问题1：货币是怎么发展的？ 问题2：第五套人民币是怎么发展的？ 问题3：1元能买哪些物品？	绘本阅读 第五套人民币 1元调查单
	问题1：大家喜欢什么奖品？ 问题2：选择哪些奖品放入小超市？ 问题3：怎么做好售货员或顾客？	调查问卷 价格比较任务单 模拟购物
项目结尾 （1课时）	问题1：你们是怎么购物成功的？ 问题2：你们是怎么解决困难的？ 问题3：对于活动还有什么建议？	总结分享会

三、项目实施

(一)立足真实问题,激发学生自主探索的动力

本项目的驱动性问题来自学生的真实需求,学生特别期待"在校园中怎样买到自己喜欢的奖品"这样的主题活动,他们有强烈的自主探索的意愿。本次驱动型问题经历了多次修改,最大的变化的是从成人视角转化为学生视角,其中最重要的是把学生喜欢做的事情放权给他们,同时找到真实情境,设计有挑战性、开放性、可行性高的问题,并更新迭代(见表1)。

表 1　主题活动

1.0 版	2.0 版	3.0 版	4.0 版
成人视角	成人视角	成人视角	学生视角
封闭性问题	限定性条件,稍有挑战	有挑战性、开放性的问题	真实性、开放性、挑战性问题
小朋友,你们愿意帮老师买奖品吗?	老师给你 100 元钱,能不能帮老师买到孩子们喜欢的奖品?	帮老师买同学们喜欢的、性价比最高的奖品	如果你是豌豆小超市的老板,如何让同学们在超市里买到喜欢的奖品呢?

对于一年级学生来说,百以内的计算还存在困难,所以我们弱化了人民币的计算,重点抓住货币的本质意义——等价交换。因为货币的功能是交易,货币中又蕴含很多文化元素,以游戏的形式让学生化身为"小超市老板",积极主动展开思考:筹备小超市需要做些什么? 怎么买到喜欢的奖品? 买卖过程需要了解哪些知识,遵守哪些规则……驱动性问题经过拆解、分析、组成,形成问题链。同时学生还要思考怎么解决这些问题。教师引导学生积极商讨举办活动需要做的事,如超市的"老板"通过调查来决定采购的商品,"售货员"和"顾客"在模拟购物中文明交易、正确付款。这一过程中要了解"人民币的知识",学会怎么付款、怎么计算价格等……经过讨论后,小组汇报,教师帮助提炼关键词,分类梳理需要学习的知识和需要获得的能力,从而形成一套完整的项目方案(见图1),让学生在入项阶段就清楚地知道整个项目活动"走向哪里"和

"怎么去",培养学生整合性思维,提高综合解决问题的能力。

——— 驱动性问题 ———

作为豌豆小超市的老板,如何让同学们买到喜欢的奖品?

| 入项准备 | 我们来约定 | 货币大探密 | 豌豆小超市 |
| 出框架 | 做约定 | 识货币 | 学购物 |

| 头脑风暴 | 选择角色 | 演绎绘本 | 调查访谈 |
| 确定流程 | 制定公约 | 1元购买力 | 模拟购物 |

| 整合思维 | 合作意识 | 文化传承 | 问题解决 |

图 1 驱动性问题

(二) 巧设小组合作,丰富跨学科学习体验

与传统学习相比,跨学科学习是具有挑战性的学习,每一个阶段的推进,都需要交流与协作,所以项目的顺利实施,离不开班级文化氛围的创造。教师要始终相信学生,鼓励学生探究和提出问题,围绕问题进行观察、独立思考和表达信息。学生在过程中要学会倾听,对他人的观点给与回应,在互帮互助中共同完成任务,体会合作分享带来的快乐。根据任务的难易度和开放度,合作学习选择不同的人数和形式,在项目实施过程中灵活调整。

项目的起步阶段,"我们来约定"一课中,我们采用角色招募的方式,以六人为一组。由学生选择自己喜欢的岗位,讨论小组队名,探究小组合作的关键,制定小组合作的公约(见图 2),逐步建立团队合作的规则意识。

图 2 制订小组合作的公约

在"货币大探秘"的任务中,为了让学生认识第四套、第五套人民币,了解人民币中的中国元素,我们采用同桌合作的方式,两人合作提高学习的效率,同桌之间指一指、认一认、说一说,快速交流知识性内容(见图3)。

图3　货币大探秘

在"货币大探秘"的小调查任务中,由于每个学生的生活经验不同,调查的结果丰富多彩,我们采用四人小组的方式,交流1元小调查的结果,打开了学生的视野。在"1元买1根棒棒糖"怎么付钱中,由于解决的方案有多种,我们首先拆解主要任务,明确活动要求,开展四人小组合作,丰富付款的方式,加深1元=10角的本质理解(见图4)。

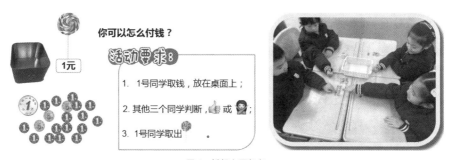

图4　拆解主要任务

在豌豆小超市中,为了开办小超市我们对任务进行分工,设定不同的角色。由于学生年龄小,执行任务有困难,每个角色2人共同完成。同时为了让每个小组被调查的样本增多,增加趣味性,采用以8人为小队的方式开展任务。由调查员询问大家喜欢什么奖品,记录员记录每一种奖品喜欢的人数确定种类,询价员去实体店或者网上比价,同类奖品哪一款价格便宜,采购员决定购买渠道并进行采购。

围绕开办小超市需要准备什么话题，学生罗列需要推进的任务。

① 问一问：你们喜欢什么奖品呢？（调查员）

② 记一记：每种奖品喜欢的人数是多少？（记录员）

③ 找一找：根据喜欢的人数确定奖品种类，找一找分别卖多少钱？（询价员）

④ 买一买：价格哪款便宜，结合你们的需求选定商品。（采购员）

要求：小组合作讨论交流，聚焦价格、款式、大小、需求等因素，综合比较价格、选定商品，并说清理由。

学生们调查班级同学喜欢的奖品，比较价格、选定商品。不同的岗位完成任务后及时在小队里汇报，同时提醒下一个岗位的同学开展工作。学生以解决实际问题为需求，亲历观察、比较、表达等学习活动，理解商品的价格，发展货币的量感，初步形成应用意识（见图5）。

图5 形成应用意识

在模拟购物环节，由于学生比较兴奋，对物品的种类和数量可多选，在有限的时间中一个售货员无法顺利完成任务，我们采用6人合作学习的方式，分成2名售货员和4名顾客开展活动。课堂中学生积极参与小组活动，能够顺利完成任务，合理使用人民币，会进行简单的人民币计算，增强了规则意识和实践能力（见图6）。

图6 进行人民币计算

师：在购物活动前，想一想"怎样做好售货员和顾客？""商品价格怎么展示？货品怎么摆放？怎么付钱和找零？"

师生共同讨论规则，选择角色，明确分工要求，在教室里开展购物活动。

跨学科的课堂和传统课堂的区别在于互动方式发生变化，将传统的一对多，变成了教师与学生之间、团队内部学生之间、学生团队之间的网状交互。教师需要拆解主要任务，并进行分类：容易回答的和需要探究的，封闭性和开放性的，一种岗位可以解决的和需要多种岗位解决的，知识类、技能类和综合性，以及学生的能力起点，最合适的合作人数和合作方式等。活动中我们通过2～8人不同合作形式之间灵活切换（见表2）。每一次合作都要明确活动要求，让学生从模仿开始，开展小组合作。

表2 合作人数灵活切换

人数	2人	4人	6人	8人
角色需求	一类岗位能完成的	一类岗位能完成的	多种角色分工完成的	需要多种角色分工完成的
问题特点	容易回答的、封闭的	开放的、需要探究的	封闭的、需要探究的	开放的、需要探究的
问题类型	识记类知识	需要探究的	问题解决类，综合性强	问题解决类，综合性强

（三）搭建适切的学习支架，从简单学习走向综合体验

　　学习支架有多种形式，提供适切的支架，行动的背后是关注学生的学习方式来助力学生深度学习。学习支架可以分为知识性支架和技能性支架，知识性支架如视频、绘本或阅读资料，技能类支架如表达的框架，按照时间排序的任务流程图等。

1. 搭建知识类支架

　　在"货币大探秘"中，我们提供货币发展史视频，让学生整体了解货币的演变过程；提供《货币简史》一书，让学生借助绘本阅读，以图文结合的方式反复了解货币的发展故事。这些都属于知识类支架。

2. 提供技能类支架

　　在课堂中请孩子们根据绘本，想一想，演一演，说一说，理解货币的发展史，还需要提供技能类支架，例如：货币发展每个阶段的关键词和道具，语言交流的句型和清晰的活动要求。在豌豆小超市模拟购物之前，我们提供了示范视频，提醒学生使用文明句型（见图7）："你好，我想买什么？""我想买这个商品，多少钱？"这样的语言指导，帮助学生积累交流的经验，增强体验感。

图7　提供示范视频

　　教学中的导学单也是一种支架。学习中的导学单综合考虑多方面的因素，做出权衡和取舍。比如本课设计中我们尝试了多个版本的学习单，最终全部舍弃（见图8）。对于低年级学生来说复杂的学习单反而是一种障碍，学生学习正确的"付款、找钱"固然重要，但他们也需要在活动中积累数学活动经验。

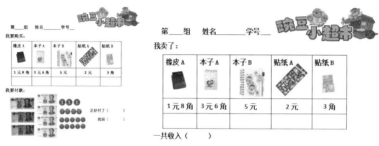

图 8 两种舍弃的学习单

课堂外,主题活动持续到六一儿童节校园中的欢乐市集,豌豆小超市开张,学生们在年级层面进行了实际购物活动。教师提供给学生参与活动的流程图:先兑换学习章为校园币,学习不同的奖品对应的校园币,再以班级为单位,分小队先商量自己想要购买的物品,若有缺少校园币的情况,可以在小队中互助,初步制订购买方案,再有序地去各个摊位进行购物(见图 9)。有了流程图的引导,活动得以顺利开展,学生们再一次积累了数学活动经验。

图 9 采用活动流程图引导

学习活动强调学生"主动参与并亲身经历实践过程",学生的主动性更多是通过积极参与活动、有创意的行动表现出来的。对比传统课堂中"认识人民币"的任务设计,在"开办小超市"活动中,我们看到了学生更多的表现空间。在每个阶段我们都要考虑所有学生的需求,想到每个人成功需要什么样的支持,将学习支架与学习目标相对应。在不同的阶段搭建恰当的学习支架支持的情况下,跨学科学习就成为不同能力的学生都适合,且能够上手的一种学习方式。

四、项目评价

(一) 课堂自评与互评

基于一年级学生的年龄特点,评价描述要简洁,便于学生理解;评价维度不能过多,以免造成学生负担;操作方法需简单,便于学生及时完成。本课以贴纸的方式给予小组自评。

本课精简为三条评价内容:"我认识了人民币"关注数学知识与技能的掌握;通过"我了解了货币的发展史"关注数学知识内涵和文化传承;"我积极参与了小组活动"关注合作素养的养成。

学生自评采用和上学时相同的方法,"我会比较价格"关注数学知识与技能的掌握;"我能文明购物"关注活动中的合作素养;"我能正确交易"关注运用知识解决问题的能力。

(二) 课堂反思与复盘

一年级孩子能力有限,我们通过提供语言支架,让学生通过语言表达交流思想和情感。在分享成功和收获的时候,让学生积累数学活动经验;在交流反思遇到的困难、解决方法和提出建议的时候,让学生增强反思意识,培养学生解决问题的能力。

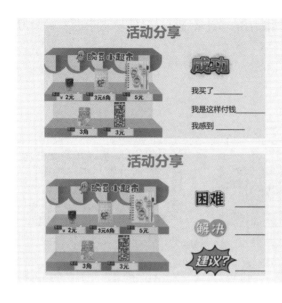

在"蒙娃学购物"的主题活动中,大家开心吗? 一起来看看我们都做了什么吧!

观看活动回顾视频,分享自己的收获。

你们的活动成功了吗?

你们是怎么做的?

商讨问题解决方案:

活动中有没有遇到困难?

有没有解决困难?

你们是怎么做的?

乐于提出合理建议:

有没有给到同学的建议?

有没有给到老师的建议?

五、项目总结与反思

（一）实施成效

1. 凸显生活本位,主题引入具有驱动性

　　学生的学习既面临生活世界又面临学科世界,前者具有直观场景性,个人经验性等特点,本主题学习活动从生活情境引入,创设驱动性问题,将学生生活中面临的实际问题转化为活动主题,更多地体现了一种生活本位思想。

2. 丰富学习形式,活动组织具有多元性

　　主题活动在空间、场域、组织形式上多元且灵活,无论是教室里的模拟购物,校园长廊里的欢乐集市,还是家庭中"宅家小超市"亲子游戏,超市里的询价和购买活动,我们让学习既发生在班级教室里,也发生在校园长廊中,还发生在校园以外的真实场景中。

3. 搭建学习支架,活动设计具有综合性

　　实际问题的分析与解决,通常需要综合考虑多方面的因素做出权衡、取舍、融合、创生。主题学习活动中,教师精心设置学习支架,助力学生探究学习的全过程,并进行自我监控和反思。

（二）项目反思

1. 创设多维评价，让低年级学生学会反思

活动评价方式可以更多元，评价时机可以分阶段。如：及时给小组、个人颁发"☆"；评价主体可以是学生、同伴或教师；评价时机也很重要，活动前教师可以跟学生一起交流评价的方案，让学生清晰评价的内容；活动中组织学生进行灵活的互评，如给同伴点赞，以点赞数量作为同伴评价的结果；活动结束后还可以增加教师的访谈，建立学生成长记录，为的是从低年级开始就培养学生反思意识，寻找成功的经验、失败的原因等，提高每一个学生的批判性思维。

2. 营造课堂文化，培育探索、协作、创造的心智

行为表现的背后是观念和认知，如果学生理解，制定规则是为了保护自我，更好地解决问题，而不是成人强制性的要求，他们或许更愿意主动遵守规则。如果学生相信错误没有关系，他们或许更愿意去表达，更能够心平气和地接受他人的反对意见。如果学生相信，帮助别人就是在帮助自己，或许他们更愿意敞开心扉，更愿意克服困难找到问题解决的方案。彼此信任、平等互助的文化氛围可以让孩子们更好地开展探究。课堂文化是活动有效实施的重要因素。

小小活动策划师

景城校区　｜　刘佳、魏旖、陆慧佳

一、项目简介

　　结合学校的秋季活动，基于激发学生探究动力和拓宽学生视野的目的，我们尝试将学生的角色从原先游览活动的参与者变成活动的规划者。因此，我们开展了五年级数学跨学科项目"小小活动策划师"，让学生在经历策划活动的过程中，了解活动方案的要素，规划游玩路线的依据和方法，发展统筹规划能力。

　　这个跨学科的项目化学习凸显了数学学科的主导地位，融通信息技术和语文学科，引导学生经历初识活动、调研活动需求、制订活动计划和评价活动计划的全过程，激活学生主动探究的欲望，提升其问题解决、合作沟通、创新意识等综合素养。

二、项目设计

（一）学情分析

五年级学生不仅具备统计的基础知识，能通过抽样调查的方式，整理统计数据，推测并分析整个四年级学生的游玩体验和参观需求，还掌握了时间计算、排列组合等相关数学知识，并能结合地图中各场馆的位置信息，有条理地设计合理的参观路线。同时他们也兼备信息素养和语言能力，能从网络上查找、收集并整理相关信息，能运用信息技术生动形象地介绍活动方案。

（二）项目目标

以下从跨学科核心素养、跨学科核心知识与能力、学习素养三个层面拆解项目目标。

1. 跨学科核心概念

基于游玩需求，统筹规划游玩路线。

2. 跨学科核心知识与能力

（1）通过小组的交流讨论，了解活动计划的基本要素，明确主要的探究任务。

（2）在统计调查过程中，经历收集、整理、描述和分析数据的全过程，了解参观需求，提升数据观念。

（3）基于参观需求的分析，统筹规划个性化参观计划，积累数学活动经验，提高问题解决能力。

（4）通过小组交流和团队分享的形式，自信展示成果，并以"开放的心态"提供并接受反馈，从而调整和更新参观计划，发展反思迭代能力。

3. 学习素养

（1）创造性实践：在统筹规划时，能基于参观需求，创造性地形成个性化路线规划。

（2）探究性实践：在制订活动计划中，能够提出问题，分析问题，形成问题解决的方案。

（3）社会性实践：在小组合作中，能够积极倾听他人的观点并给出回应。能用可视化的方式展示成果，并提供与接纳不同的意见，对参观计划进行升级与迭代。

（三）挑战性问题

1. 本质问题

如何基于调查，分析游玩需求，规划游玩路线？

2. 驱动性问题

如何作为活动策划者，为四年级学生开展"开心远足"社会实践活动制订一份"海昌海洋公园一日游"活动计划？

（四）预期成果

本项目学生形成的产品形式为"活动计划"，公开方式为"方案投标会"。

关于成果的具体说明如下：

基于问卷调查的结果，分析四年级组的游玩需求，并结合海洋海昌公园相关信息，制订合理的活动计划，并进行分工合作。

依据初评建议，对活动计划进行升级与迭代，完成可视化的展示成果，并能条理清晰完整地介绍活动计划。

（五）预期学习活动

时间	项目进程	学习支架/过程评价
入项活动 （1课时）	问题1：什么是活动计划？ 问题2：活动计划有哪些要素？ 问题3：分析活动计划中，待解决的问题是什么？	气泡图 KWH策略表
项目实施 （4课时）	问题1：如何制作调查问卷，了解参观需求？ 问题2：如何呈现调查结果，准确分析需求？ 问题3：如何基于需求统筹规划参观路线？ 问题4：如何完善规划形成可视化的活动计划？	问题过滤器 统计图表、记录单 路线规划方案
项目结尾 （1课时）	问题1：如何更好地介绍小组的活动方案？ 问题2：项目学习中有哪些收获与反思？	活动方案投标会

三、项目实施

（一）入项活动：构建任务支架，赋予学生探究动力

在入项活动中，我们先呈现了学生秋季活动的照片，勾起他们美好的回忆，再以学校学工部"求助信"的方式（见图1）呈现核心任务，增强学生的代入感，使大家积极参与到主题学习中来，让学生的角色从原先游览活动的参与者变成规划者，唤醒学生的主动意识。

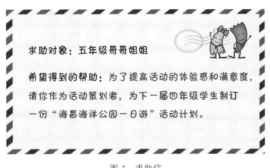

求助对象：五年级哥哥姐姐

希望得到的帮助：为了提高活动的体验感和满意度，请你作为活动策划者，为下一届四年级学生制订一份"海昌海洋公园一日游"活动计划。

图1　求助信

学生们以小组形式讨论活动计划的作用与意义，并采用"气泡图"（见图2）梳理活动计划的基本要素，分别有对象、人数、时间、地点、路线规划、出行方式、费用等。结合秋季活动背景，学生发现对象、人数、时间、地点、交通工具、费用等要素是确定的，从而聚焦到"路线规划"是待解决的主要问题。在"如何制订合理的路线规划？"的问题引领下，学生结合自己的生活经验展开头脑风暴，经过激烈的互动交流后达成共识，即场馆、地图等相关信息和游玩需求是制订路线规划的重要依据。学生还提出可以通过网络搜索得到海洋海昌公园的相关信息，而通过抽样调查方式可以推理四年级学生的游玩需求。学生在一层层的深入分析中，逐步将核心任务分解成几个具有清晰逻辑关系的子任务，构建了任务支架（见图3）——既是解决问题的路径与框架，也是项目实施的主要活动内容。为了持续激励学生的主动探究欲望，我们告知学生在出项展示阶段，会以活动方案投标会的形式，评选最佳方案，并在下一届秋游活动中投入试用。

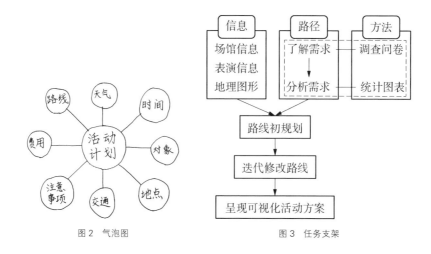

图 2　气泡图　　　　　　　　　图 3　任务支架

（二）项目实施：搭建学习支架，促进学生深度学习

核心任务的复杂性、开放性等特征，决定了实施过程中的挑战性。对于缺乏活动设计经验的学生而言，独立设计活动计划是一个有难度的任务。因此，教师应该搭建有效的学习支架，提供必要的学习指导，帮助学生经历方案思路由粗到细、不断修正的过程，促进学生深度学习。

1. 凭借"问题过滤器"，筛选并优化调查内容

设计一份合理的调查问卷能通过得到的数据精准分析游玩需求。一份完整的调查问卷包括调查对象、标题、前言（调查目的）、主题（调查内容）和结束语等因素。五年级的学生要在有限的课堂时间内制作一份完整的调查问卷存在很大的困难。于是，我们提供半成品的调查问卷（包括标题、调查对象、前言和结束语），引导学生主要聚焦调查内容展开思考。

学生对于问卷内容提出了许许多多不同的问题，并记录在了便笺纸上。有的想了解最喜欢的场馆是什么；有的好奇哪个是最喜欢的游玩项目；有的提到购物需求；还有的针对用餐偏好抛出问题等。可是所有的问题都对我们的调查目的有帮助吗？通过"问题过滤器"（见图 4），我们对小组内提出的问题进行了筛选，剔除了重复和无效的问题，保留了有价值的问题，最终优化形成了高质量的问卷调查。

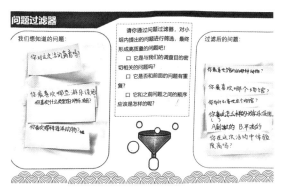

图 4 "问题过滤器"

2. 依据"视觉化问卷",统计并分析调查数据

由于全面调查的工作量太大,学生决定采用抽样调查的方式,起到全面调查的作用。五年级学生需要进入每个班随机抽选一组 12 人作为抽样样本进行调查,由此来客观推测总体的情况。在展开调查的过程中,如何兼顾实际的操作性与趣味性呢? 我们决定摒弃传统的送发式问卷和专业的问卷星等形式,尝试将调查问卷进行视觉化处理(见图 5),并轮流张贴到不同的教室内,邀请大家一起参与调研,鼓励男生与女生分别用不同颜色的贴纸贴在选择的问题旁(见图 6)。动态收集数据的形式不仅提高了学生的参与度,还增加了他们之间的互动交流。根据视觉化问卷,学生能自主选择统计表或统计图整理并描述数据,分析得到游玩需求,为路线规划提供依据。

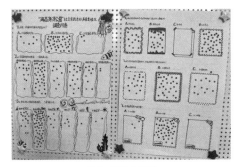

图 5 视觉化问卷

图 6 学生完成问卷

3. 借助“任务记录单”，推进并探索实际问题

学生得到调查结果后，分别用统计表或统计图方式呈现调查数据。但是在分析统计数据时，并不仅是简单地读取数据的多少，还要结合实际情况综合考虑。于是，教师精心设计“任务记录单”（见图 7），引导学生围绕下列问题展开具体分析。

	单项分析	综合考虑	所需信息
①	热门场馆：海底世界馆	① 游玩项目所需排队时间 ② 路线省时省力	① 公园地图 ② 表演时刻表
②	热门表演：虎鲸科普秀		
③	热门项目：火山漂流		
④	以游玩项目为主		
⑤	自带午餐		
⑥	购物费用 50元以下		

图 7　任务记录单

Q1：单项分析，可以初步得到哪些结论？

Q2：综合考虑路线规划，学生的需求都能满足吗？如何取舍？

Q3：你还需要知道哪些信息？

其一，通过读懂图表数据，单项分析得知游玩需求，如最热门的场馆、最热门的表演等。其二，综合考虑各方面因素，如游玩项目所需的排队时间、路线规划遵循省时省力原则等，为路线初规划提供重要的依据。在学习过程中，学生不仅由单一思维发展到多线思维，还提升了统筹规划的能力。

4. 巧用“六项思考帽”，促进多角度思考

在学生根据调查到的游玩需求和收集到的海昌信息，完成路线规划的初稿后，教师又要求学生化身成资深点评师给不同方案提出改进建议。简单让学生对路线规划作出评价，他们往往是漫无目的，没有针对性的三言两语，课堂效率不高。“六顶思考帽”是一种思维训练模式，它可以像魔术师一样，让大脑去扮演不同特质的人，充分利用大脑的优势，使混乱的思考变得更清晰。

在"路线规划我来评"的任务中,我们巧用"六项思考帽"工具,从中选用了3种颜色的帽子。其中,戴上黄色思考帽的学生需要肯定设计游玩攻略中值得学习的地方。戴上黑色思考帽的学生可以提出疑问,由汇报小组进行解答。戴上蓝色帽子的学生可以提出修改意见。当第一组进行介绍时,其他四组随机戴上不同颜色的帽子进行多角度评价。考虑到要让学生体验不同的角色进行评价,于是轮到第二组进行介绍时,其他小组顺时针交换了帽子。当学生们戴上这顶精致小巧帽子后(见图8),瞬间进入角色,开始从特定的角度思考问题。这样汇报小组能聆听他人多角度思考,把所有信息汇总起来,得到全面的反馈,以便后续有针对性地修改设计。

图8 "六项思考帽"课堂运用

(三)项目结尾:组建评价支架,激励学生成长发展

在出项阶段,我们采取跨年级形式邀请到下届秋季活动参与者(四年级学生)和学生工作部的老师们共同参与活动方案的评选。一份优秀的活动方案除了具有形式方面的吸引力,还要具有内容方面的闪光点。因此,投标会对活动策划者的汇报能力是一个巨大的考验。

我们分别从活动计划内容和形式、小组展示和合作四个方面制定了"规划""成果""合作"与"展示"的细分评价内容(见图9)。其中,"规划"对应活动路线的设计,具体从是否满足参观需求,是否符合省时省力原则,是否合理安排游玩、餐饮与休息等时间三个角度,对学生的统筹规划能力进行评价。"成果"对应活动方案的呈现,对学生的审美创造素养进行评价。"合作"对应学习过程的评价,关注学生的社会性实践和调控性实践素养的发展。"展示"对应学生语言表达能力。评价者依据评价量规对每一组进行评估。学习者对照评价结果,促进个人与小组进行反思,明确进步的方向(见图10)。

评价内容				
规划 (30)	满足需求(10)			
	顺序合理(10)			
	考虑全面(10)			
成果 (30)	形式清晰(10)			
	图文并茂(10)			
	布局合理(10)			
合作 (20)	小组分工(10)			
	交流协作(10)			
展示 (20)	表达清晰(10)			
	生动形象(10)			

图9　评价表

图10　小组汇报现场

四、项目评价

项目式学习的评价,不仅要判断学习结果,还要针对学生学习过程中外显的行为和内在的感受进行评价。在本项目实施过程中,通过实时的过程评价、适切的评价量规和多元的评价主体,帮助学生发现优点、校正错误、总结活动中的收获与进步,激励学生更积极主动地投入未来的学习。

1. 实时的过程评价,掌握真实学情

过程性评价贯穿整个学习过程,可以对学生参与活动表现进行评价;可以针对自己参与活动的感受进行自评,起到激励、推动和校正学生学习进程的效果。例如,在以小组分工形式完成调查问卷中6道题统计图表的过程中,先以评价表(见图11)的方式针对组内个人完成任务的情况进行综合评价,再以小组评价单(见图12)的方式对小组协作情况进行反馈。有完成任务的小组分享高效合作的经验:由组长分配每人完成一题统计图,再轮流检验确保统计数据的正确率。也有没能完成任务的小组反思问题:分工犹豫不决浪费时间,人少耽搁任务进度等。总之,将评价融合到教学中,可以实时了解学情,及时作出精准判断,促进更高效的学习。

综合评价	评价内容	自评	互评
	1、我能安静有序地完成分配到的任务。	☆☆☆☆☆	☆☆☆☆☆
	2、我能帮助别人解决问题。	☆☆☆☆☆	☆☆☆☆☆

图 11　个人评价单

图 12　小组评价单

2. 适切的评价量规,引领进步方向

在出项展示阶段,我们以活动方案投标会的形式,依据评价标准选出最佳方案。因此,评价量规的制定格外重要。首先,基于活动目标,将展示成果与学习过程进行融合评价,分别从规划、成果、合作与展示四个维度细分评价内容(见图9)。清晰、具体、可操作的评价标准为评价活动提供了明确的指导。这些标准不仅有助于确保评价的公正性和客观性,还能够为被评价者提供明确的努力方向。

3. 多元的评价主体,促进成长发展

在出项展示课上,我们不仅邀请到活动对象下一届四年级的学生代表们,还邀请了策划学生活动的老师们共同参与,实施多元主体评价。有任课教师的评价,有学生的自我评价,有学习者之间的互相评价,更有活动对象与校方代表的评价。多元主体评价能确保评价的客观公正,提高评价的实效性,促使学生在清晰地自我认知后,不断改进与完善,真正将评价转化为促进自我成长的动力,为学生的持续发展提供保障。

五、项目总结与反思

（一）项目成效

1. 学习方式：从"单向传递"到"多向互动"

最明显的变化莫过于学生学习方式的转变。在传统的单向传播模式中，教师是传播的主体，学生是传播的客体，被动的学习形式导致学生缺乏自主学习的动力，停留于简单机械化地运用知识。随着数字化学习环境和教学方式变革的推进，多向互动传播模式成为必然趋势。在项目化学习中，学生通过自主学习、组内互学、组间展学等方式，加强了人与人之间的沟通交往，促进了自主意识的生成，实现了真正的学习。

2. 思维能力：从"单一思维"到"多样思维"

传统的单学科教学促使学生倾向于站在某一个视角看待问题，例如数学学科最大的特点是从具体事物中抽象研究对象，通过严谨的推理论证得到一个确定的结果，即使是开放的数学问题，也是在限定的范围内分类思考。通过项目化学习，学生在不同的复杂真实情境中担任不同的社会性角色，锻炼了他们的思维，让他们知道站在不同的位置看待问题，并且解决问题的方案没有单一的对错之分，要不断地迭代升级，追求更好。

3. 核心素养：从"学科素养"到"全面发展"

如果说单学科的学习能更有效地促使学科素养的培育，那么项目化学习能保障核心素养的全面发展。"小小活动策划师"项目式学习不仅激发了学生乐学善学和勇于探究的潜力，还激励了他们批判质疑和勤于反思的精神，更难能可贵的是，激活了他们的社会责任意识与实践创新的品格。在跨学科学习中，学生们掌握学习的主动权，聚焦核心问题展开深入研究分析，走在了成为这个领域"专家"的道路上。

（二）项目反思

1. 加强团队合作能力的培养

在以小组为单位项目实施的过程中，出现了团队协作方面的问题。如分工不明确或任务分配不均导致有些组员事情很多,有些组员无事可做。还出现了成员之间意见产生分歧,导致项目无法进一步推进,需要教师介入的情况。因此,后续在开展项目时,要更注重培养学生的团队合作能力。在入项阶段,确保小组成员明确自己的角色和职责。过程中不仅要关注所有学生的参与度,让每位小组成员感受到自己的任务对于最终问题的解决是很有意义的,还要关注小组之间有效沟通的建立,让成员能够自由、及时地表达观点。在出项时,要让学生充分感受到团队相互协作,共同完成任务所带来的满足感。

2. 关注学生在过程中的习得

出项阶段,侧重的是显性的成果展示。由于时间关系,学生对于项目的复盘反思还不够充分。复盘,既是对自我的检视也是为下个项目的开展做好准备的基础。因此,可在提升学生反思能力方面加强。如在完成了这个项目之后,引导学生回顾梳理一下自己在这一过程中哪些地方做得比较好? 在团队合作中有哪些收获? 哪些能力得到了提升? 还存在什么问题? 如果再来一次,哪些地方可以改进? 其他小组有什么值得学习的地方? 学生会把此项目学习中引发的反思卷入下一个项目,促使学习逐步呈现序列化、进阶化。这样的复盘凸显的项目化学习成果不仅仅是最后的成品,更是整个项目学习过程中的习得。

小小调查员

春城校区 　｜　邱菊香、谢隽、季常振、孙雪

一、项目简介

春城校区开办于 2004 年,至今已有 20 多个年头。面对极端天气的日益增多,春城校区的排水系统是否足够安全? 针对这个问题,我们尝试从数学学科的视域出发,融通自然、劳技等学科,引领学生经历了一场别开生面的数学跨学科项目化学习"校园排水——小小调查员"。

从对春城校区排水系统情况进行实地调查、收集雨水、分析数据等,到结合调查结果展开交流讨论、提出建议、形成方案……在整个项目化学习的过程中,学生们尝试用数学的眼光看待现实问题,用数学语言表达自己的想法和建议,从发现问题、分析问题,到设计方案解决问题,在发展创新意识的同时,也塑造了主人翁精神与责任意识,"我是校园小主人"的自豪感油然而生。

小小调查员　春城校区　邱菊香　谢隽　季常振　孙雪

二、项目设计

（一）学情分析

知识层面：在数学课本中，四年级第一学期学生会接触到容积单位"升与毫升"，建立"1毫升"与"1升"的量感，知道"1升＝1000毫升"，能进行正确的换算与计算。日常课堂中老师们已竭尽全力、想方设法丰富学生的"量感"建立，继而跟进本次项目化学习活动的开展，可以将课堂中虚拟的情境转化为真实的体验，依托问题解决过程，经历一次沉浸式的量感之旅。

能力层面：四年级学生已初步具备一定的数学思维发展和数学学习能力，对于项目化学习活动中自主查询、搜索相关的知识与资源有足够的能力，同时也具备小组合作学习交流的能力，能灵活调用自然与劳技学科中获得的本领保障跨学科活动的顺利推进。

（二）项目目标

以下从跨学科核心概念、跨学科核心知识与能力、学习素养三个层面拆解项目目标。

1. 跨学科核心概念

综合实践、数据意识、分析能力。

2. 跨学科核心知识与能力

（1）观看视频激发探究需求，提出研究主题——校园排水情况调查。

（2）通过讨论、查阅资料、实地勘察等一系列活动体验完整的概念形成过程。

（3）在现实世界中发展观察、调查、分析问题等数学意识和能力。

3. 学习素养

（1）探究性实践：学会用数学的眼光观察现实世界，积累数学基本活动经验，逐步养成应用意识。

（2）社会性实践：在小组团队合作中，积极倾听他人的观点并给出回应。

（三）挑战性问题

1. 本质问题

下暴雨时排水系统是否能够及时、快速地排水？

2. 驱动性问题

我们学校目前的排水系统在极端天气情况下是否足够安全？请小小调查员针对调查结果提出自己的结论或改进建议。

（四）预期成果

在本项目中，学生通过实地调查、收集雨水、分析数据、交流讨论、提出建议、形成方案等系列活动，了解学校排水系统的情况，并结合调查结果提出自己的结论或改进建议。关于成果的具体说明如下：

（1）制作探究海报：学生制作了富有个性的探究小报，并通过小组合作形成了各小组的项目海报与项目方案。

（2）形成雨量预警器模型：学生利用已有知识通过自主研究、创造，完成了雨量预警器的初步设计与模型展示。

（五）预期学习活动

时间	项目进程	学习支架/过程评价
入项活动 （1课时）	确定研究主题 问题1：想要从校园的哪个点位入手进行调查研究？ 问题2：如何快速高效地完成点位情况记录？	视频资料 小组活动 内容讨论设计
项目实施 （2课时）	降雨量与排水情况 问题1：新闻播报中对降雨量的描述（mm）与数学知识（mL与L）有什么关系？ 问题2：如何测量不同地点的排水情况？ 数据收集与分析 问题3：我们收集到的数据一致吗？ 问题4：我们的项目方案包含哪些内容？	题目设计 内容讨论设计 多媒体提供支持 内容讨论设计 排水预警器材料准备
项目结尾 （1课时）	方案设计与展示 问题1：设想一下，什么情况下使用预警器？ 问题2：如何设计我们的项目方案？	成果展示 评价表内容设计

三、项目实施

(一)由现实生活中的真实问题引入,激发学生提出研究问题

"小小调查员"项目注重培养学生用数学的眼光观察现实世界,用数学的思维思考现实世界。我们引导学生以校园排水情况为研究对象,通过观察、收集、调查和实验等方式,自主发现问题、解决问题并得出结论。

在入项环节,鼓励学生通过讨论、查阅资料、实地勘察等一系列活动,学会用数学的眼光观察现实世界,积累数学基本活动经验,逐步养成应用意识。

在"小小调查员"的入项课中创设情境:最近某地遭遇61年来最强特大暴雨的袭击,导致上百万人受灾,房屋倒塌,人员伤亡……这场灾害让人们深刻地意识到了自然灾害巨大的威力。此时可引导学生思考,主动提出如下问题:我们的应急救援能力是否到位?下暴雨时我们城市的排水系统是否能够及时、快速地排水?学生在学校雨天各个不同场景积水现象的视频中发现了积水的差异,引发了浓厚的探究兴趣,有的学生马上就产生了"为什么有的地方没什么积水,而有的地方却有大片积水?"的疑问,有的学生则进一步产生了"是不是积水的地方没有排水管?"的疑问,而有的学生又产生了"是不是积水区域排水管道发生了堵塞的情况?"的猜想。就在这样的氛围中,以学生自主探究发现为主,教师引导为辅,我们确立了"小小调查员"的入项活动。

这一问题情境既真实又有意义,能够引发学生的思考和兴趣,为跨学科主题学习奠定了基础。紧接着提出核心问题:要从校园的哪个点位入手进行调查研究?在确立研究主题的环节,由学生在教师提供的视频资料中罗列校园不同的排水点位,并自主选择。之后学生进行自由分组并由组长进行组际汇报确认点位。原先教师经过前期考察选定了校门口到教学楼的道路、南北天井、底楼长廊、教学楼一周的排水槽这4个点位,学生讨论后在前4个基础上增加了操场这一点位。这5个点位由学生个人自主挑选,形成5个研究小组。

鉴于学生对排水方式的知识认知并不专业和全面,通过教师提供相关

的阅读材料和学生自主查阅资料等方式,学生完成各种排水方式的概括和
罗列,最终得出五种主要的排水方式:①圆形铸铁井盖,②圆形水泥井盖,
③点式雨水口,④雨水箅子(条形),⑤路缘石排水沟。在统一认识后由学生
进行记录。

由于本项目的实施与是否雨天密切相关,考虑到上课时不一定恰巧下雨,
所以教师在之前的雨天中提前录制了视频资料,由学生观看视频中的真实情
境,小组合作探究"如何快速高效的完成点位情况记录"。结合之前视频学生
所产生的问题,通过小组讨论进一步确定 4 种排水状态:①无积水,②少量积
水,③大量积水,④完全无法排水。最后对各种排水状态的周围环境进行一定
的讨论和描述。

当学生去现场调查校园排水管道分布情况及降雨统计时,我们鼓励学生
使用数学建模的方法来解决自然科学问题。例如,鼓励学生探索使用图表等
方式呈现降雨数据,从中提炼出结论和建议。因此,在去调查前,我们先请同
学们进行表格的初步设计(见图 1),再通过交流讨论产生我们最终的调查表。

 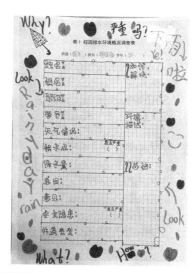

图 1　学生绘制的表格

由图 1 可以看出,学生能够通过观察实际情况联想到图表的基本要素,天

气情况、降雨量、井盖类型、安全隐患、堵塞情况、环境描述、积水点及原因、建议、改进措施等,实际上已经考虑得相当全面。在学生充分思考的基础上,教师加以引导形成更规范的调查表(见图2)。我们走出教室,以小组形式寻找各组点位并做好记录,返回到教室后再由组长进行汇报,确认校园点位的排水情况。

图 2　校园排水环境概况调查

在充分了解各自点位的情况下,学生可以根据实际情况填写调查表,尝试用文字或图片形式记录周围环境,为实施阶段提供充实的理据支持和学习工具。学生不仅能够在兴趣驱使下思考排水问题、激发探究兴趣,还积极化身为小小调查员,在小组活动中锻炼观察能力、思维表达能力、合作分工能力和解决问题的能力,使小组活动能够在组长的带领下有序进行。

(二)综合运用跨学科知识与社会经验,鼓励学生尝试解决问题

本项目意图在真实的生活情境中发展学生量感意识与推理意识,通过提出有意义的现实问题激发学生的探究热情,使其具备综合性思考问题、探究问题的意识,形成一定的应用意识。教师带领学生一同思考完成本项目时,需要根据师生间的头脑风暴为后续项目进行合理规划。

师:如果要完成这样一个研究项目可以从哪些方面着手?

生1:了解降雨量与所学数学学科相关知识的联系。

生2:降雨量是怎么测量的? 认识雨量器。

生3:如何正确收集雨水?

生4:怎样更好地整理收集的数据,并很清晰地进行表达?

师(记录问题)

在项目中,我们根据学生需求安排了多种形式的实践活动,包括资料查阅、讨论分析、互动展示、优化与评价等。这些活动需要学生自己通过观察分析、讨论交流、动手实践等形式来发现问题、解决问题。

1. 资料收集

在资料查阅中,关注到新闻播报中关于降雨量的描述,围绕"新闻播报中对降雨量的描述(mm)与数学知识(mL 与 L)有什么关系?"进行自主查阅。

师:同学们,你们知道平时我们是用什么单位来描述降雨量吗?

生1:不知道,但我猜应该是"升",因为"毫升"太少了。

生2:我看电视上说,好像是降雨量达到多少毫米……但我不太确定。

师:降雨量一般确实是用"毫米"做单位的,对此你有什么疑问吗?

生:毫米是长度单位,如何能表示具体有多少水呢?

师:对呀,新闻播报中对降雨量的描述(mm)与数学知识(mL 与 L)有什么关系?

生(摇头):不清楚。

师:请同学们阅读材料,并分组交流探究计算的方法。

学习资料:降雨量_360 百科,https://baike.so.com/doc/6301710-6515234.html。

补充知识:1 kg 水等于 1 L 水。

2. 学习工具的设计与使用

通过学习资料的查询和交流,学生可以了解不同程度的雨量所对应的降雨量数据描述以及不同时间段的降雨量统计转换。接着,教师还介绍了气象播报时量雨器的结构与测量方法。那么,具体到每个小组调查各自点位的雨量情况,又该从哪些方面展开调查? 我们通过全班讨论进行了调查表的设计(见图3)。

表 2 我选择的地点排水数据调查表

班级（　　）姓名（　　）学号（　　　　　）

| 我选择的点位： | □ 校门口到教学楼的道路 | | □ 南北天井 | | □ 操场 |
| | □ 底楼长廊 | | □ 教学楼一周的排水槽 | | |

记录时间	我收集到的水量（mm）	路面情况（写编号） ① 无积水 ② 少量积水 ③ 大量积水 ④ 完全无法排水	周围环境描述（如积水情况、师生能否顺畅通行、可能会发生的危险等） 如有相应照片更佳
（　）年（　）月（　）日（　）时（　）分到（　）时（　）分			
（　）年（　）月（　）日（　）时（　）分			

图 3　我选择的地点排水数据调查

　　趁着下雨天，穿上雨衣或带着雨伞，教师带领学生进行实地考察，分组观察各自点位上排水的情况并填表，同时进行雨水的收集与测量（见图 4）。一

图 4　学生在教师带领下观察各点位排水情况

个个小小调查员感受着当天的雨量大小,仔细勘察并记录着雨天道路上排水的情况,认真分析现象背后的原因,尝试提出更好的策略来解决当下存在的问题。

3. 互动展示与评价

在观察各小组展示示范的雨量器作品的基础上,学生进行互动评价,指出可能存在的问题。

组1:我们组用了一个空的矿泉水瓶做容器,先接水,再用量筒测量。

组2:我们组先用了一个茶杯做接水的容器,再用量筒测量。

组3:我们觉得这两组用的雨量器口径都太小了,这样接雨面的面积太小,可能误差会比较大。我们从阅读材料中了解到雨量器一般以 20 cm 口径为佳,所以我们选择了用一个无洞眼的塑料垃圾桶作为容器。

师:对于第3小组的意见你们同意吗? 量筒上的刻度是 mL,而我们需要的雨水强度是用 mm 做单位的,大家有什么好建议?

组2:量筒测量好以后再进行转化计算啊。

组3:要不我们直接把量筒上的 mL 刻度先转化计算好并贴上 mm 的标签,这样就只要读出来就可以了。

……

在接下来的讨论环节,需要把组内同学在雨天各自收集到的数据进行汇总分析,并在班级进行展示交流。为此,需要一张小组调查情况汇总表用于记录、分析数据(见图5)。由于当天我们收集到的雨量较少,为方便对比,统一将收集到的雨水倒入量杯中进行了测量,以此引导学生学习精确读数的规范做法,同时体现科学性在数据收集过程中的重要作用。

通过这些实践活动,学生能了解雨量器的基本构造,在雨量器展示的过程中表达自己的观点,并结合师生互动、作品展示打开创作设计思维。这些实践活动培养了学生自主探究、合作互动的能力,也促进了他们的自主学习和解决问题的能力。

表3　小组调查表情况汇总				
班级（　　　）　姓名（　　　）　学号（　　　　）				
我们组选择的点位：□ 校门口到教学楼的道路　□ 教学楼一周的排水槽 □ 底楼长廊　　　　□ 南北天井　　　□ 操场				
组内 成员	降雨量 （mm）	降雨量(mL)	环境描述	
1			共同点：	不同点：
2				1.
3				2.
4				3.
5				
6				
7				

图5　小组调查表情况汇总

（三）在真实任务驱动下培养创新能力，促进学生科学表达调查结果

经历前期的数据整理、分析，并通过反思方案、调整方案，使方案更具可行性和科学性，学生已初步学会应用数据解决实际问题。每个小组完成了各自的项目方案，部分同学还通过小组合作制作了简易的排水预警器模型（见图6、7）。在项目收尾时，教师还特别强调了学习过程中的自评与互评。

图6　部分作品展示

师：我们的项目方案应当包含哪些内容？

生1：应该包含我们整个活动的过程。

生2：还要有我们收集到的数据，我们的结论、建议等。

师：好，那我们一起回顾一下整个活动过程，我们做了哪些事？

图 7　部分作品展示

生 1：先按照不同点位进行分组。

生 2：利用各种学习资源包获得了相关知识，比如井盖类型、降雨量等。

生 3：我们还实地观察，及时填表记录，我还利用周末拍了些照片呢！

生 4：最后，整理我们收集的数据，进行分析和原因讨论，提出合理的建议。完成我们的海报和预警器展示！在做好预警器后，我还反复试验、调整，好期待跟大家分享啊！

师：你们好像还少了一个关键步骤哦！成果展示时，我们除了要自评外，还需要对其他小组的海报和作品进行评价！

师：那我们一起来想想，海报评价可以依据哪些标准展开呢？

生 1：要看他们收集的数据是否一致。（准确性）

生 2：还有海报的版面设计是否合理。（合理性）

生 3：海报的色彩是不是足够丰富。（美观性）

在项目中，我们力求以学生自主探究查阅为主，让学生在真实情境中发现问题，解决问题；通过项目化学习的方式激发学生学习兴趣和动力，培养他们的自主学习和创新能力。

四、项目评价

1. 课堂互评自评单

评价内容		达成情况
调查过程	清楚的知道选择点位上的排水管道类型及特点。	🌧🌧🌧🌧
	能主动将排水方式、排水状态和周围环境描述结合起来分析。	🌧🌧🌧🌧
数据统计	注重调查数据的科学性。	🌧🌧🌧🌧
	根据实验方案进行多次重复调查。	🌧🌧🌧🌧
	及时完成调查记录单。	🌧🌧🌧🌧
小组合作	我能认真配合组员完成任务。	🌧🌧🌧🌧
	讨论中我能清晰、完整表达我的想法。	🌧🌧🌧🌧
	每次课前我能主动准备好当天小组所需要的材料。	🌧🌧🌧🌧
方案展示	根据调查数据得出真实的结论。	🌧🌧🌧🌧
	我提出的建议具有实际意义。	🌧🌧🌧🌧
	我能从本次活动中学会解决生活中真实的实际问题。	🌧🌧🌧🌧

自评单：

贯穿整个项目化学习过程，每位学生根据"调查过程""数据统计""小组合作""方案展示"等不同阶段达成相关活动要求的具体表现，在"达成情况"一栏中圈出相应的雨滴数。

	会倾听	会思考	会表达
成员1：	☆☆☆☆☆	☆☆☆☆☆	☆☆☆☆☆
成员2：	☆☆☆☆☆	☆☆☆☆☆	☆☆☆☆☆
成员3：	☆☆☆☆☆	☆☆☆☆☆	☆☆☆☆☆
成员4：	☆☆☆☆☆	☆☆☆☆☆	☆☆☆☆☆
成员5：	☆☆☆☆☆	☆☆☆☆☆	☆☆☆☆☆
成员6：	☆☆☆☆☆	☆☆☆☆☆	☆☆☆☆☆
成员7：	☆☆☆☆☆	☆☆☆☆☆	☆☆☆☆☆
成员8：	☆☆☆☆☆	☆☆☆☆☆	☆☆☆☆☆

互评单：

评价的维度包括"倾听能力""思考能力""表达能力"。在小组讨论或交流分享时，学生们对组内成员分别进行评价，根据实际表现，圈出相应的星数。

2. 项目反思与分享任务单

在项目结尾，教师使用任务单引导学生进行了一次深刻的反思与分享活动，旨在帮助学生回顾整个学习过程中的体验和感受（见图8）。

校园排水——小小调查员

班级（　　）姓名（　　）学员（　　）

★参与本次活动，"最难忘的经历"或"最大的收获"是什么？

★如果项目继续下去，你还有哪些改进的想法？或又有哪些新的困惑？

图 8　任务单

五、项目总结与反思

（一）项目成效

1. 于学生而言：亲历研究过程，践行数学方法，发展了核心素养

首先，该项目活动让学生从生活中选择、确定研究主题，探索、体验、经历整个数学活动过程。其次，从问题的发现到问题的尝试性解决，学生都主动调用、获取相关知识，应用知识，解决实际问题，并经历与他人沟通、质疑、协商、合作等过程，运用学习方法，践行数学学习活动经验，提高了应用意识及能力。最后，在整个调查活动中，学生们从实际生活中的暴雨这个场景出发，真正在活动中做到了"用数学的眼光观察现实世界，用数学的思维思考现实世界，用数学的语言表达现实世界"。

2. 于教师而言：转变课堂教学，加强学科实践，促进了学科交融

教师在活动过程中，打破传统的教授问答方式，在"以学为中心"的课堂要求基础上，更注重数学与生活的联系，通过活动开展的方式，帮助学生更好地感悟数学在生活中的魅力，并在整个活动过程中，充分帮助学生调动已有的多学科学习经验，打破学科壁垒，促进各学科之间的交融。

（二）项目反思

（1）第一次开展跨学科主题式学习活动，在推进的过程中，我们边实践边改进，不断调整优化，初见成效，但在设计的整体性、层次性、递进性方面仍存在不足。

（2）本次主题式活动的开展需要在有强降雨的天气情况下进行探究与实践，若将活动调整至第二学期的梅雨季节开展，更能提升项目化学习的实际意义。

（3）"雨水预警器"是本次主题式学习活动的重要物化成果，大部分学生是利用教师提供的材料制作的。若教师再大胆一些，教授制作的原理后，放手让学生自主设计，关注学生的分层启发，可能会有更出彩的呈现。

英语篇

出游购物我规划

春城校区

陈一霖、林静、钱燕裙、杨裕燕、
刘博雅

课程金牌宣讲员

景城校区

金梦云、卫思宜

趣玩农博会

畹町校区

杨涟漪、居栋楹

校园植物会说话

莘松校区

冯瑶瑶、李晓薇、陆晨、邱文静

I love my mummy

莘松校区

李春燕、陆晨

小小营养师

景城校区

居梅芳、金梦云、李宝婷、吕晟

出 游 购 物 我 规 划

春城校区　　|　　陈一霖、林静、钱燕裙、杨裕燕、刘博雅

一、项目简介

　　本主题来源于牛津英语上海版 4AM3U3 In the shop。秋游返程，有些同学的背包重量并未减轻，那背包里究竟还有些什么呢？项目前期，我们通过街头采访、小调查等方式从背包中发现食物浪费，购物清单设计不合理等问题，从而引发学生对购物的思考：作为一名聪明的消费者，如何合理规划购物以体现自己理性消费的态度？聚焦这一现实问题，我们整合了道法、数学、美术等学科的核心知识和能力，开展了"出游购物我规划"的项目化学习，由学生合作探究，讨论购物原则重要性的排序，探究合适的购物渠道，不断改进优化购物清单，进行购物规划。最终，小组合作制订一份《出游购物指南》并尝试推广至全校，促进可持续的消费行动，传递"理性消费"价值观。

　　项目活动通过购物清单的不断迭代更新，促进学生的深度学习，将不同学

科的知识技能内化到他们真实的学习行为中,引导学生从低阶思维走向高阶思维,创造性地解决生活中的真实问题。

二、项目设计

(一)学情分析

购物规划和学生的生活息息相关,它不仅涉及个人消费习惯的培养,还关联到学生的生活品质、时间管理以及理财观念的形成。四年级学生对购物这一主题兴趣浓厚,并具备相关的英语基础和学科间的知识储备。该主题的学习涉及数学学科的预算和统计,道法学科的合理消费,美术学科的创意和创新思维等,学生也具备相关学科的核心素养。该主题具有较强的实践性和创新性,学生需要在实际情境中运用所学知识进行规划和决策,同时还需要具备创新思维来应对各种突发情况。然而,部分学生在实践能力和创新思维方面存在不足。

英语跨学科主题学习聚焦真实问题,无疑会凸显学生语言水平与认知水平的差距,为此,教师拟搭建合适的语言学习支架,帮助学生克服语言障碍。同时,由于家庭背景的影响,部分学生在情感态度和价值观方面存在偏差,例如,学生最初在设计购物清单时只关注到了吃饱原则和快乐原则,可见学生对理性消费的理解比较浅显,需要教师不断地进行引导。

(二)项目目标

以下从跨学科核心概念、跨学科核心知识与能力、学习素养三个层面拆解项目目标。

1. 跨学科核心概念

理性消费。

2. 跨学科核心知识与能力

(1)通过调查、采访发现购物中存在的问题,初步讨论 1.0 版本购物清单的优缺点,认识到合理消费的必要性。

(2)通过信息搜索、分析、比较,讨论形成合理的购物原则,根据购物原则重要性排序优化并形成 2.0 版本的个人购物清单,初步形成理性消费的观念。

（3）通过搜索、讨论了解多种购物渠道，分析比较各种购物渠道的优缺点，根据个人实际需求选择合适的购物渠道，更新至3.0版本的购物清单，进一步形成理性消费的观念。

（4）归纳总结购物规划要素，小组合作制订《出游购物指南》并分享自己的购物规划心得，向他人传递理性消费的观念和方法。

3. 学习素养

（1）创造性实践：学生通过"问题过滤器"和可视化思维工具不断质疑，在不断的追问，互相启发的过程中形成了有价值有延展性的驱动问题。

（2）探究性实践：在奥利奥语言工具的支持下，学生能发表自己的消费观点并证实自己的观点；学生在前期分析论证的基础上，"权衡"各个原则的力量，对购物原则重要性进行排序并探究合适的购物渠道，不断升级迭代购物清单。

（3）社会性实践：在小组团队合作中，积极倾听他人的观点并给出回应。

（4）审美性实践：确定购物指南的布局和设计风格，使用易于阅读的字体，清晰的布局和吸引人的颜色，确保能吸引目标受众的注意力。

（三）挑战性问题

1. 本质问题

在购物规划中如何保持理性消费的态度？

2. 驱动性问题

作为聪明的消费者，如何合理规划出游购物行为？

（四）预期成果

本项目中学生形成的产品形式为《出游购物指南》，公开方式为"出游购物我规划"宣传发布会。关于成果的具体说明如下：

（1）小组成员能向他人分享迭代更新之后的购物清单和设计心得。

（2）小组成员能借助奥利奥写作工具表达自己购物原则。

（3）小组合作展示并介绍《出游购物指南》，内容可包含：Must buy（必买清单）、Suggest to buy（推荐清单）、Principles（购物原则）、Ways to shop（购物渠道)、Tips(购物小贴士)等,向他人传递"理性消费"的价值观。

(五)预期学习活动

时间	项目进程	学习支架/过程评价
入项活动 (1课时)	问题:秋游返程,为什么背包还是很重?	问题过滤器 可视化思维工具图表 项目地图
项目实施 (2课时)	问题1:谁的购物清单(1.0版本)更合理? 问题2:一份好的购物清单要体现哪些购物原则? 问题3:哪一个购物原则更重要? 问题4:如何优化你的购物清单(2.0版本)?	奥利奥语言工具 购物原则重要性排序表 购物清单评价单
项目优化 (1课时)	问题1:你通常会选择哪些购物渠道? 问题2:不同购物渠道的优劣势是什么? 问题3:如何根据个人实际需求选择最合适的购物渠道以体现理性消费的价值观(3.0版本)?	一分钟站会(团队成员轮流发言,发现面临的新问题,并梳理解决问题的路径,其他成员快速反馈和讨论,一名成员记录和跟进)
项目结尾 (1课时)	问题1:你的购物清单设计心得有哪些? 问题2:如何制订一份出游购物指南并作推广,实现可持续的消费行动?	学习日志工具 (学生记录自己的学习过程、体会和反思) 购物指南样表 "出游购物我规划"宣传发布会

三、项目实施

(一)入项活动:基于真实问题,反思购物行为,激发理性消费

对于四年级的学生而言,平时购物的机会不多,而每年的春秋游则是他们进行购物实践的绝佳机会。秋游返程,我们通过街头采访和调查发现部分学生的背包重量并未减轻,很多食物还是被带了回来,这个现象说明购物清单设计不合理,浪费现象也没有得到解决,这才是学生生活中的真实问题。在入项活动中,学生借助"问题过滤器"(见图1)和可视化思维思维工具(见图2)反思自己的购物行为同时引发对理性消费的思考:什么是理性消费? 为什么要理性消费? 作为聪明的消费者,如何合理规划购物以体现自己理性消费的态度? 我们从学生已有的生活经历中发现问题,让学生感受到浪费现象的存在和购

物前进行合理规划的必要性,激发学生探究问题和创造性解决问题的情感态度。

图 1　问题过滤器

图 2　可视化思维工具

（二）项目实施:挖掘问题根源,权衡购物原则,体现理性消费

　　有同学提出:我的背包就这么大,在食物种类和数量上如何取舍呢? 也有同学提出:出去游玩就是为了快乐,带点垃圾食品总可以吧? 那究竟怎样才算是一份好的购物清单呢? 随着学生不断地批判质疑,问题的根源渐渐浮出水面:"你认为最重要的购物原则是什么?"学生借助奥利奥写作工具提出了自己的观点并进行了合理论证(见图 3)。

　　同时,在交流的过程中,学生能乐于接受不同的观点。例如,最初设计购物清单的时候只关注到了吃饱原则和快乐原则,经过辩论等一系列的思维碰撞后,他们对理性消费形成了新的观点。学生在前期分析论证的基础上,通过

图 3　学生奥利奥写作

对购物原则重要性排序"权衡"各个原则的力量,优化并形成了 2.0 版本的购物清单(见图 4)。

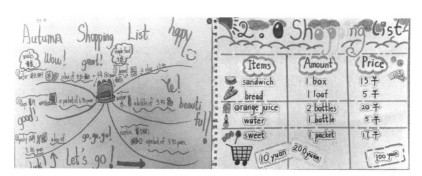

图 4　2.0 版本购物清单

在项目实施过程中,学生运用批判性思维挖掘问题的根源,更加主动地建构意义、解决问题、合理行动,思维品质不断得到提升,并初步形成了理性消费的价值观。

（三）项目优化：比较购物渠道，优化购物清单，形成理性消费

　　选择合适的购物渠道在购物规划中至关重要，它能帮助消费者更好地满足自身需求，同时确保购物的便捷性、安全性和经济性。2.0版本购物清单体现了不同的购物原则，如果学生选择了省钱模式，那么他就会在多个购物渠道之间比较商品价格包括原价、折扣价以及运费等，这需要运用数学和信息技术的学科素养解决问题。如果学生选择了安全或健康原则，说明他更加关注商品的品质、功能以及售后服务等因素，更可能选择有良好信誉和口碑的购物平台或商家，确保交易的真实性和安全性。小组成员通过一分钟站会轮流表达并发现面临的新问题，通过分析不同购物渠道的优劣势并进行多角度论证，综合评估性价比，选择最合适的购物渠道，并在购物清单对应的商品栏中进行标注，如此理性消费的价值观逐步形成。

（四）项目结尾：分享学习经历，推广购物指南，传递理性消费

　　项目尾声，学生通过学习日志工具反思评估，复盘购物规划的探究过程，知晓合理的购物规划需要明确购物需求和购物原则、比较购物渠道、考虑购物成本、关注购物安全与隐私、合理安排购物时间以及培养理性消费观念。学生围绕问题"如何分享购物经验？""如何推广购物指南？"分享自己学习后的感受与体验与组员合作制订一份出游购物指南并推广，开展社会性实践和审美性实践，确定购物指南的布局和设计风格，使用易于阅读的字体，清晰的布局和吸引人的颜色，确保能吸引目标受众的注意力，向他人传递"理性消费"的价值观，创造性地解决问题（见图5、图6、图7）。

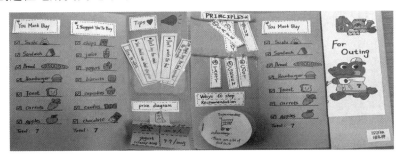

图5　学生成果1

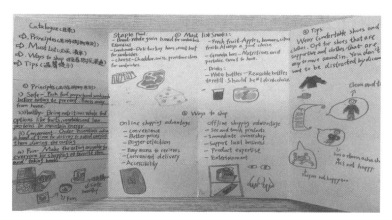

图 6　学生成果 2

图 7　学生成果 3

四、项目评价

在本项目实施的过程中,教师在课中和课后均设计了评价单,即"课堂自评单""购物清单评价单"和"购物指南评价单"。

1. 课堂自评单、购物清单评价单和购物指南评价单

I can	Rating
Listen carefully	★ ★ ★ ★ ★
Think critically	★ ★ ★ ★ ★
Design properly	★ ★ ★ ★ ★

该评价单为"课堂自评单"。其中包含:倾听习惯、思考能力和设计能力。

在每节课程中,学生根据自己的课堂表现,进行自我评价。例如,在课堂中善于倾听、具有批判性思维、设计实际且合理。学生可以在星级等级中圈画对应的评定。

续　表

该评价单为"购物清单评价单"。其中包含数量合理、功能齐全、健康舒适、控制预算、符合需求，共五个维度。

学生通过观察他人的购物清单，根据对应的维度，给出评价表现。例如，在某位同学的购物清单分享中，他对于数量的把握非常准确，评价的学生则可以圈出五枚硬币，给予肯定。

该评价单为"购物指南评价单"。其中包含布局清晰、设计美观、易于阅读、目录齐全、用户体验，共五个维度。

学生通过倾听、讨论他人设计的购物指南，根据不同的维度进行评价。例如用户体验维度，推广过程中，若受众体验感良好，则可以圈出三颗星。

2. 回顾反思评价单

在项目化学习的结尾，教师通过向学生发放调查问卷的形式，让学生对于本次跨学科项目化学习活动进行回顾和反思，旨在帮助学生回顾整个学习过程中的体验和感受，并通过反思、整理和归纳，形成属于自己的合理消费观。本次调查问卷形式如下：

1. 你是否喜欢本次"出游购物我规划"项目化学习？ 喜爱　　　　　一般　　　　　不喜爱 2. 在本次项目化学习中，你是否积极参与每次交流和分享活动？ 是　　　　　一般　　　　　否 3. 在你的《出游购物指南》中，是否涉及同伴的想法和观点？ 是　　　　　一般　　　　　否 4. 你是否在设计《出游购物指南》中进行重建思考并为之修改？ 是　　　　　一般　　　　　否 5. 你是否还愿意继续参加类似的项目化学习？ 是　　　　　一般　　　　　否 6. 你从本次的项目化学习中，最大的收获是什么？

本次问卷通过多重维度（表达能力、合作能力、批判思考）让学生对于本次项目化学习进行回顾和思考。其中，问题2对应学生的表达能力；问题3对应学生的合作能力；问题4对应学生的批判思考能力。

与此同时，本次问卷也希望通过学生真实的想法，反应本次跨学科项目化学习对于学生的影响，包含是否喜爱类似的项目等。

通过调查问卷中的多维度设计，教师希望学生在本次学习后可以提升综合能力，形成素养。

本次问卷共发放 90 份,回收有效问卷 83 份。其中,对于本次项目化学习,92％的学生表示"喜爱",6％的学生选择了"一般",2％的学生选择了"不喜爱",由此可见,大多数学生对于本次跨学科项目化学习很感兴趣,对本次学习活动很满意。

在问题 2 中,13％选择了"一般",7％选择了"否",剩余 80％的学生可以积极参与交流和分享,因此,本次项目化学习中的活动设计是有效的,有趣的且真实的。在问题 3 中,53％的学生选择了"是",由此可证,在交流中,大部分学生可以做到认真聆听,积极合作。在问题 4 中,95％的学生选择了"是",说明活动提升了学生的素养能力。

在问题 5 中,97％的学生选择了愿意继续参加类似的项目化学习,说明学生们对于跨学科项目化学习是非常感兴趣的。在问题 6 中,大部分学生认为本次活动最大的收获是认识到了如何合理规划出游购物;部分学生提及了在项目化过程中所涉及的关键词,例如绿色、健康、便捷等;也有学生谈及学习能力、思考能力、合作能力等话题。

五、项目总结与反思

(一)项目成效

本项目关注真实问题解决,强调培养学生的问题解决能力。经过实践后发现,基于真实问题的主题选择,为学生提供了更加真实、更加复杂的学习环境,让他们能够更好地理解英语知识与实际生活的联系,从而培养学习的积极情感和动机;体现思维进阶的问题链设计促使学生自主思考、不断提出问题和假设,寻求解决方案,并在实践中不断地检验和调整方案,让他们更加具备独立思考和解决问题的能力;体现核心素养发展的任务设计鼓励学生之间加强合作与交流,提高协作能力。在合作中,学生可以互相学习、互相启发,共同找到问题的解决方案。同时,解决问题的过程也会影响他们的自信心和自我效能感,从而促进个人的全面发展,充分发挥英语学科独特的育人价值。

（二）项目反思

1. 搭建适切的学习支架

本项目具有较强的实践性和创新性，学生需要在实际情境中运用所学知识进行规划和决策，同时还需要具备创新思维来应对各种突发情况。然而，部分学生在实践能力和创新思维方面存在不足。小学英语跨学科项目化学习聚焦真实问题，无疑会凸显学生语言水平与认知水平的差距，因此，在跨学科项目化活动设计中，教师需要搭建合适的语言学习支架，帮助学生克服语言障碍。同时，由于家庭背景的影响，部分学生在情感态度和价值观方面存在偏差，例如，学生最初在设计购物清单时只关注到了吃饱原则和快乐原则，可见学生对理性消费的理解比较浅显，需要教师不断地进行引导，帮助学生逐步形成正确的价值观。

2. 调整项目开展方式

本项目从项目入项到出项共有五个课时，因活动设计涉及不同学科的知识和素养，且在项目的推进过程中有较多的讨论以及小组合作等活动，因而在项目推进过程中出现了课时不够、资源紧张的情况，需要调整项目的开展方式，比如，部分讨论可以放在课上，有了大致的框架后，部分制作的内容可以调整到课后进行，这样可以更好地确保项目顺利推进。

3. 完善项目评价体系

本项目的评价体系主要侧重于学生学业成果的评价，也就是学生跨学科成果的展示，对于学生团队合作和跨学科思维的评价等方面还不是很全面，需要建立更加健全的评价体系，客观地从多方面和多角度对学生在整个项目的推进过程中的表现进行评价，记录学生在项目学习过程中的点滴成长与收获。

课程金牌宣讲员

景城校区　|　金梦云、卫思宜

一、项目简介

  闵实小作为一所有着悠久历史的百年老校,以"启蒙养正·明理成人"为核心办学理念,旨在培养"乐群自主、才高志远、大气灵动"的新时代学生。正因为这样的一种办学理念,吸引了众多外校、外省市乃至国外的参观团来校访问。为培养学生的主人翁意识,我们要求高年级的学生有能力并能自信地用英语向来访者介绍学校的课程体系、课程内涵、课程活动及参加课程活动的感受等,激发他们对校园生活的热爱和对母校的价值认同感。基于此背景,我们开展了五年级跨学科项目"课程金牌宣讲员"活动。该项目主题设计源自牛津英语上海版 5BM2U3 School subjects。学生通过学习,能介绍自己喜欢的课程,感悟课程的意义。我们尝试从英语学科出发,融合美术、道法等学科,引导学生通过思维导图、小报设计、宣讲等形式开展项目化学习,丰富学生对课程的认知,加深对课程的理解,成长为具有全球视野和本土情怀的"校园小主人"。我们期望"课程金牌宣讲员"活动,既能使每一位访客深入了解我校的课程特色,又能激发宣讲员们作为"校园小主人"的自豪感和责任感。

二、项目设计

(一)学情分析

五年级的学生已经基本完成了小学阶段的学习,从经历来说这些学生对于学校中的基础型课程的学科活动、学习内容已非常熟悉,对于校本特色课程也有了相应的实践和体验。大部分学生能够对自己在校的课程学习进行描述,更能够灵活运用丰富的词汇来深入描述各类学科活动,展现出对语言应用的深刻理解与创造力。此外,五年级的学生具有一定的自主学习能力和批判性思维,他们能够在英语学习中主动探索,提出问题,并通过阅读、讨论、实践等多种方式寻求答案,深化对知识的理解和应用。

(二)项目目标

以下从跨学科核心概念、跨学科核心知识与能力、学习素养三个层面拆解项目目标。

1. 跨学科核心概念

围绕"学科"主题,运用所学语言对学校课程及其内涵进行介绍。

2. 跨学科核心知识与能力

(1)英语:在完成宣讲准备的思维导图中,能准确地向宣讲人群表达宣讲内容,形成对不同人物不同需求的全面思考,提升发现问题、解决问题的能力;在完成用户移情图时,能够设计合适的框架图,提升分析能力和小组合作能力。

(2)美术:在绘制思维导图时,能用合适的图和色彩表达思维逻辑;在小组呈现宣讲内容中,能合理设计小报,准确表达宣讲内容,形成独立设计能力。

3. 学习素养

(1)探究性实践:在设计和撰写校园课程宣讲过程中,探究校园不同课程及其内涵;在设计活动方案的过程中,根据参观人员的不同需求,通过小组分工与合作,综合运用所学知识、技能和交际策略向来访人员介绍学校的课程及其内涵。

(2)社会性实践:在完成校园宣讲的过程中,了解、尊重不同听众的需求。

(3)创造性实践:在设计校园课程宣讲的过程中,通过小组讨论的形式呈现小组讨论的结果。

(4)技术性实践:在设计活动的过程中,选择合适的平台和技术来选取所需信息。

(三)挑战性问题

1. 本质问题

如何用英语向来访者介绍学校的课程及其内涵?

2. 驱动性问题

学校即将迎来 120 周年校庆,届时会有来自世界各地的参观人员。作为闵实小一员,如何用英语向外来参观人员介绍学校课程的内涵与价值呢?如何用简洁的语言让每一位访客都能感受到学校课程的多样性和创新性呢?

(四)预期成果

本项目中学生形成的产品形式为"电视台课程宣讲员",学生的创造性体现为用不同的形式对学校课程进行展示。学生在项目化学习过程中对于如何进行小组合作完成宣讲内容有了更深的理解。

(五)预期学习活动

时间	项目进程	学习支架/过程评价
入项活动 (1课时)	子任务 1:What can we introduce? 问题 1:What do you know about the school subjects in our school and what do you want to know? 问题 2:Are there any differences in school subjects between different grades? 问题 3:What do we do in our school subjects?	思维导图 KWH 表

续　表

时间	项目进程	学习支架/过程评价
项目实施 （2课时）	子任务 2：How to introduce? 问题 1：How to select the information? 问题 2：How to choose the form of the introduction? 问题 3：What is an appropriate way to introduce?	用户移情图 思维导图
项目结尾 （1课时）	子任务 3：How to present? 问题 1：How to arrange the team? 问题 2：How to evaluate the introductions and teamwork?	出项现场记录表

三、项目实施

（一）入项活动：基于真实学情，激发探究意识

在"课程金牌宣讲员"项目中，我们引导学生化身为"校园小主人"，鼓励学生以学校的课程为研究对象，通过问卷、调查和访谈等方式，对学校课程及其内涵进行自主探究。在入项活动中，我们通过情境导入，明确了本项目的任务。师生一同明确了本项目的项目地图（见图 1）。

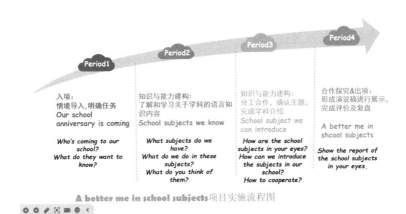

图 1　项目实施框架流程

1. 调查问卷，前测明确目标

由于"school subjects"（学校课程）这一主题对于大多数学生而言是比较熟悉的，是他们每天都会接触的学习内容，但是学生对于学科的了解程度，课

程背后的内涵,到底掌握到什么程度,或者他们的想法是否相同,我们并没有一个很清晰的了解。为了能够让这个项目更好地推进,我们对学校五年级的学生进行了一次问卷调查,作为项目的前测。问卷调查内容及结果如图 2 所示。

图 2 问卷调查问题内容、学生问卷反馈情况

本次问卷主要面对的是学校五年级学生,共 168 人,最终回收的有效问卷有 143 份。主要是围绕学生对于学科的已有信息、想要探究的信息内容、探究的形式等方面进行了数据的采集。也为之后项目设计的目标和计划制订提供了更精确的数据支撑。

2. 真实情境,助力项目导入

语言的学习需要真实的语言环境,在小学英语跨学科项目化学习的过程中要创设真实且连贯的教学情境,让学生置身于类似现实、自然的情境中用英语进行交际和探究,拉近学习与生活的距离。

在项目实施的过程中,真实的问题情境能够让学生积极主动地参与到项目中,因此在本项目的第一课时,教师即用一个视频和文字相结合的形式,引出学校即将迎来 120 周年校庆的活动,为学生设定了一个真实的问题情境,给予学生 volunteer——"课程宣讲员"的真实身份,激发学生对项目的兴趣(见图 3)。

图 3　课堂 PPT 教学片段

3. 头脑风暴,确定问题任务链

学生在明确自己的身份后,对本次的项目内容产生了极其浓烈的兴趣。同时也提出了许多的设想。为了能够更好地推进任务,我们对学生进行了分组,每组为 6~7 人,共分为 6 组。接着引导学生思考两个问题:在担任课程宣讲员时,需要哪些知识储备?对于宣讲员这个身份需要达到哪些能力?

随后教师出示思维导图工具表,学生采用小组讨论的形式梳理对驱动性问题的初步理解。

T: Children, do you want to be the best school volunteer? Discuss with your partners and tell me what you need to do for being a good volunteer?

S1: What can we introduce our school?

S2: How can we introduce our school? ·

S3: ...

通过对学生的信息采集,发现多数小组都对以下几个问题比较关注(见图 4)。

教师通过思维导图和问题总结,提出了本项目的三个子问题,围绕课程的内容、宣讲的形式、小组合作的形式等,引导学生形成问题链,以及具体化子问题下位的相关问题,如表 1 所示。

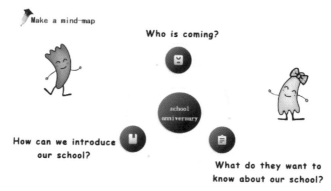

图 4　课堂教学 PPT

表 1　老师提问

子问题	子问题下位的相关问题
探究课程的内容与内涵	• What do you know about the school subjects in our school and what do you want to know? • Are there any differences in school subjects between different grades? • What do we do in our school subjects?
讨论如何介绍学校	• How to select the information? • How to choose the form of the introduction? • What is an appropriate way to introduce?
探讨如何组织团队并进行宣讲	• How to arrange the team? • How to evaluate the introductions and teamwork?

　　前测、情境导入和问题链提炼,对于入项活动产生了积极影响,有助于提升学生的学习兴趣和动机,还能促进知识的理解和记忆,培养学生的探究能力和综合素质,让学生变身成项目的主人。

（二）项目实施:强化实践探索,丰富学习体验

1. 巧用学习支架,激活学生思维

　　子问题1:What to introduce? 探究课程的内容与内涵

　　对于"school subjects"这个主题而言,学生熟悉和了解的多数知识是从日常真实的生活经验中总结而来的,因而也可能会产生一定的信息差。入项活动中,学生已经初步完成了对于对象的讨论,并进行了分组。为了能够让学生

就课程的内容和内涵在小组内达成一致意见,教师设定了三个活动:

1)巧用 KWH 活动单,激发学习兴趣

首先小组合作完成了关于校园课程的 KWH 活动单,其中 K(know,已知)和 W(want to know,想知)两个部分,主要对于学校学科的种类、内涵的已知信息和未知信息进行梳理(见图 5)。在"已知"层面,学生能主动勾连自己所知道和了解的学科,并能从名称和活动等方面与自己的学习生活进行关联说明;在"想知"层面,教师引导学生按照喜欢相同学科的人-组进行分组,对想要介绍的学科进行深入思考和讨论,组建项目团队;在 H(How to do,如何做)层面,学生根据特长进行团队分工,讨论出项形式,厘清工作思路,细化宣讲内容。

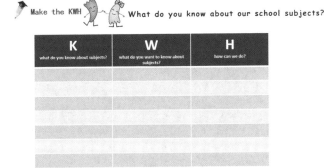

图 5　KWH 活动单

2)善用思维可视化工具,激活思维空间

引导第二任务,老师出示五个年级的课程表,学生通过阅读、梳理、比较、总结的方式,借用思维可视图的方式对学校的课程进行总结和呈现。

树形图——如图 6 所示,学生采用树形图的方式,对不同年级的相同课程和不同课程分别进行了梳理。

各小组借助思维可视图对于学校课程的安排给予了自己的理解,并进行分享。在这一过程中学生不断思考,对于有些特定课程在特定年级的安排,对于有些课程一周的总量差别等,都产生了困惑。

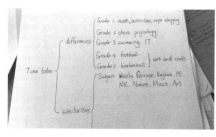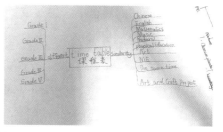

图 6　树形图

括号图——小组讨论完成学科活动括号图,在这一过程中进行头脑风暴,回顾自己的课程学习经历,进行分类和整理,如图 7 所示。

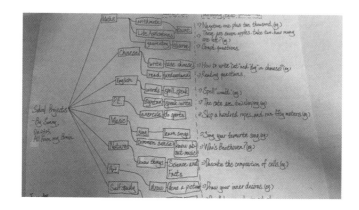

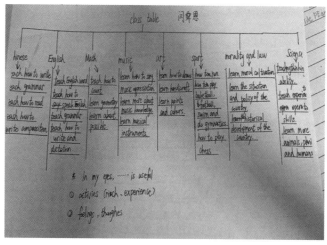

图 7　学科括号图

图 7 显示了一个小组对于学科活动的梳理。括号图能帮助学生分析局部和整体的关系。学生在完成的过程中,提高了综合分析这一高阶思维能力。学生也能够在本环节中初步达成核心语言展示的学习和运用。

2. 小组合作探究,深化实践体验

子问题 2:How to introduce? 讨论如何进行有序介绍学校。

在子问题 1 中,学生主要完成了对于学科内容的初步梳理,但是对于学科的内涵是否是参观者想要获取的信息,学生产生了疑问。因此梳理了三个问题进行讨论:

➤ Q1: Who do you prefer to introduce our school life?

➤ Q2: What do they prefer to know about our school life?

➤ Q3: What is the characteristic of the audience you are facing to?

1) 用户移情图:洞悉需求,深化共鸣

首先,经过小组讨论后,学生采用了"用户移情图"的工具量表,对参观者进行调查和访谈(见图 8)。

Make an Empathy Map (用户移情图)

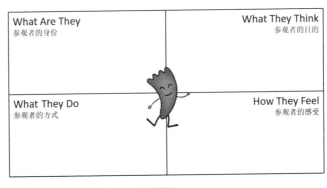

图 8　用户移情图

学生在完成用户移情图后,对自己的目标人群有了一定的认识:不同的人群、不同的来访目的、不同的参观方式等,决定了之后小组在设计和完成展示过程中的不同内容和形式。随后学生根据小组中产生的用户移情图的结果进行了内容的设计和调整。

其次,学生根据教材中学科类的小故事,完成了故事流程图,并能够复述故事的因果内容(见图9)。在这一过程中学生更深层次地理解了课程的重要性,进一步理解了学科内涵,同时增强了在阐述过程中的真实情感。

图 9　教学 PPT 呈现

2) 小组合作探究:共探新知,共促成长

有效的小组学习可以在小组成员间形成开放、包容的学习氛围,使小组成员间相互激励、相互促进,不但可以提高学生的学习效率,更能培养学生的合作精神、团结意识,从而促进学生之间的共同进步。在本环节中,通过小组合作和展示交流,让学生再次体会学校课程的精彩纷呈,升华爱校之情。

Task 1 Think and regroup:学生通过思考、确定自己最喜欢的学科并且重新分组。考查学生在经过这一阶段的学习后掌握的所学情况。

Task 2 Discuss and write:学生在这个步骤中需要完成两个子任务。

子任务 1:明确组内的分工和职责,即一位 Speaker,一位 Writer,若干名 Thinkers。

子任务 2:小组成员间展开讨论,围绕 Colourful activities 和 Growing experiences 两个部分展开讨论并将成果记录在自己小组的展板上。培养学生信息提炼以及有效归纳的能力。

Task 3 Prepare and present:小组成员汇集小组的智慧,将本组喜欢本学科的观点进行不断内化、呈现并完成演讲。

　　通过小组学习,学生在小组协作中学会分析、整合、表达,在积极参与合作学习的过程中构建新知识。教师结合学生的自我体验,有意识地去培养他们的探究精神。小组合作展示,多维度、有逻辑地介绍喜爱的课程,激发了学生的学习兴趣和主动性,使学生充分感悟课程的育人意义,从而升华了对课程和学校的热爱。丰富多元的学习方式促使学生加深了对主题的理解、对个人观点的表达,从而发展了能力、形成了素养(见图 10)。

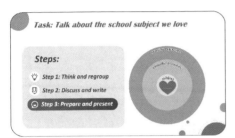

图 10　教学任务、学习任务呈现

(三) 项目结尾:精心策划展示形式,绽放自主风采

　　子问题 3:How to present? 探讨如何组织团队并进行宣讲。

　　各小组根据前期的信息收集和重新整合,对于课程的介绍有了初步的了解。根据之前不同的对象,学生可以采用不同的形式,如视频、现场演讲等。教师指导小组成员回顾项目目标、驱动性问题和成果,借助评价表内容,明确表达的要求:内容上要关注到使用礼貌用语,需要有逻辑性、整体性和趣味性,需要结合自己的感受表达个人的见解;在表达上,需要声音响亮、清晰,语速适中,以及能够自信大方地展示。不过学生也指出在内容表达时候,逻辑性和整体性是必须要有的,但是趣味性要根据情况而定,如果是面对年龄较小的来访者,那么可以增加一些具有趣味性的内容,如果是面对一些专业人士的话,趣味性就不是必须的内容了。

内容	能使用礼貌用语	
	有条理、清晰的讲解内容	逻辑性
		整体性
		趣味性
	能结合自己的感受,表达个人见解	
表达	观众能听清内容、声音响亮、清晰	
	语速适中	
	能自信、大方展示	
评价	50 及以上:合格	
	70 及以上:金牌	

四、项目评价

(一)课堂自评与互评

小组进行宣传内容的讨论和撰写:首先梳理了需要进行整理的信息,其次进行了评价量表的制定。

评价内容	评价标准	自评	互评
Structure	1. Is your introduction logical? 2. Do you use a polite way to introduce?		
Content	1. Is your introduction clear? 2. Is your introduction suitable for your audience?		
Creativity	1. Do you choose a creative way to introduce? 2. Do you have more info. about our school subjects?		

(二)出项评价

在出项活动中,各个小组根据前期准备情况进行年级中的展示。以班级为单位,采用"画廊漫步"的评价形式,进行小组之间的互评。在互评过程中,根据出项评价表给予不同评价,获得合格的小组,需要根据同伴给予的建议进行调整和重新展示;获得金牌的小组,则最终可以代表班级和学校在校电视台录制视频,介绍学校的课程内容,部分小组成员成为学校招募的课程宣传员,在来访团参观学校时成为志愿者,对学校的课程及其内涵进行展示(见表2)。

表 2 出项评价

评价维度	具体指标	评分标准	自评	互评	师评
展示内容	语言知识准确性	单词拼写准确无误,对课程的宣讲过程中没有语法错误	☆☆☆	☆☆☆☆	☆☆☆
	语言逻辑性	涵盖了关键信息,如课程名称、活动、作用等	☆☆☆	☆☆☆☆	☆☆☆
	语言趣味性	有创造性,生动有吸引力	☆☆☆	☆☆☆	☆☆☆
创新思维	独特视角	提出新颖的观点或方法,展现独特的思考方式	☆☆☆	☆☆☆	☆☆☆
	创意表现	成果呈现具有独特的风格,如语言表达、视觉设计等,形式或展示方式具有创意,吸引观众	☆☆☆	☆☆☆	☆☆☆
展示方式	方法合理性	所采用的方法适合项目主题和目标,具有可行性	☆☆☆	☆☆☆	☆☆☆
	个性化应用	能够根据团队特点和资源,灵活运用方法	☆☆☆	☆☆☆☆	☆☆☆

(三) 项目复盘:反思与分享

本次活动聚焦学校课程的介绍,在校园电视台进行录制,在全校各个班级进行视频的展示,引发了学生对于校园生活的热爱与思考。同时完成项目的学生也完成了"4F"反思法,对本次的项目内容进行了复盘(见图11和表3)。

表3是一位学生完成的复盘内容。可以看到作为五年级的学生,对于本次活动他已经有了一个初步的项目化的概念,懂得借助许多的工具完成英语学科项目化学习,不仅能够达到对于知识的理解和运用,更能够实现英语学科作为工具,在真实情境中的真实运用。这些都会对学生的可持续发展带来深远的影响。

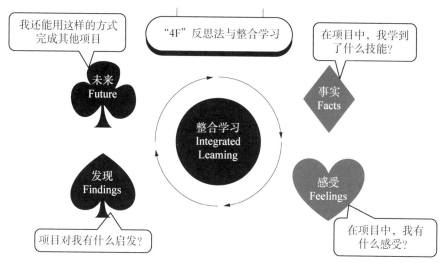

图 11 通过反思法整合学习

表 3 复盘项目内容

Fact——多角度观察与事实描述
I learned how to introduce our school subjects in details and logically.

Feeling——感觉或情绪
I think it is difficult for me to make a summary of the school subjects in the groups because everyone has his own ideas about the activities in different school subjects. But we should make a brief introduction to the audience from the other countries.

Finding——诠释、判断、建构意义
I learned the way to introduce our school subjects. And I think it is a very good way to make some introductions of other things.

Future——前瞻思考与转换应用
Maybe I will use this kind of way to introduce more about our school or maybe our city and our country to foreigners. I think it is a good way to help others know more about our school, our city and even our country. We should be more confidence.

五、项目成果

（一）团队出项成果

电台展示成果——本次活动中共有 8 组学生受邀前往校园电台对课程介绍进行展示。他们在班级的展示活动中，采用采访、视频、图片等相结合的形式对学校的英语课程进行了由浅入深的介绍，内容结构清晰，表达流畅，获得了好评。

（二）个人出项成果

学生撰写报告——每一个小组都撰写了学科报告内容，并在班级和校级展示栏中进行了展示（见图12）。

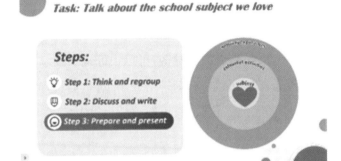

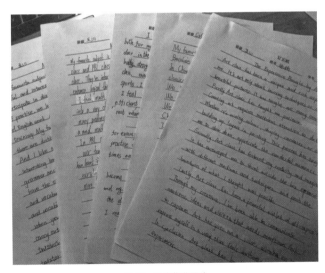

图 12　学生作业图片

六、项目总结与反思

（一）于老师而言：项目化驱动课堂变革，共筑师生成长基石

学科项目化成为时下较为热门的教学方式，我们也在自己的日常课堂中

不断尝试和实施。在如今的英语教材中,基本就是以 unit(单元)和 module(课)的形式进行呈现,因此在日常的教学中,我们常常忽略了真实情境中解决真实问题的能力培养。而项目化就很好地解决了这一问题,在本次项目中可以看到学生经过学科项目化的训练后对英语学习的兴趣倍增、解决问题的能力提升、合作意识增强。可以说,育人效果显著。

(二)于学生而言:项目化驱动探索世界,形成自我成长价值观

1. 精构问题链,启迪学生深入思考

在项目化活动中,层层递进的问题链,可以很好地引发学生思考,从简单到复杂,从表面到本质,探索问题,有助于培养学生深度思考的能力。每一个子问题都是对前一个问题的深化或探讨,使得学生思考的过程更加具有系统性和连贯性。

本项目的主题是 school subjects,对于学生而言,主题内容非常清晰明了,因而部分学生在一开始时并没有特别感兴趣,觉得没有挑战性。但是我们通过三个大任务,What to introduce? How to introduce? How to present? 引发学生思考课程可以介绍什么内容? 课程要向谁来介绍? 课程应该怎么介绍? 展现的形式又有哪些? 一连串有趣且引人深思的问题,很快就引发了学生的好奇心,促使学生想要去寻找答案。这种主动性学习比被动性接受信息更加有效和持久。问题链不仅仅关注的是问题本身,还注重问题之间的逻辑关系和解决路径。通过解决这一系列问题,个体能够学会如何分解复杂问题、识别关键要素、制订解决方案,并在此过程中不断试错和调整,从而提高整体的问题解决能力。

可以看到,问题链不仅仅在本项目中帮助学生进行思考,同时也培养了学生解决问题的能力,在之后的项目中可以进行迁移和运用。

2. 巧筑学习支架,稳固基础提升能力

首先,在本项目中,我们加入了很多的学习支架来协助学生完成项目,例如在入项中用 KWH 策略表帮助学生回顾和整理已知信息,同时梳理未知内容,激发学生学习兴趣。在知识与能力建构过程中,采用思维可视

图、用户移情图等多种学习支架促进学生对知识的理解和应用,对知识的建构与内化。在出项和复盘过程中,为学生提供自评和互评的方式,帮助他们明确自己的学习状态和目标达成情况,促进反思与迭代,进一步提升学习效果。不仅如此,学习支架的使用还可以帮助学生把不同学科的知识和技能综合运用到项目中去。例如在本次项目中学生需要知道来访者对哪些学科产生兴趣而进行问卷调查,最终的结果就运用到了数学的统计能力,培养了学生综合思考和解决问题的能力。其次,通过项目化学习中的自我反思和评估学习支架可以培养学生的自我监控和自我管理能力。例如在本次活动的最后一个环节中,学生能够通过评价量表对同伴提出合理的建议,对自己的内容表达进行提升,这就真正达到了项目化学习培养综合素养的目标。

3. 锚定素养导向,培养学生综合能力

　　首先,不同于英语学科的学科素养目标聚焦在知识与技能、主题与文化、思维与策略上,项目化的学习策略、培养目标更具有实用性。例如本项目聚焦于培养学生的探究性实践能力、社会性实践能力、创造性实践能力和技术性实践能力。学生在成为校园课程宣讲员的过程中,不断实践探索,融入了跨文化的元素,他们要思考当面对外国友人时,如何用简洁的语言让他们了解中国学校的课程及其背后的内涵,这是对学生跨文化能力的培养,也使学生进一步理解了文化差异和语言习惯。

　　其次,项目化学习基本都是以团队合作的形式进行的,如如何进行合理的分工安排、时间安排和最终呈现的形式等,这些活动能够促进学生之间的有效合作,协调沟通。学生的团队合作和沟通能力在过程中得到了提升。

　　最后,传统课堂中教师一直占据主导地位,而如今的项目化学习中,教师的作用是引导、启发,鼓励学生进行批判性思考,提出自己的观点和解决方法。也会给予学生更多的开放性问题和挑战,培养他们的创新思维和创造力。例如本次项目的成果展示中学生在电台录制时的图片视频资源都是学生自行去拍摄和制作的,脚本也是小组讨论的结果。项目化学习不仅改变了教师的教学方式和学生的学习方式,更在无形中塑造着新一代学生的思维方式、行动方式和价值观。学生不再是被动接受知识的容器,而是学习过程的主体,这样的教学变革加深了他们对知识的理解,还培养了他们的综合素养和创新能力。与此同时,也激励着教师不断创新,深入思考。

趣玩农博会

畹町校区　｜　杨涟漪、居栋楗

一、项目简介

本项目在畹町校区开展"豌豆农庄课程"的大背景下,引导学生围绕统领性任务"如何以农博会的形式,推广豌豆农庄文化"展开跨学科学习。学生从了解农博会、了解豌豆农庄入手,形成农博会概念图;通过实地测量、数据记录,绘制农博会导览图;在小组讨论中完成并优化豌豆农博会策划书,制作展区海报;最终邀请伙伴们亲身参与农博会活动,作为宣讲员用英语介绍农庄及农庄文化,从而达到推广农庄文化的目的。在项目的推进过程中,学生经历了在真实情境中发现问题、明确问题,创造性解决问题的过程,并运用到英语、数学、自然、美术学科等相关知识,发展了语言能力、空间观念、艺术表现、科学观念、责任态度等核心素养,实现了跨学科融合的教育目标。

二、项目设计

(一) 学情分析

本课程面向四年级学生,四年级学生具备一定的跨学科知识基础。在牛津英语上海版教材 4A M3U2 In our school 单元中,学生学习运用"there be"句型对校园场所进行介绍,在 3A M4U3 Plants 单元中,学生也已经掌握如何用英语介绍植物的外形特征等。在数学、自然等学科学习中,学生对植物、学校、场所等已积累了一定的相关知识。此外,四年级学生以小组、小队形式开展过校内、校外等综合性实践活动,也具有一定的策划和实践能力。在情感方面,本课程作为"农庄课程"的子课程,四年级各个班级都有学生曾经参与过,在校园中学生对于"豌豆农庄"也都有听说,因此对课程本身具有一定的好奇心和情感基础。

(二) 项目目标

以下从跨学科核心概念、跨学科核心知识能力、学习素养三个层面拆解项目目标。

1. 跨学科核心概念

学生用英语口头或书面介绍"豌豆农庄"的组成、农庄作物等。

2. 跨学科核心知识与能力

(1) 通过驱动性任务引领,在真实情境中,学生能够提出适切问题并提供解决问题的基本思路。

(2) 通过实地测量和绘制地图,学生以小组为单位用英语介绍农博会,在英语和数学两个学科的互学共学中,提高英语表达的准确性并发展空间思维。

(3) 通过探究农庄作物,为其设计海报,在创意实践的过程中,学生能理解自然作物与人类社会之间的关系,激发热爱自然的情感同时强化责任意识。

(4) 通过小组合作完成农博会概念图、策划书及海报,学生在交流反馈中提升团队合作意识,加强团队合作能力。

3. 学习素养

（1）探究性实践：在设计农博会海报的过程中，能根据前期制作的概念图，合理设计推广海报，设计精美，重点凸显；能根据实际提供的场地合理设计规划农博会的各个展区，用英语撰写推广文案，并能流利地向参展者进行介绍。

（2）创造性实践：为农博会布局、活动安排等进行创造性思考，借助任务、学习支架等设计有创造性的导览图、农博会现场活动等。

（3）审美性实践：通过小组讨论与合作，设计出具有豌豆庄园特色的农博会海报；通过测量和设计，合理布置农博会各个展区和展台，做到美观大方。

（4）社会性实践：在小组团队合作中，能够积极倾听他人的观点并给出回应；在农博会活动中能向宾客介绍豌豆农庄，与宾客进行交际互动。

（5）调控性实践：有计划地完成项目，并不断完善和修改自己的作品。

（三）挑战性问题

1. 本质问题

用英语介绍校园农庄及农庄作物。

2. 驱动性问题

如何以农博会的形式，推广豌豆农庄文化。

（四）预期成果

本项目中学生形成的成果形式包括"豌豆农博会概念图""农博会导览图""农博会展区海报"，公开方式为"豌豆农博会"现场活动。关于成果的具体说明如下。

1. 豌豆农博会概念图

学生通过实地走访、资料查询等，了解"豌豆农庄"和"农博会"，对"豌豆农博会"有初步计划，并绘制完成"豌豆农博会"概念图。

2. 农博会导览图

学生以小组形式开展实地测量、数据记录，对农博会进行合理布局，并绘制完成农博会导览图。

3. 农博会展区海报

　　学生通过分工合作,设计完成农博会各个展区的海报,并进行美化。

4. "豌豆农博会"现场活动

　　在校园内举行现场活动,作为宣讲员用所学语言自信大方地向来宾介绍农庄的组成、农庄作物等,宣传推广农庄文化。

(五)预期学习活动

时间	项目进程	学习支架/过程评价
入项活动 (2课时)	子任务一 问题1:什么是农博会? 什么是豌豆农庄? 问题2:在学校开展豌豆农博会是否可行? 问题3:如何完成"豌豆农博会"概念图?	各类农博会视频 概念图示例 小组探究单 组内合作评价单
项目实施 (8课时)	子任务二 问题1:"豌豆农博会"应该包括哪些内容? 问题2:如何绘制"豌豆农博会"场地平面图? 问题3:如何在平面图基础上进行展区分配,且设计"豌豆农博会"导览图?	平面图样例 导览图样例 评价单
	子任务三 问题1:如何设计一份合格的活动手册? 问题2:如何为"豌豆农博会"各展区设计宣传海报?	农博会海报 农博会活动手册 评价单
项目结尾 (2课时)	子任务四 问题1:如何用英语向宾客介绍豌豆农庄? 问题2:活动后你有什么收获和反思?	农博会现场活动 评价单

三、项目实施

(一)入项活动:基于校本课程与学生经验,引发学生跨学科探究兴趣

　　"趣玩农博会"项目以学校豌豆农庄校本课程为背景。该课程是学校特色课程,前期已有部分学生、教师、社团参与了课程建设和学习,已经取得了一定的成果。我们将以"农博会"的形式推广豌豆农庄文化为引领开展项目实施。我们希望通过该项目培养学生自主学习能力、科学探索精神和创新实践能力,加深学生对农耕文化的认同感,形成绿色生态的环保意识。

入项活动，主题为“豌豆农博会我知道”，主要解决学生对“农博会”的概念理解问题，引导学生回顾生活经验并进行讨论小结。当教师提问：同学们曾经参观过博览会吗？是什么类型的博览会呢？学生们踊跃地分享了自己的博览会经历：“我和爸爸妈妈参加过宠物博览会，给我家狗狗买了很多玩具和好吃的。”“我去参观过书博会，买了很多我喜欢的书。”“我知道上海每年都要举办进口博览会，爸爸带我去参观过一次，我见到了很多外国人。”“我知道上海在2010 年举办过世界博览会，中华艺术宫、世博轴都是当年留下的建筑。”……从学生们的发言可以看出，四年级的学生各类博览会的背景知识还是比较丰富的，也不乏参观各类博览会的经验，这为本项目的后续开展奠定了坚实的基础。紧接着，教师让学生头脑风暴：那你们认为什么是“农业博览会”？你们觉得在我们学校可以开展“豌豆农博会”吗？经过学生小组讨论，大家一致认为，畹町校区有自己的“豌豆农庄”，可以出产比较丰富的农产品，举办“豌豆农博会”是可行的。在此基础上，教师进一步提供校本课程“豌豆农庄课程”的相关视频介绍和阅读材料，借助“KWL 策略表”以及“课后寻访单”，让学生更加深入了解了豌豆农庄。（见图 1）

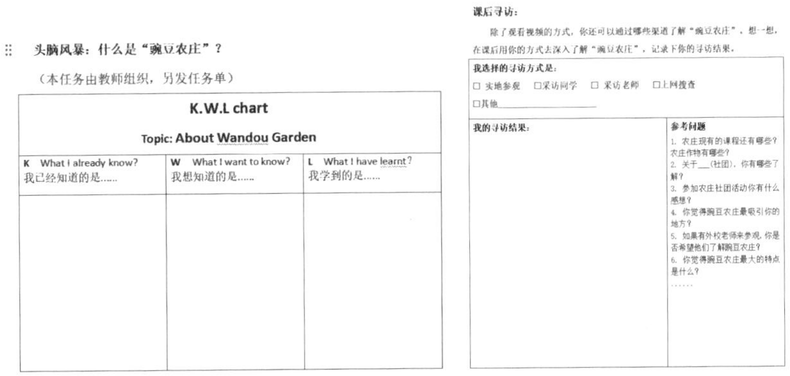
头脑风暴：什么是“豌豆农庄”？

（本任务由教师组织，另发任务单）

K.W.L chart Topic: About Wandou Garden		
K What I already know? 我已经知道的是……	W What I want to know? 我想知道的是……	L What I have learnt? 我学到的是……

课后寻访：

除了观看视频的方式，你还可以通过哪些渠道了解“豌豆农庄”，想一想，在课后用你的方式去深入了解“豌豆农庄”，记录下你的寻访结果。

我选择的寻访方式是： □ 实地参观 □采访同学 □ 采访老师 □上网搜查 □其他________	
我的寻访结果：	参考问题 1. 农庄现有的课程还有哪些？农庄作物有哪些？ 2. 关于___(社团)，你有哪些了解？ 3. 参加农庄社团活动你有什么感想？ 4. 你觉得豌豆农庄最吸引你的地方？ 5. 如果有外校老师来参观，你是否希望他们了解豌豆农庄？ 6. 你觉得豌豆农庄最大的特点是什么？ ……

图 1 KWL 策略表、课后寻访单

通过教师引导，头脑风暴，激活经验，自主讨论等学习活动，学生对“豌豆农庄”有了充分了解，同时也明确了“农博会”概念。我们在原有校本课程的基础上，激发了学生举办校园“豌豆农博会”的兴趣。这有助于进一步培养学生各学科综合运用能力,解决实际生活问题的能力,同时实现跨学科的深入交融学习。

(二) 项目实施:强化小组合作探究,丰富跨学科学习体验

在项目实施过程中,教师设置了这样的真实情境:在校园的楼顶花园和操场西南角有两处学校的"豌豆农庄",目前在农庄已经开设了部分种植课程,但是参与的学生人数较少,农庄文化普及率较低,因此亟须对"豌豆农庄"开展一次推广活动,即请大家为农庄举办一次校园"农博会"。基于此情境,我们的项目实施分为"豌豆农博会我策划"和"豌豆农博会我行动"两个主题。学生以4～6人为一组,开展跨学科学习,自主策划一场校园"豌豆农博会"。在此过程中,学生运用英语、自然、美术、数学学科的相关知识,组织策划一次农博会推广活动,这两个主题注重对学生提出的方案进行设计并作准备。

1. 豌豆农博会我策划——绘制导览图

1) 确定农博会内容

在绘制农博会导览图之前,学生以小组为单位确定农博会的展示内容,教师提供相关网络资源,学生借助平板电脑等设备查阅相关资料并进行小组讨论,从而确定农博会的口号、主题以及相关展出内容;最终由教师组织小组展示并投票选出本学期农博会的口号、主题和相关展示内容。

T: Children, you can search some information about Agriculture Expo from the Internet on the Pad. And then think and discuss the slogan and the theme in your group.(以小组为单位借助 Pad 等设备查阅相关资料,思考农博会口号和主题,并达成一致。)

T: What do you want to show in our school AG EXPO?(头脑风暴,讨论豌豆农博会的展出内容)

T: Have you finished the discussion? Now let's learn how to express our opinion.(教授学生表达观点时的基本语言框架)

Hello, I'm... We want to have...(section).

In...(section), visitors can...

......

T: Now let's vote which group is your favourite slogan/theme/contents?（组织学生进行投票表决,决定豌豆农博会的相关内容）

2) 绘制导览图

根据投票选出的口号、主题和展出内容,学生需要绘制一份农博会导览图。在教师的帮助和引导下,学生首先需要运用相关数学学科素养,通过实地测量,绘制农庄平面图,发展数学空间观念,同时,计算场地面积并合理规划分配场地,最终绘制出一份较为准确和规范的农博会导览图（见图 2）。

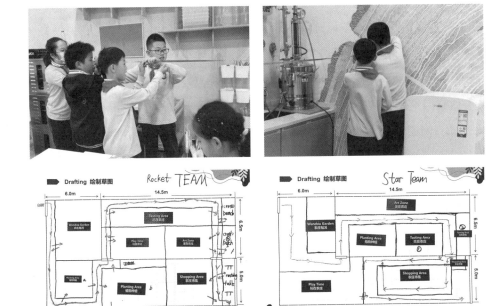

图 2　实地测量、导览图草图

T: First, let's watch some guide maps about some other Expo. What do you think of these maps? And what do you learn from these maps?（了解导览图概念）

T: What is a reasonable tool to use? How to measure properly?（实地测量前的学习讨论）

T: Let's go and measure the place.（实地测量场地并记录数据）

T: Please share your data and introduce how you measure the place.（回教室分享测量的数据并介绍测量过程，简单介绍绘制导览图的构想）

T: Now you can draw a floor plan in your group.（以小组为单位，绘制场地平面图）

T: Please draft the guide map and design a visiting route.（完成导览图的绘制，设计游览路线）

学生以小组形式开展组内讨论，不同的小组所递交的导览图提案也是各不相同。图2中两个不同的学习小组所提交的导览图，Rocket Team(火箭队)利用两个走廊间的过道，设计了两个不同区域的"planting area"(植物种植)，巧妙地使空间利用率达到最大。Star Team(星星队)在进行设计时考虑到场地现场有可供洗手清洁的水槽，将"tasting area"(吃在农庄)布局在水槽的附近，做到因地制宜。

各个小组所提交的成果都各具特色，且都是基于各自小组的思考而得。特色纷呈的小组成果，是学生在深入思考后的个性化产物，是学生思维能力的个性体现，这也正是项目化学习的魅力所在，焕发着蓬勃的活力。

2. 豌豆农博会我行动——设计制作活动手册及海报

1）设计活动手册

农博会活动手册是在前期已经完成的参观导览图的基础上进一步丰富和升级的产物，除了导览图，活动手册还详细列出了农博会的时间、地点、活动内容等重要信息，让参观者一目了然，这些信息的提供有助于参与者更好地理解和参与农博会，提升参与体验（见图3）。

学生们仍然以小组为单位，通过了解活动手册的形式、内容以及功能等信息，同时上网学习查找可以借鉴的活动手册样例，从封面设计，合理排版，内容确认，到最后修改美化，每组呈现出一份比较完整的电子稿活动手册小样。最终，通过小组对本组活动手册的展示和介绍，大家投票选出本次农博会的活动手册，并群策群力进一步优化，形成定稿，交付印刷使用。

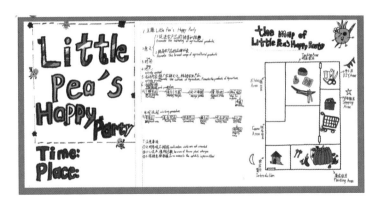

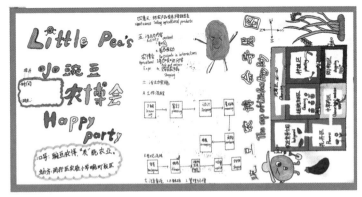

图 3　活动手册显示学生成果

2）制作宣传海报

宣传海报是农博会的一个重要组成部分,前期学生通过讨论,确定了本届"豌豆农博会"的主题为"漫步古今　穿越农博",其下设 6 个展区:农庄背景、传统农业、现代农业、美食区、游戏区和购物区。传统农业和现代农业又统称为"农博知识长廊"。我们认为本次农博会所需要的海报主要分为介绍海报、互动海报和推广海报,分别布置在各个展区。五个学习小组分别认领各展区海报,形成初步方案(见表 1)。

在绘制海报时,学生们首先统一海报尺寸以及风格;其次,通过平板电脑在网上查阅海报样例,了解展区海报上的必要内容。各个小组结合前期各组查阅的资料进行分工,同时根据组内成员特长对海报进行设计以及美化制作(见图 4)。

表 1　农博会宣传海报

区域名称	区域内容	呈现方式	备注
农庄背景	本课程的相关介绍	海报（1 张）	
	学校"豌豆农庄"相关介绍	海报（1 张）	
传统农业	传统农业知识介绍（理论、图片、知识问答题等）	海报（3 张）工作人员	1. 在海报中呈现互动题，参观者找现场工作人员答题，获得"农博贴纸"。农博贴纸可以在购物区和美食区进行消费。
现代农业	现代农业知识介绍（理论、图片、知识问答题等）	海报（3 张）工作人员	2. 利用了操场农庄内的步道区域，由于地形较长，因此每个区域都需要 3 张海报
美食区	供应绿豆汤和豆浆	海报（1 张）、绿豆汤和豆浆、工作人员	1. 利用操场农庄中的茅草亭 2. ★需要学校提供食物支持
游戏区	农庄作物相关的小游戏 ① 用水稻进行投壶 ② 运南瓜	海报（2 张）、现场游戏、工作人员	利用操场农庄中的靠近围墙的一块长方形区域
购物区	供应植物种子	海报（1 张）、售卖植物种子、工作人员	利用操场农庄中的茅草亭

图 4　学生制作的宣传海报

（三）项目结尾：搭建项目展示舞台，深化跨学科学习成果

"农博会"即将举行，学生们如何以小小推广员的身份，向伙伴们介绍我们的校园农庄？这是一场由学生自主策划、举办的活动，我们鼓励学生大胆展示课程所学，面向前来参观游览的宾客，大方地介绍校园农庄，介绍农庄中生长的植物，甚至介绍农庄作物的相关衍生品，例如植物种子、豆浆等。我们更鼓励学生在面对突发问题时，能及时调动自己课程中的所学，灵活应变，解决问题（见图 5）。

图 5　学生现场活动照片

S1：Welcome to Food Section. We have hot soybean milk and mung bean soup, which one do you like?

Visitors1：Are these soybeans from our school?

S1：I'm afraid not. Because now it's not the right time to have soybeans. They are mature in July or August.

S2：Welcome to Knowledge Gallery. You can win some stickers if you can answer my questions about monden agriculture and traditional agriculture.

S3：Welcome to Shopping Area. We have different kinds of plant seeds. One sticker for one bag, please.

　　...

活动后,学生们对于这场"豌豆农博会"津津乐道,本次展示活动大大加深了他们对课程的热爱。这份热爱不仅仅源于对课程知识的学习,更源于活动策划、组织中通过项目化学习所获得的极大成就感。

四、项目评价

(一)过程性评价

在本项目中,教师采用了多种过程性评价工具,如课堂评价单、课堂建议牌等,以促进学生在项目化学习过程中的自我反思和同伴互助。

课堂评价单1:学生个体评价表

	评分项	自评	同伴互评	教师评价
内容	我能准确朗读相关英语单词			
	我知道了什么是农业博览会			
	我了解了我们的豌豆庄园			
合作	我能积极参与小组讨论			
	我能与同伴合作完成任务			
总分				
最终得分				

该评价单针对学生个体的课堂表现进行评价,评价维度包括对学习内容的掌握程度,以及对课堂中参与小组合作时的评价。评价包括自评、互评与教师评价,能全面地对该学生的课堂学习情况进行评价。

课堂评价单2:小组自评表

学习任务	评价维度	评价内容	分值 (5')
Planning 设计内容	创新实践	Diversity 我们能为各个展区设计多样的内容。	
		Attractivity 我们能为各个展区设计有趣的活动。	
Drafting 绘制草图	空间观念	Rationality 我们的布局设计是合理的。	
	创新实践	Originality 我们的布局设计是小组独有的。	
Sharing 分享路线	语言能力	Integrity 我们的介绍内容完整。	
		Appealingness 我们的介绍生动有感染力。	

除了学生个体的评价表以外,课程开展中有较多以小组形式开展的学习活动,我们为此也设计了小组的自评表。左表为学生 making the guide map 一课的小组自评表,根据课堂中 3 个不同的学习活动,学生在教师指导下有针对性地开展小组自评。值得关注的是,评价表的中评价维度关联了跨学科素养。

课堂评价单3:小组评价表

	评分项	自评	同伴互评	教师评价
内容	海报主题突出,特色鲜明			
	海报内容完整(主题、口号、文案等)			
	海报中无单词拼写和语法错误			
设计	书写优美,色彩靓丽			
	设计新颖有创意			
总分				
最终得分				

针对小组的表现,除了单项的自评表以外,不同的学习任务,我们也同样设计了综合性的自评、互评、师评表。左表为 making a poster 一课的小组评价表,各小组完成自评后将海报与评价表一起在教室中展示,并在"画廊漫步"的活动中开展海报巡游,接受其他小组的评价,同时也对其他小组的作品进行评价,教师同时参与其中,在评价活动中帮助各小组优化调整各自的海报。

续 表

课堂建议牌

我们将评价与课堂活动相结合,引导学生对自己团队的成果和其他团队的成果进行评价,以此增进学生的反思能力。学生从 I learn 和 I suggest 两个方面进行评价,I learn 旨在学习本组或他组的好的做法,I suggest 旨在向其他小组给予修改建议,帮助其他小组优化活动方案。同时,获得建议的小组也可以提出自己与其相反的意见,在对话碰撞中或坚持或修正自己的方案,优化项目成果。

(二) 项目复盘与反思

在项目结尾即"豌豆农博会"结束之后,我们以小组自查表的形式,引导学生对活动中本小组的表现进行了一次深刻的反思与分享活动。

"小组自查表"中包括了活动中的收获与不足,同时针对自己的不足之处,鼓励学生能开展针对性的思考,提出具有可行性的建议。同时,自查单中也包括了对于团队合作时的表现进行评价。

该"小组自查表"主要是针对本课程的"出项活动"即"豌豆农博会"现场活动中各个小组的表现,开展小组自评。在自评之后,教师也借助课堂活动开展了 I learn 或 I suggest 的组间评价活动,鼓励学生关注其他小组的表现,给予有价值的建议。

与此同时,本课程结束之际,教师也开展了对学生个体的学习评价。

评价维度	评价内容	自评	互评	师评
语言能力	能知晓关于"豌豆农庄"的英语词汇和句型。			
	能用英语口头或者书面,简单介绍、交流"豌豆农庄"。			
空间观念	能和同伴合作对农博会场地进行测量,并完成平面图。			
	能和同伴合作设计开展农博会展区的方位及相互间的位置关系。			
艺术表现	能简单和同伴合作设计并完成海报,色彩搭配,设计新颖。			
科学观念	能听说并了解农作物的生长特征、生长习性。			
责任态度	能在摊位自主经营,推广农耕文化的社会责任感。			
创新实践	能在学习中开展自我反思,发现问题,并找到解决方法。			
团队合作	能在团队中与他人有效沟通合作,完成任务。			

对学生在项目学习结束之际的学习成果进行评价,评价维度包括语言能力、空间观念、艺术表现、科学观念、责任态度、创新实践、团队合作,即对跨学科核心素养的评价。

五、项目总结与反思

（一）项目成效

1. 在真实情境中培养了学生解决问题的能力

举办校园"农博会"活动是一个在真实的情境下的真实任务，项目组的学生综合运用了英语、数学、自然、美术学科相关知识，分析、识别问题的关键点，从多个角度审视问题，并提出合理的有创造性的解决方案。在团队中，学生学会沟通、协调和合作，共同解决复杂问题。本项目为学生提供了这样一个综合性的学习环境，使他们能够在实际情境中应用所学知识，培养了他们解决复杂问题的能力。

2. 在实践中提升了教师跨学科教学的意识和素养

课程组教师经历了从前期的理论研读，到将理论投入实践，再到从实践出发梳理出研究经验的过程。在实践中，教师认识到了开展跨学科教学对于学生的积极作用，教师主动开展跨学科教学实践的意识得到提升。也在此基础上，萌生了要多学习、多探究的实践意愿，教学视野也打开了，教师个体的跨学科素养也得到了提升。

3. 在互研互学中助力了英语学科的教学创新

开展跨学科教学是教育教学未来的趋势所在。在新版课程标准中就要求各学科要有不少于 10% 的课时开展跨学科主题学习。本项目以跨学科项目化的方式开展实施，在这一过程中所积累的跨学科实践经验以及学习评价单等，具有一定的可借鉴性。通过在学科组范围内开展研讨交流活动，形成了一定经验辐射，也为后续英语学科开展跨学科主题学习提供了些许思路，助力了教学创新。

（二）不足之处

本项目所跨学科包括数学、英语、自然、美术，但实际上项目推进时，教师更多考虑了课程的情境与课程内容架构，而忽视了学科知识与技能的有效落实。项目组计划在下一个阶段将"农博会"的规模再缩小一点，同时增加课时中英语教学和表达的部分，让学生真正用英语"办"农博会、用英语"玩"农博会。

校园植物会说话

莘松校区　|　冯瑶瑶、李晓薇、陆晨、邱文静

一、项目简介

　　面对校园中丰富的植被资源,作为校园小主人,我们怎样让更多的人了解校园植物呢? 基于这样的现实意义,我们开展了三年级英语跨学科项目"校园植物会说话"。该项目主题的教学设计源于牛津英语上海版 3AM4U3 Plants。我们希望学生通过学习,能知晓常见植物,并通过了解植物的特征及生长过程,增强对大自然的喜爱之情。

　　我们尝试从英语学科的视域出发,融通自然、美术、道法学科,引导学生亲历问题调查、方案制订、方案实施、创新表达、反思迭代的全过程,深入了解校园植物,完成校园植物身份证(School Plant ID Card)的制作。在解决问题的过程中提升思维品质、学习能力和文化意识,在感受校园里的生命力、感悟自然与人的和谐之美的同时也产生"我是校园小主人"的自豪感。

二、项目设计

(一)学情分析

三年级学生具备良好的跨学科知识基础,英语课程中涉及的 3AM4U3 单元与自然学科中的植物学习内容相呼应,形成了跨学科的教材基础。此外,学生在校内外积极参与各类学科展示活动、学校主题学习展示以及春秋游、"15 分钟幸福圈"等室外亲近植物的活动,积累了一定的植物知识。在情感方面,植物这一选题与学生的日常生活紧密相关,激发了他们的兴趣和参与度,同时他们也具备一定的认知基础和生活经验。

(二)项目目标

以下从跨学科核心概念、跨学科核心知识与能力、学习素养三个层面拆解项目目标。

1. 跨学科核心概念

围绕"植物"主题,运用所学及与植物有关的语言向他人作简单的介绍。

2. 跨学科核心知识与能力

(1)通过调查学校植物,能初步了解植物名称与部位,并作简单绘制与介绍。

(2)通过多感官体验植物,了解植物的特性,能够简单介绍植物的特性。

(3)探究植物 ID 卡的制作,能够将其转化为植物信息、植物特性、卡片美化等方面,提升对植物的了解和问题解决能力。

(4)通过头脑风暴、小组合作和动手实践,能够将植物名称和特性等信息制作成植物 ID 卡,培养合作意识。

3. 学习素养

(1)创造性实践:在植物 ID 卡的制作中,创造性地进行设计、制作与介绍。

(2)探究性实践:在植物 ID 卡制作和介绍中,根据问题思考,形成问题解决方案;分析并调整方案,并有序介绍校园植物。

(3)社会性实践:在小组团队合作中,积极倾听他人的观点并给出回应。

（4）审美性实践：通过不同颜色、植物功能等，设计出具有小组特色并富有美感的植物 ID 卡，感悟植物之美。

（三）挑战性问题

1. 本质问题

如何通过观察，向他人介绍自己喜欢的植物的组成和特性？

2. 驱动性问题

作为校园小主人，如何制作校园植物身份证，评选校园最受欢迎蒙趣植物？

（四）预期成果

本项目中学生形成的产品形式为"校园植物 ID 卡"，公开方式为"校园植物介绍"。关于成果的具体说明如下：

通过英语课内外语言实践活动，围绕"校园植物会说话"项目，共建项目地图，制作校园植物探究计划，并进行分工合作。

引导学生对植物相关内容产生兴趣，主动应用植物相关词汇进行介绍和交流。指导学生小组合作用黄金圈法则完成校园植物 ID 卡的设计。

基于小组所关注的植物特性，让学生从不同角度思考植物相关信息，运用所学语言自信、大方地进行校园植物介绍，提升英语交流能力。

（五）预期学习活动

时间	项目进程	学习支架/过程评价
入项活动 （1课时）	问题1：校园植物知多少？ 问题2：你想帮助哪种校园植物"说话"？ 问题3：你想如何帮助植物"说话"？	植物任务卡
项目实施 （4课时）	问题1：你知道可以让校园植物"发声"的方式吗？ 问题2：校园植物"发声"之 ID 卡我思考 问题3：你想用其他什么方式为校园植物"发声"？	植物 ID 卡任务卡 项目地图 植物身份证实例
项目优化 （1课时）	问题1：你能围绕校园特性或者特点丰富 ID 卡吗？ 问题2：你能通过画一画或写一写的方式丰富小组选择的校园植物 ID 卡信息吗？	植物明信片 植物信息卡设计稿

时间	项目进程	学习支架/过程评价
项目结尾 （1课时）	问题：作为校园小主人，你能为校园植物挂牌，让更多人了解喜爱校园植物吗？	植物 ID 卡 校园植物介绍会

三、项目实施

（一）入项活动：活用校园资源，激活学生自主探究意识

在"校园植物会说话"项目中，我们特别注重培养学生的自主探究能力，让学生不再只是为了完成老师的任务而学习。我们鼓励学生以校园植物为研究对象，通过观察、调查和实验等方式，自主发现问题、解决问题并得出结论。

入项活动中，蒙蒙正正邀请校园小主人一起来帮助校园植物"说话"，如何让植物发声呢？三年级小主人们纷纷各抒己见："我们可以制作二维码让大家扫一扫了解植物""我们可以制作植物身份证直接亮证""我们可以在植物旁边放置隐性音响、设置自动感应装置自我介绍"……为了让植物发声，孩子们调动了不同学科知识背景和想法，就在这样的氛围中，以学生设想为主，教师引导为辅，师生共建了项目地图（见图 1）。

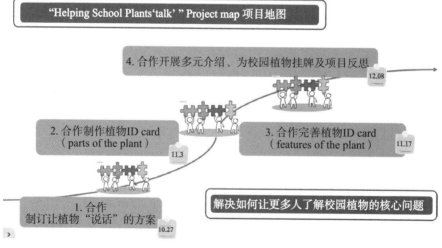

图 1　项目地图

在制订方案的环节,由于学生对于学校植物均处于认识却不知道如何表达的状态,于是教师首次打破教室为唯一教学场域,组织学生一课多域以小组"植物侦探队"的形式,手持学校平面图以及"校园植物我知道"学习单,走访校园蒙趣种植园、操场等综合场域,为学生自主探究搭建起校园场地支持。一点一地一打卡均标注于校园平面图,让学生在探究植物"发声"的过程中乐在其中,为后面团队合作制作校园植物 ID 卡提供了扎实的校园资源支持。

学生在活动中尝到了探究的甜头,于是有些小组根据前期探究具体情况着手自主制订计划,由组长牵头细分组内具体活动,查找资料、文字记录、排版设计等(见图 2),教师为各小组提供相应服务,帮助小组更好地开展他们的计划活动。

图 2　小组分工表、资源包学习

这样的自主探究学习,不仅能够让学生深入了解植物的特性和生长过程,还能够培养他们的观察力、思维能力和解决问题的能力,让学生变身成了项目的主人。

(二)项目实施:增加项目实践形式,丰富学生跨学科体验

项目实施前,教师带领学生一同思考"完成本项目我们需要知道些什么又需要做些什么",师生头脑风暴,为后续项目进行合理规划。

T: Children, we want to help the plants talk. So we should know about these plants in our school, right? Discuss with your groupmates, and tell me what do you need to do to help the plants talk.

S1: We need to know what plants are there in our school.

S2: We need to know how are these plants.

...

在项目中,我们根据学生需求安排了多种形式的实践活动,包括实地考察、观察实验、制作植物身份证等。这些活动都是需要学生自己动手操作,通过亲身实践来发现问题、解决问题的。

1. 实地考察

在实地考察中,学生需要自己设计校园植物调查路线方案,对校园内的植物进行观察和记录,收集第一手资料(见图 3)。

图 3　观察实验、校园植物实地考察

T:Children, there are many plants in our school. Let's find them out and observe them carefully. But before that, here is a map of our school. Please make your routine then you can be more efficient.

S1: I want to go to the playground first, then go to the school building.

S2&3: We want to go to the canteen and then go to the plants garden.

T: Oh, you all have your own ideas. Let's go and find them!

2. 观察实验

在观察绣球花根据土壤酸碱度变化而会变色的实验中,学生需要自己设计实验方案,进行实验操作,分析实验数据并得出结论。

师:孩子们,我们发现了这么多植物的奥秘,今天我们来继续探究绣球花。根据前期视频我们知道绣球花会根据其种植土壤酸碱度变化而变色开出不同颜色的花。我们课堂时间有限,无法长时间进行观测活动,那我们该怎么办呢?

生1:不知道哎,查查资料吧,老师。

生2:嗯,百度一下。或者问问自然老师。

师:那我们一起来百度一下。(课堂直接百度搜索)通过搜索,我们知道实验室里的 pH 试纸也和绣球花一样会根据试验药水的酸碱度变化而变化,那我们一起来试试吧。老师这里有一包 pH 试纸,和两杯溶液,一杯是肥皂水,一杯是白醋,我们来试试吧!

(学生组内实验)

师:你们有什么发现吗?

生3:我们组发现肥皂水会让 pH 试纸变蓝,白醋会让 pH 试纸变红。

生4:我们组发现滴一滴肥皂水 pH 会变浅蓝,如果滴上部分没有全部溶解的肥皂水时 pH 试纸会变成深蓝色。

这些实践活动能够让学生更加深入地了解植物的特性和生长过程,同时也能够培养他们的观察力、思维能力和创新能力。此外,这些实践活动也需要学生自己规划时间和任务,自主选择合适的方法和工具进行实践,从而培养他们的自主学习和解决问题的能力。

因此,在项目中,我们力求创造一个以实践为主的学习环境,让学生能够真正地通过实践来学习和成长,不再只是根据教师的规划进行学习。这样的学习方式能够更好地激发学生的学习兴趣和动力,培养他们的自主学习和创新能力。

(三)项目优化:搭建适切教学支架,活化学生思考路径

教学支架是一种支持学生理解复杂概念和解决问题的工具或方法,它可以帮助学生更好地理解和掌握知识,同时也能促进他们的思考和创造力。我们特别注重增加教学支架的支持,以帮助学生不再只是进行简单重复与模仿

学习。这些教学支架将为学生提供丰富的资源和指导,帮助他们更好地理解植物的特性和生长过程,以及如何进行自主探究和学习。

1. 互动练习

在项目的伊始,当学生已有的生活经验无法涵盖本项目完成所需所有内容时,我们的教学支架就要出现给予学生帮助了。

T: Now, children, you know the plants have some parts. What else do you know?

S1: I know they are alive. They are different.

T: You are knowledgeable. I have a task for you. You can read and finish the tasks and you can have more information about the plants.

互动练习为学生提供了一些互动性的练习题或任务,让学生通过实际阅读和操作来巩固和应用所学知识(见图4)。这些练习题或任务是具有一定的挑战性的,对于非母语国家孩子来说是有一定数量生词的,需要学生自己激活已有经验进行观察、思考和探索来完成,从而提升思考力和创造力。

图4 教学视频、植物小书学习

2. 迭代的植物资料包

在项目实施中,学生为了使校园植物说话而进行自由分组后,就开始进行各自的探索。我们在本项目实施中进行了多次资料包的迭代,以辅助学生更好地开展植物探索活动和植物身份证的制作。

1.0 版本	2.0 版本	3.0 版本
最初版本我们只涵盖了植物的中英文名字，科目和种植条件等基本信息。但是我们发现对于好奇心重、兴趣度高的三年级学生来说以上基本信息过于简单了。甚至是学生自行上网百度即可快速了解以上信息。	根据第一次资料包在班级中尝试后的反应，我们对植物资料包进行了更迭，增加了不同植物的特性，如绣球花的变色，桂花和饮食，无患子的制皂工序等内容，学生的兴趣度更高了。但是在后期为植物制作身份证而需要设计时遇到了一定困难。	根据上次的困难，我们在资料包中增加了许多美术学科相关的绘画、色彩、构图等内容，力争帮助学生更好更快完成植物身份证的制作。在一次次迭代的过程中，我们发现学生完成项目的能力不断提高，他们的合作意识不断增强，创造力不断发散。

这些教学支架的支持让学生不再是进行简单重复与模仿学习，而是能够更好地理解和掌握植物知识，同时也能促进他们的思考和创造力的发展。这样的学习方式能够更好地激发学生的学习兴趣和动力，培养他们的自主学习和创新能力。

(四) 项目结尾：丰富情感体验，孕育校园植物文化共鸣

在丰富多彩的校园植被中，如何让学生成为传播植物知识的使者，并在此过程中增强对校园的归属感与自豪感？与传统的班内学习不同，我们鼓励学生走出班级进行交流和合作。他们可以在校园内的各个角落分享自己的发现，与同伴共同探讨植物的奥秘，共同为植物制作身份证。

1. 挂植物身份证前

在挂植物身份证前，学生进行了实地考察，他们经过组内讨论和投票为植物身份证的上牌做足了准备。

生1：昨天下雨了，我觉得我们用卡纸做的植物身份证是会湿掉的。

生2：我看公园的植物身份证是木质的。

生3：除了木质的我们也可以用塑封机塑封我们的植物身份证。

课堂中，学生们各抒己见，进行讨论和设想，最后决定用塑封机为他们的

植物身份证添加"保护外套"。

2. 挂植物身份证时

在挂植物身份证那天,学生也不断思考与观察,有的植物高,有的植物矮,植物们各不相同,怎样悬挂才能让学校里的所有人能清晰明了地看到呢?

生1:我觉得应该挂得低一点,一楼都是弟弟妹妹们,他们看不着高处的内容。

生2:我觉得也不能太低啊,否则人们要弯腰去看,也会累的。

生3:爬藤类植物每年校务管理部叔叔们会修剪,会不会把我们的植物身份证也修剪了?

校园内,各个小组的同学们边思考边辩论边优化他们的点子(见图5)。

图5 为校园植物挂ID卡、学生观赏植物ID卡

3. 挂植物身份证后

在路过校园时,总能看到三三两两的学生驻足停留在各株植物面前,原来他们是在看植物身份证呢!通过植物身份证,他们不仅知道了植物及其各部位的中英文名称,还知道了许多有趣的植物特性。

师:孩子们,你们满意自己完成的植物身份证吗?

生:满意!

生2:非常满意!但是我们也有些不足,以后在合作时我要进一步发挥组长的带头作用,不能总是待在后面。

生3:以前我经常踩在麦冬上抄近道去操场,以后我会更小心些的。因为麦冬是一味中药,非常有用呢!

学生们通过与植物的亲密接触和交流,更加珍惜与大自然的每一次互动,更加热爱这片充满生命力的土地。他们不仅在知识上有所收获,更在情感上得到了升华。这种对自然的热爱和对校园的归属感,不仅来源于对知识的掌握,更来源于对自然和校园的深入了解和体验,热爱与责任。

四、项目评价

1. 课堂互评自评单

在本项目中,教师采用了三种过程性评价工具——课堂互评单、自评单和小组评价单,以促进学生在项目化学习过程中的自我反思和同伴互助。

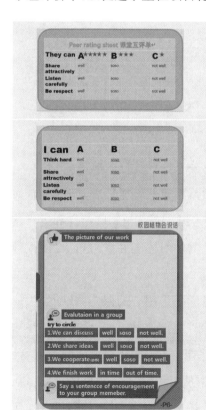

互评单包括不同评价维度:分享能力、倾听技巧、思考深度和尊重他人。

在小组讨论或分享环节,学生们根据同伴的表现,在互评单上选择相应的等级。例如,如果一个学生在分享时表达清晰、有吸引力,其他学生可以在"分享能力"一栏选择对应的得星数。

我们在课堂上引入自评表,目的在于帮助学生自我了解和提升学习态度,同时为教师提供反馈以优化教学。自评表关注多个维度,鼓励学生诚实、全面地评价自己,通过反思发现优势和改进空间,并持续改进学习方法。我们提倡每位学生积极参与,以促进个人和集体的学习进步。

教师在活动结束后收集小组评价单,分析学生间的互动情况。这有助于教师了解每个学生在小组合作中的表现,并提供个性化的指导。

2. 项目反思与分享任务单

在项目结尾,教师使用任务单引导学生进行了一次深刻的反思与分享活动,旨在帮助学生回顾整个学习过程中的体验和感受。

精彩瞬间:学生们分享了他们在项目中遇到的一些令人难忘的时刻。例如,一位学生兴奋地讲述了他如何巧妙地将植物特性融入自己设计的植物 ID 中,创造出既美观又具有教育意义的作品。另一位学生则分享了在小组合作中,大家如何共同努力克服困难,完成了对植物特性的研究,体现了团队合作的力量。

沮丧时刻:学生们也坦诚地表达了在项目过程中遇到的挑战和挫折。有学生提到,在尝试用黏土制作植物时,由于技术不熟练,多次尝试都未能成功,这让他感到沮丧。还有学生反思了在小组评价时,意见不合导致的小摩擦,让他意识到了沟通和理解的重要性。

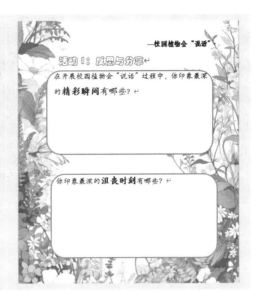

五、项目总结与反思

（一）项目成效

1. 于教师而言:实现了教师课堂的变革,为师生共同成长打下基石

首先,教师们更加注重研究和实践的结合,不再只是停留在理论层面,而是通过实地考察、观察实验等方式,与学生一起深入探究植物的特性和生长过程。这一实践性的教学方式不仅提高了学生的学习兴趣和动力,也促使教师不断地更新自己的知识和技能,提升教学质量。

其次,在项目推进过程中,教师们构建以学生为中心的课堂,鼓励学生分组合作,共同解决问题,互相学习和分享经验。通过这种方式,学生不仅在知识层面得到了提升,还在团队合作和沟通表达能力方面得到了锻炼。

最后,教师们从模仿教学转变为引导学生从模仿到学习到应用的转变,在项目中,教师们鼓励学生观察、模仿植物的生长过程,同时引导他们思考如何将这些知识和经验应用到自己的生活和学习中,这种教学方式有助于培养学生的应用能力和创新思维。

2. 于学生而言:培养了学生的创新素养,为现代社会发展做准备

一方面,学生在项目中发展了好奇心、探究精神,以及对生命的尊重和对自然的热爱,形成了积极的价值观。另一方面,学生学会了如何发现问题、提出假设,并找到解决问题的方法,培养了批判性思维和创造性思维。通过参与实地考察和观察实验等活动,学生强化了动手实践能力,并学会了将理论知识应用到实践中,实现了理论与实践的有效结合。

(二)项目反思

1. 学生的团队协作能力仍需进一步加强

在项目实施过程中,发现学生在团队协作方面存在一些挑战,例如:沟通不畅、分工不明确、责任分配不均等。这些都可能影响团队的整体表现和项目进度。反思也给到教师一定的启发,即在项目开始时,确保每个团队成员都清楚自己的角色和责任,以及团队的整体目标。

2. 项目达成度与学生预设有一定距离

在项目实施过程中,我们发现学生的项目目标设定过于理想化,未能充分考虑自己的实际能力和资源限制,同时也启发教师在指导学生进行目标设定时应基于学生的实际水平,并允许具有一定的挑战性。

I love my mummy

莘松校区　　|　　李春燕、陆晨

一、项目简介

在当今世界快速发展的大背景下,学生需要面对各种复杂的问题,这些问题都无法单纯基于某一学科的知识来解决。因此,有必要结合新课程标准,打破学科壁垒,实施跨学科学习。

结合二年级学生学情及已有知识基础和经验,基于牛津英语上海版教材2B M4U2 Mother's Day 以及学习目标,我们寻找英语、道法和美术学科的融合点建构单元整体化大观念来制定教学目标,开展"I love my mummy"的跨学科学习,通过了解妈妈、表达对妈妈的爱和制作母亲节礼物的活动,引导学生用所学语言(英语)表达对妈妈的爱和感恩之情,并在多学科融合下形成正确的育人导向,尊敬父母,情绪表达,初步形成为父母分忧的意识并培养表达爱的能力。

二、项目设计

（一）学情分析

二年级学生已基本具备跨学科知识基础,英语课程中涉及的 2BM4U2 Mother's Day 这一单元与道法学科中的"我爱我的家"一单元,以及美术学科中的"妈妈的节日"相呼应,形成了跨学科的教材基础。同时,学生在校内外各类学科展示活动、主题学习等活动的熏陶下,对于母亲节相关知识有了一定了解。在情感方面,母亲节这一选题与学生的日常生活紧密相关,激发了他们的兴趣和参与度,同时他们也具备一定的认知基础和生活经验。

（二）项目目标

以下从跨学科核心概念、跨学科核心知识与能力、学习素养三个层面拆解项目目标。

1. 跨学科核心概念

了解妈妈、制作礼物并运用所学语言(英语)表达对妈妈的爱和感恩之情。

2. 跨学科核心知识与能力

（1）通过访问妈妈,加深对妈妈的了解,完成信息卡并介绍自己的妈妈。

（2）通过多方位的调查,了解妈妈更多的喜好和需求,并能够简单介绍,感受亲情的同时,培养感恩意识。

（3）探究母亲节礼物的制作,能够将设计样稿转化为写给妈妈的信、节日贺卡、手工艺品等,并进一步美化,提升问题解决能力。

（4）通过头脑风暴、小组合作和动手实践,设计并制作母亲节礼物,培养合作意识。

3. 学习素养

（1）创造性实践:在母亲节礼物的制作中,创造性地进行设计、制作与介绍。

（2）探究性实践:在母亲节礼物的设计和制作中,根据问题思考,形成问题解决方案;分析并调整方案,并有序介绍自己制作的礼物。

（3）社会性实践：在小组团队合作中，积极倾听他人的观点并给出回应。

（4）审美性实践：通过对妈妈喜好的了解以及自身审美情趣及材料选择，设计出具有个人特色并富有美感的母亲节礼物，通过语言表达对妈妈的爱意，感受亲情。

（5）调控性实践：在学习过程中，基于英语本体学科，对于不会表达的难点词汇不惧怕，勇于主动学习，在遇到困难和问题时调节自己的情绪，激发更主动的自主学习。

（三）挑战性问题

1. 本质问题

如何用英语表达对妈妈的爱？

2. 驱动性问题

在母亲节来临之际，你将如何向妈妈表达你的爱？

（四）预期成果

本项目中学生形成的产品形式为母亲信息卡、节日贺卡、写给妈妈的信、手工礼物等，公开方式为"母亲节礼物介绍"。关于成果的具体说明如下：

通过对妈妈的了解，完成母亲信息卡，并根据妈妈的喜好发挥创意，美化信息卡。运用语言支架介绍自己的妈妈，表达爱意。

学生结合美术技能和对妈妈的了解，使用妈妈喜欢的颜色、图案、装饰物等设计、美化节日贺卡，并写上节日祝福语等内容，展示语言运用能力。

通过书写信件，表达对妈妈的感激之情和浓浓的爱意，分享与妈妈度过的欢乐时光。

自制手工礼物是根据妈妈喜好量身定制的，在制作过程中，学生运用美术、手工等跨学科技能，展示创造力、动手能力及团队合作能力等。

最后，通过班级或校内成果展示，学生能够自信、大方地运用语言支架介绍自己为妈妈制作的母亲节礼物，提升综合能力，展示对妈妈的情感。

（五）预期学习活动

时间	项目进程	学习支架/过程评价
入项活动 （1课时）	问题1：当谈及"妈妈"，你会想到什么？ 问题2：你和妈妈做过最开心的一件事是什么，你能描述一下吗？ 问题3：你了解你的妈妈吗？	母亲信息卡
项目实施 （3课时）	问题1：母亲节要到来了，你想为妈妈做一件什么事来表达你对妈妈的爱意？ 问题2：如何根据妈妈的喜好和需求表达对妈妈的爱？ 问题3：你想用哪些语言表达对妈妈的爱？	妈妈喜好清单 妈妈需求清单
项目优化 （1课时）	问题1：母亲节来临之际，你打算亲手制作一份什么礼物给妈妈？为什么？ 问题2：你需要的材料有什么？ 问题3：你将如何制作你的礼物？你会在礼物上写上想要对妈妈说的什么话？	礼物清单 材料清单 节日祝福语词汇库
项目结尾 （1课时）	问题：在母亲节来临之际，你将如何向妈妈表达你的爱？	课堂自评单 课堂互评单

三、项目实施

（一）入项活动：引导学生联系自身，激发学生自主思考和主动表达

在"I love my Mummy"项目中，我们注重鼓励学生联系自身经历并勇于分享和表达情感。学生通过了解妈妈、表达对妈妈的爱和制作母亲节礼物的活动，引导学生用所学语言（英语）表达对妈妈的爱和感恩之情，并在多学科融合下形成正确的价值观，学会尊敬父母，情绪表达，初步形成为父母分忧的意识并培养表达爱的能力。

入项活动中，教师先通过一段有关母亲的视频导入话题，请学生们猜一猜视频中的主人公。在母亲这一话题导入后，教师邀请二年级的学生们一起来想一想自己的妈妈是什么样的。经过教师的引导，学生从外形特征形容妈妈，各抒己见："漂亮的""瘦瘦的""严肃的""眼睛大大的"……对妈妈的初步印象在学生和教师的脑海中浮现，借此氛围，教师请孩子们想一想有什么有关妈妈

的重要日子呢？在这样的氛围中，以学生设想为主，教师引导为辅，学生们联想到了母亲节并且师生共建了项目地图（见图 1）。

图 1　项目地图

这样的自主探究学习让学生不仅能够更深入了解自己的妈妈，了解母亲节相关知识，还能够培养他们的观察力、思维能力和解决问题的能力，让学生变身成了项目的主人。

（二）项目实施：增加项目多样性实践，丰富学生跨学科体验

在项目实施中，教师巧妙地延续了入项活动时创设的"Mother's Day is coming"的教学情境，进一步创设了"Today is Mother's Day"的情境支架。教师引导学生通过日历了解母亲节的具体日期，并启发他们思考如何用英语表达对妈妈的爱和感激。教师的教学设计不但贴近学生的生活实际，而且巧妙地将英语学习与日常生活紧密结合。教师首先通过多媒体展示母亲节的图片和视频，让学生感受到节日的温馨氛围。接着，带领学生在日历上标出母亲节的日期，并讨论母亲节的传统习俗和庆祝方式。学生在这一过程中不仅学习了日期的英语表达，还了解了不同文化背景下对妈妈的尊敬和感激。

在教学活动中，教师设计了多个与学生生活相关的情境。例如，让学生扮演 Alice 的角色，根据妈妈最喜欢的颜色去挑选花束。这一活动不仅锻炼了学

生的英语口语能力,还培养了他们的审美和决策能力。同时,教师还引入了花店的促销活动——买花送贺卡,让学生在实际情境中练习英语交流和表达。

通过这些教学活动,学生不仅在真实情境中学习了英语,还在解决真实问题的过程中提高了自己的语言运用能力。教师还鼓励学生在课后为妈妈制作一份特别的礼物,如手绘贺卡或写一封英文感谢信,进一步加深了学生对母亲节的理解和体验。

此外,教师还注重培养学生的跨文化交际意识。通过比较不同国家庆祝母亲节的方式,让学生认识到文化的多样性和包容性。学生在这一过程中不仅学习了语言,还拓宽了视野,增强了跨文化交流的能力。

总之,教师的教学设计充分体现了跨学科学习和项目化学习的理念,将英语学科与美术、道法等学科有机结合,为学生提供了一个全面、深入、有趣的学习体验。通过这样的教学活动,学生不仅能够掌握语言知识,还能够在真实情境中运用所学,培养综合素质。

1. 母亲节信息卡

教师首先向学生们展示如何运用语言支架来描述自己的妈妈,例如:"My mother has long hair. She likes reading books."然后,学生们在小组内轮流分享他们的任务单,其他小组成员则认真倾听并观察。在课堂交流分享中,学生需要自己完成母亲节信息卡的制作,结合日常对妈妈的了解以及心目中的妈妈形象制作信息卡,并对信息卡进行美化(见图2)。

在信息卡制作完成后,教师鼓励学生们在小组内运用所学的句型交流他们课前完成的任务单"About my mother"。这个活动旨在锻炼学生们的听力和观察力,同时也让他们学会如何互相帮助和评价。

T: We're going to talk about our moms and what makes them special.

Let's think about these things:

(1) What does your mom look like? Is she tall or short? Does she have long hair?

(2) What does she like to do for fun? Does she like to read, play games,

图 2　母亲节信息卡

or maybe dance?

（3）What are her favorite things? Maybe she loves chocolate or flowers.

（4）Can you tell us a little about her personality? Is she funny, kind, or always there to help you?

Do you want to make an information card about your mummy?

You can draw a picture of your mom, or you can use stickers. Don't forget to write and draw.

S1: My Mummy is tall and beautiful . She has two big eyes, so I want to draw a picture.

S2&3: My Mummy likes drinking coffee and milk tea. I want to draw a cup of coffee.

T: Oh, you all have your own ideas. Let's do it!

2. 贺卡和信件

在对妈妈初步了解后,在语篇的学习基础上,学生利用所学语言设计并制作送给妈妈的贺卡。

情景导入:

教师以一段温馨的开场白开启了母亲节贺卡和信件制作项目："孩子们，母亲节是一个特别的日子，我们可以用我们的双手和心灵来表达对妈妈的爱。今天，我们将用我们所学的英语和美术知识来制作一张张充满爱和创意的贺卡和信件。"

教学目标导入：

教师引导学生们回忆和讨论妈妈的喜好："想一想，你们妈妈喜欢什么颜色？她有什么特别的爱好吗？我们可以把这些元素融入我们的贺卡和信件中，让它们更加特别。"

课堂实例：

教师为每个小组提供了彩色纸张、画笔、贴纸等制作材料。学生们开始设计草图，教师在旁边给予指导："选择你们妈妈喜欢的颜色来画边框，或者用这些贴纸来装饰你们的贺卡。"

分享交流：

教师组织了一个小型的展示会："现在，每个小组将展示他们的贺卡和信件。让我们一起欣赏每个孩子对妈妈的爱和创意。"

T：Before we start, let's think about our moms.

What are their favorite colors? What do they like to do?

Maybe your mom loves flowers, or she enjoys reading books.

We want our cards and letters to show what makes our moms special.

(1) Now, let's choose the right colors.

If your mom's favorite color is blue, let's use blue for the card or the envelope.

Remember, colors can make people feel happy!

(2) When we draw on the card, we can draw things that our moms like.

If she loves the beach, why not draw a sunny beach scene?

(3) For the letter, let's write in simple English.

Tell your mom why you love her and thank her for all she does.

You can say, "Dear Mom, you are the best. I love you because you always make me laugh."

(三)项目优化:教学支架的精准搭建,活化学生思考路径

教学支架是一套精心设计的工具和方法,旨在辅助学生深入理解复杂概念并有效解决问题。它们不仅促进学生对知识的深刻理解和掌握,还激发了学生的批判性思维和创新能力。我们致力于强化教学支架的运用,引导学生超越基础的重复和模仿,迈向更高层次的自主学习和探究。

通过这些教学支架,我们为学生提供了一个资源丰富、指导有方的学习环境(见图3)。它们包括情境模拟、互动讨论、问题解决策略等,旨在激励学生主动探索未知,发展独立思考的能力。我们的目标是培养学生成为能够自信地面对新挑战、创造性地解决问题的终身学习者。

图 3　教学情境支架

1. 情境支架

在项目伊始,通过创设"Mother's Day"的情境,让学生感受到节日的氛围,激发他们表达对妈妈的感情。

2. 学习资源支架

在项目实施中,教师设计制作并提供了丰富的图片、音视频和歌曲等资源,营造温馨的母亲节氛围(见图4)。通过课本中人物关联学生实际经历,如展示 Alice 制作的贺卡、Ben 写的信、Tom 想要为妈妈做的事等范例,帮助学生理解任务要求。

在讨论 Alice 要给妈妈做贺卡的活动中,老师问:"Alice wants to make a

图 4　温馨的母亲节

card for her mom. What can she draw or write?"学生们可以一起讨论并决定如何装饰贺卡,例如画上妈妈喜欢的花或者写上温馨的祝福语。

S1:Mummy likes carnations. She can draw a carnation.

S2:Mummy's favourite colour is red. She can draw a red carnation.

针对 Ben 的妈妈喜欢龙井茶的情况,教师提出问题:"Which cup would be the best for Ben's mom to drink her tea?"学生们需要考虑茶杯的颜色、形状和材质,选择最合适的一个。

3. 学习策略支架

课前通过问卷调查了解学生对妈妈的了解程度。在课堂实施过程中,教师设计了一系列问题链,引导学生思考"What can you do for your mummy?"通过角色扮演活动,让学生练习并表达。

在这些教学支架的支持下,教师变身成了学生的协助者,学生成为课堂真正的主人,学习的积极性和兴趣明显提高。通过自主探究和团队合作,学生的思维能力和创造力都得到了大幅提升。

（四）项目结尾：丰富情感体验，孕育感恩之情

随着母亲节贺卡、信件、手工小礼物制作项目的圆满结束，学生们的脸上洋溢着自豪和满足的笑容。教室的展示区成了学生们创意制作和情感表达的小小展览馆，每一件作品都是他们对妈妈爱的见证。

孩子们的贺卡色彩斑斓，图案各异，从简单的心形到复杂的花卉，每一张卡片都体现了他们对妈妈喜好的了解和对色彩的敏感把握。信件中，学生们用他们所学的英语词汇和句型，写下了对妈妈深深的感激和爱意。虽然语言简单，但情感真挚，每一句话都充满了温暖和感激。小小手工礼物虽然还不够精美，但也充满了童趣和创意。

在教师的引导下，学生们轮流站在展示区前，向同学们展示自己的作品，并分享制作过程中的故事和感受。他们的声音虽然稚嫩，但充满了自信和骄傲。同学们认真聆听，互相学习，共同感受着彼此对妈妈的爱（见图5）。

图 5　部分学生作品展示

教师在孩子们的分享中穿插着鼓励和肯定的话语，强调了感恩和表达爱的重要性，提醒孩子们将这种感激之情融入日常生活。教师的话语如同阳光，

温暖着孩子们的心,激励他们继续用行动表达对母亲的爱。

项目结束时,教师对学生们的创造力和努力给予了高度评价。教师鼓励学生们将这种积极的态度延续到未来的学习和生活中,不断探索和创造。学生们的掌声和欢笑声充满了教室,他们对未来的学习和成长充满了期待。

整个项目不仅提升了学生们的英语和美术技能,更重要的是,培养了学生们的情感表达能力和感恩之心。这是一个充满爱、创意和成长的旅程,学生们通过自己的双手和心灵,向妈妈传达了最真挚的爱和感激。

四、项目评价

1. 课堂互评自评单

在本项目中,教师采用了课堂自评单、互评单,以促进学生在项目化学习过程中的自我反思和同伴互助。

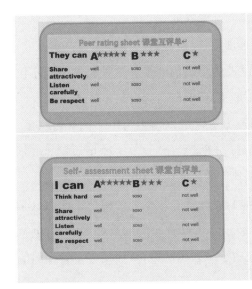

课堂互评单详细划分了评价维度,涵盖分享能力、倾听技巧和尊重他人等方面。在小组互动中,同学们根据同伴的实际表现,在互评单上公正地赋予相应等级。例如,某同学在分享时条理清晰、引人入胜,其他同学便会在"分享能力"一栏中给予其相应的星数认可。

课堂自评单的引入,旨在促进学生自我认识,提升学习态度,同时也为教师提供宝贵的教学反馈。它聚焦于思考深度、分享能力、倾听与尊重等多维度,鼓励学生以诚实、全面的态度审视自己。通过反思,发现优势与不足,不断优化学习方法,实现个人与集体的共同进步。我们呼吁每位学生的积极参与,共同书写学习的新篇章。

2. 项目复盘(反思与分享)

在项目结尾,教师使用任务单引导学生进行了一次深刻的反思与分享,旨在帮助学生回顾整个学习过程中的体验和感受。

"在开展 I love my Mummy 的过程中，你收获了什么？"学生的反馈如：对妈妈有了更深入的了解，知道了妈妈的喜好，学会感恩妈妈，尝试了解妈妈的需求，并在为妈妈亲手制作礼物的实践活动中，学会了更多的礼物制作方式。

"你印象最深的精彩瞬间和沮丧时刻有哪些？"精彩瞬间学生反馈如：在制作完成母亲节礼物后，向同学们介绍作品时得到了大家的赞赏和鼓掌；在小组合作时共同设计，完成了探究任务，提升了团队合作能力和沟通能力。沮丧时刻学生反馈如：动手能力较弱，在制作礼物时没能画出美丽图案或折不出漂亮的花朵等，感到沮丧；也有学生提到在小组合作时，意见不统一导致无法完成合作样稿。

五、项目总结与反思

（一）项目成效

1. 于教师而言：实现了教师的课堂革新与师生共成长

（1）融合理论与实践。教师们超越理论讲授，通过小组合作和自主探究，为妈妈制作母亲节礼物，并用所学语言表达对妈妈的爱。这种教学模式不仅点燃了学生的学习热情，也促使教师不断更新知识库，提升教学技巧。

（2）构建学生中心课堂。教师们致力于营造以学生为中心的学习氛围，鼓励学生通过小组合作来共同解决问题，分享学习经验。这种互动式学习不仅加深了学生对知识的理解，也锻炼了他们的团队协作和沟通能力。

（3）引导学生从模仿到创新。教师们促进学生从单纯的模仿转向深入学习，并应用所学知识。在项目中，教师鼓励学生调查妈妈的喜好和需求，创意制作，激发他们思考如何将课堂知识应用于个人生活中，从而培养了学生的应用能力和创新思维。

2. 于学生而言：培养了学生的创新能力，为适应现代社会做准备

（1）培育探究精神与积极价值观。在项目中，学生的好奇心得到满足，他们对妈妈有了更深入的了解，知道如何去表达对妈妈的爱，形成了积极向上的

价值观。在调查、访问、小组合作等学习活动中,他们锻炼了自主学习的能力,培养了探究精神。

（2）发展批判性与创造性思维。学生在面对问题时学会了提出假设,寻找解决方案,这一过程锻炼了他们的批判性思维和创造性思维。通过制作母亲节礼物的实践活动,学生加强了将理论知识应用于实际的能力,实现了知识与实践的紧密结合。

（二）项目反思

1. 加强学生团队协作能力

在项目实施的过程中,我们察觉到学生在团队协作中存在一些挑战。沟通不畅、分工不明、责任不均,这些问题如同绊脚石,阻碍着团队效能和项目进度。这让我们深刻反思:在项目伊始,教师应明确每位成员的角色与职责,确保他们对共同目标有清晰的认识。唯有如此,我们方能构建一个高效、协调的团队环境,使每位学生都能在其中发挥所长,共同迈向成功。项目达成度与学生预设有一定距离。

2. 调整项目目标以贴近实际

我们观察到学生在设定项目目标时过于理想化,忽略了实际能力和资源限制,导致目标与实际成果之间出现鸿沟。因此,教师在指导学生时,应立足学生实际水平,鼓励他们设定既具挑战性又切实可行的目标。这样,学生不仅能更清晰地认识自我潜力和客观存在的局限性,更能学会如何制定并达成目标,为未来的成长奠定坚实基础。

小小营养师

景城校区 　│　 居梅芳、金梦云、李宝婷、吕晟

一、项目简介

　　这个项目是面向五年级学生的跨学科类型的活动项目。之所以确定这个项目是因为在健康体检之后,每个班都会有一部分同学因为存在营养不良、过度肥胖等健康问题,收到来自医生的健康指导建议书。本次项目设计的驱动性问题是作为"小小营养师"团队成员,在"520学校学生营养周"中,如何策划一场健康饮食的现场咨询会,推广健康营养食谱,提供营养咨询和建议,普及健康生活理念?

　　学生在这个项目中需要经历的学习历程是:调查健康问题、分析问题、提出健康方案、获取用户反馈、调整方案。最后形成的项目成果是现场咨询会,学生的创造性体现在从人体所需的六大营养元素出发对于不同群体,提供有针对性的健康生活建议。学生在项目实施过程中对于设计思维在提供健康生

活建议中的应用有了更深的理解。

二、项目设计

（一）学情分析

1. 跨学科知识基础

英语涉及单元是牛津英语上海版 5BM2U1 Food and drinks,饮食与健康的关系是一个跨学科的概念,自然学科二年级第一学期,五年级第二学期也有相关的食物、营养、健康的主题内容,具有跨学科学习的教材内容基础。

2. 跨学科方法基础

五年级学生在校内参加过各种学科类展示活动和学校主题学习的展示活动,在校外有参观各类博物馆、艺术展的实践经验,对于开展现场咨询会有一定的方法基础。

3. 跨学科情感基础

健康饮食和健康生活这个选题和学生的日常生活密切相关,学生会有较高的兴趣和参与度,并且有一定认知基础和生活经验。

（二）项目目标

以下从跨学科核心概念、跨学科核心知识与能力、学习素养三个层面拆解项目目标。

1. 跨学科核心概念

围绕"健康生活"主题,运用"食物与营养"有关的语言,体现设计思维在提供健康生活建议中的应用。

2. 跨学科核心知识与能力

（1）了解营养师工作任务和开展营养咨询会的大致流程。

（2）根据真实健康问题,结合自然学科中食物和营养成分的相关知识,用英语调查他人的饮食和生活习惯,并设计针对性的健康食谱,提供健康生活建议。

（3）在营养师现场咨询会活动中,小组分工合作,通过不同形式呈现健康的饮食习惯和生活方式,用英语宣传科学、健康的生活理念。

3. 学习素养

（1）创造性实践。在营养师咨询活动中,借助调查任务、学习支架,根据不同的健康问题使用不同的解决问题的方法,提供个性化的健康建议。

（2）探究性实践。在制订营养师工作计划活动中,通过添加细节和扩展想法,使各项工作更丰富、有趣和完整。

（3）社会性实践。在小组团队合作中,主动运用营养与健康的知识理解与解决问题,学会运用科学方法开展研究,基于自己想法进行独立实践,并做出基于证据的健康建议。

（4）调控性实践。在合作研究中相互分享成果,提供并接受反馈,在接受和处理信息时,持续审视自己的想法并适时调整更新和优化。

4. 高阶认知

（1）调研。能够以营养师身份,设计健康调查表,借助健康测评等工具发现身边的健康问题。

（2）系统分析。能对身边的健康问题进行分析和梳理。

（3）决策。能够分清不同方案的优缺点,依据营养调查和用户需求做出合适的选择。

（4）问题解决。能够以营养师身份,运用设计思维去解决健康问题,考虑用户、营养元素等限制条件。

（5）创见。在现场咨询会上,能运用不同的形式收集健康问题,提供营养咨询,推广健康生活小贴士。

（三）挑战性问题

1. 本质问题

如何将设计思维应用在提供健康生活建议中?

2. 驱动性问题

如何策划一场健康饮食的现场咨询会,推广健康营养食谱,提供营养咨询和建议,普及健康生活理念?

（四）预期成果

（1）团队出项成果：现场咨询会，小组以六大营养元素为主题，通过不同形式的布展和互动体验，对身边的伙伴开展针对性的营养调查，推广健康营养食谱，提供营养咨询和建议，普及健康生活理念。

（2）个人出项成果：每个成员需完成个人饮食习惯调查和报告；每位小组成员还需在项目日志中记录自己在项目实施过程中的心得和体会。

（五）预期学习活动

时间	项目进程	学习支架/过程评价
入项活动 （1课时）	问题1：我们身边有哪些健康问题？ 问题2：为什么要开展健康咨询？ 问题3：如何制订营养师工作计划？	营养师工作计划表 六大营养素资源包 下课通行证
项目实施 （3课时）	问题1：如何开展饮食调查？ 问题2：如何为他人推荐营养食谱？ 问题3：如何为他人进行健康咨询？	设计思维工具表 饮食习惯调查表 客户意见反馈表 下课通行证
项目优化 （1课时）	如何根据六大营养成分，有针对性地提供营养咨询服务？	健康生活小贴士 下课通行证
项目结尾 （1课时）	现场咨询会上，如何呈现健康的饮食习惯和生活习惯，提供营养咨询服务？	现场营养咨询会 反思工具表 下课通行证

三、项目实施

（一）入项活动：真实问题驱动　激发实践兴趣

好的入项活动是教师支持学生积极发现问题、提出问题、理解问题的过程，也是引导学生化身成"营养师"，从"专家"视角关注真实的健康问题的起始阶段。我们通过"发布项目召集令→解读营养师工作任务→发现营养问题→制订工作计划→展示和修订工作计划"这几个环节，进行入项活动，激发学生的实践兴趣，培育创新人格。

1. 基于需求浸入真实问题

在入项活动课中，学生通过观看"520中国学生营养日"宣传视频，初步了解项目背景。随着学校营养周项目召集令的发出，教师出示本年级学生健康数据，让学生更直观地了解身边的健康问题。同时，教师组织学生头脑风暴，针对同学们的健康问题需求，讨论"营养师"在健康问题解决中的角色和工作责任，以及开展营养咨询会的内容和形式，共同理解驱动性问题，从而让学生进一步了解项目的意义（见图1）。

图1　浸入真实健康问题

2. 有效提问拆解驱动问题

随着驱动性问题的提出，学生对"营养师"工作内容产生了兴趣，有了操作、提问的心理倾向。为了降低学生的认知负荷，我们将驱动性问题进行分解。在入项分解驱动性问题时，教师引导学生以终为始，利用设计思维"5W1H"表（见图2左），让学生基于用户需求有机会提出、解决自己真正感兴趣的问题：As a nutrition doctor, who will need health advice? Why do they need? When do we give on-site advice? What can we do to give on-site advice? How can we give on-site advice? ...通过学生的提问，项目驱动性问题被一步步拆解、分析，最后形成了如何进行健康调查、健康咨询以及如何让食谱设计更具可操作性的子问题链（见图2）。

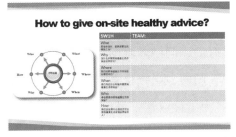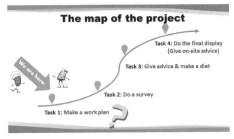

图 2　拆解驱动问题

3. 制订计划萌发实践兴趣

　　面对学生的多元化问题,如何深入有序思考并制订计划? 教师通过"KWH"工具指导学生针对子问题链,根据兴趣进行项目深化。学生从"已知—想知—如何做"三个层面明确目标、制订营养师工作计划。在"已知"层面,学生主动勾连自然学科中食物和营养这一主题内容中碳水、蛋白质等六大营养素和健康的关系;在"想知"层面,教师引导学生进行同质分组,对共同想要解决的营养问题进行深入思考和讨论,组建项目团队;在"如何做"层面,学生根据特长进行团队分工,讨论出项形式,厘清工作思路,细化工作计划(见图3)。

图 3　制订实际工作计划

(二)项目实施:深入合作探索,深化实践体验

　　项目实施中,知识与能力建构是学生将理论知识转化为实践技能,通过合作推进来解决真实问题的关键时期。我们通过"建立不同主题的工作坊→链接多元的学习资源勾连学科逻辑和学生认知逻辑之间的转化→搭建学习支架

以支持学生持续问题探究"的策略进行项目实施和推进。

1. 链接多元资源,促进认知转化

在项目实施阶段,教师引导学生针对有健康问题需求的用户建立学生工作坊。学生工作坊以"碳水化合物、蛋白质、脂肪、水、维生素、无机盐"六大不同营养主题为切入口设计营养饮食计划。为了达成这一目标,自然老师指导项目团队链接多元资源,进行"食物与营养"的资源包共建任务。在这个探索过程中,学生对于六大营养素和健康生活的关系有了具体的了解,特别是对青少年群体所需营养成分有了认知的迭代(见图 4)。

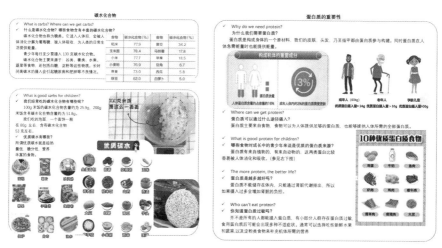

图 4 多元资源促进认知

T: Why do we need protein?

S1: Because it can give us energy.

T: Do different people need the same kind of protein?

S2: I think maybe not.

T: Why?

S3: Most people get protein from eggs. But my deskmate Cindy can't eat eggs or milk, for example. She can get protein from beef.

T: That's a good idea. Who else can't drink milk?

Ss: Me!

T: So when you are giving advice. Remember 'Different people need different kinds of protein'.

从以上片段我们可以看出,学生通过对"蛋白质"资源包的阅读,和生活中具体个案进行主动链接,并通过案例举证,促进全班同学的认知转化与迭代。

2. 设计思维导向,赋能深入探究

学生担任"小小营养师"的角色,在深入了解了六大营养成分的基础上,就着手开展"饮食习惯小调查→健康食谱我设计→健康生活小贴士"等多样化的实践活动,获得营养师工作技能,体验营养师工作的乐趣和价值。在饮食调查实践活动中,学生运用英语核心句型"What did you have...?"进行一日饮食调查,运用"What do you usually...?"调查用户饮食和生活习惯;在营养咨询实践活动中,学生结合个体 BMI(body mass index)指数和人体膳食营养金字塔进行健康食谱设计和推荐,运用"You should/shouldn't..."提供健康建议(见图 5)。

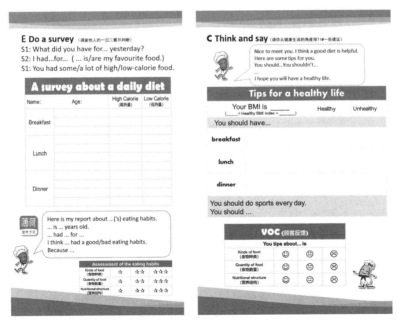

图 5　设计和推荐健康食谱

S1: Lily, your BMI is 14. Look at the BMI standard（16＜healthy BMI＜19 for children）. You should get more protein and fat. What kind of meat do you like?

S2: I don't like eating pork. I never eat lamb.

S1: Maybe you can have more beef for dinner or at weekends. Do you like steak?

S2: Yes.

S1: You can try more fried steak. I think it's very delicious.

在营养师工作实践活动中,学生能站在用户角度调查需求,了解健康问题,提出解决方案,给予健康建议并获取用户反馈,这一过程充分体现了设计思维在本次英语跨学科项目化学习中的运用。以上片段可以看出,营养师团队在给出建议时,他们不仅仔细倾听用户的声音,还善于根据用户反馈对原有的解决方案进行深入的反思和迭代,以确保所提供的建议能够真正满足用户的期望和需求,以此获得满意的 VOC(voice of customer 用户反馈)。这种以用户为中心的工作方式,不仅提升了营养师团队的服务质量,也增强了他们与用户之间的信任与互动。

（三）项目优化:定期交流反馈,持续实践反思

在小小营养师项目优化过程中,为了帮助学生在实践过程中既能基于自己想法进行独立实践,又能相互分享成果,提供并接受反馈,我们进行了不同类型的营养师工作坊的分组,通过提供评论支架→多次公开展示→进行复盘反思→持续调整迭代的路径,在工作推进过程中助力学生深入理解、实践和优化工作任务,提升创新实践能力。

1. 组织交流展示,不断优化实践

为了获取广泛的用户需求和反馈、解决营养咨询会展示形式的创新性和传达信息的针对性问题,学生采用"世界咖啡馆"讨论法、"画廊漫步"等学习工具,多次和其他团队阐述自己团队所要解决的健康问题以及解决方案,获取反馈信息,激发创新思路,不断从新角度去认识营养师工作,从而优化完善自己

团队的方案(见图6)。

图 6　交流展示优化方案

例如"脂肪"小队的营养师原计划在咨询会上启用"海克斯黑科技"小游戏,呼吁参观者合理摄入优质脂肪。团队成员在观看其他小组计划后,讨论决定由一名营养师带领观众体验 AI 减脂操,动态展示脂肪消耗的过程。"碳水"小队的营养师原计划通过食物金字塔的展示,呼吁校园中不爱吃碳水的同学转变观念,在收到"你们团队的展示没有互动性,趣味性不够"的评价后,决定进行"一日三餐优质碳水我搭配"的现场互动,让参观者在寓教于乐中获取健康饮食知识。

2. 强化定期反馈,不断优化成果

为了进一步优化学生的项目成果,我们在课中或课后给予定期的反馈和指导。通过个性化的反馈,帮助小小营养师们发现自己团队工作的独特之处,引导他们不断优化和改进。在每次课后,我们会召集团队负责学生开展小型的反馈会议,引导学生运用正反馈给予他人肯定和鼓励,运用负反馈帮助他人分析遇到的问题并寻找解决方案。

S1:我们矿物质小组最后想采用小视频的方式呈现,但是我们遇到的困难是英文单词太难了,我们自己配音读不来。

S2:你们的创意特别棒(正反馈),我的建议是你可以采取 AI 翻译和朗读的方式来配音,我可以教你,我在学校小小媒体人社团学过这个方法。(负反馈)

S1:太感谢了,这样我们小队就只需要采集拍摄素材,进行视频编辑了。

以上是两位队长在反馈会议时的对话,每节课后的反馈会议不仅为学生提供了优化项目的机会,也让他们学会了如何从多角度审视自己的工作,从而提升自己的综合素质。同时,这些会议也成为学生们相互学习和交流的平台,他们在这里分享经验、碰撞思想,共同促进项目的优化。

（四）项目结尾:展示出项成果,迁移实践经验

在项目结尾阶段是学生将营养师工作技能和经验应用于实践的过程。通过现场营养咨询会,各个营养师工作团队展示项目成果,进一步体验设计思维在提供健康生活建议中的应用。学生能够接受来自不同群体的反馈和建议,从而发现自己的不足之处,明确修订的方向,不断完善成果。同时,通过观察他人的成果和反馈,学生能够反思自己的工作方法和思路,提升整体的学习效果和质量。

1. 关注创新思维,丰富成果展示

为了鼓励学生展现独特的观点和成果,我们采取了一系列措施。比如,制定多元化的评价标准。评价标准不仅关注成果的内容和质量,还要看重创新思维、方法的独特性、个人风格等方面,避免学生为了迎合单一标准而产生同质化成果。在小小营养师项目中,六个营养师团队根据评价指标的指引,分别采用了不同的呈现方式,充分展示了创新思维和实践(见表 1 和图 7)。

表 1　创新成果展示

团队名称	现场咨询会出项成果形式
FAT (脂肪)	AI 减脂操:用运动程序中的减脂操动态呈现合理运动消耗脂肪的过程。 体脂测量:用体脂秤记录同学的身体指数,并根据报告提供饮食建议。 食物模型:展示动物脂肪和植物脂肪的区别
CARBS (碳水/糖类)	"一日三餐"小游戏:通过让参与者碳水自助搭配游戏,普及如何选择优质碳水以及在一日三餐中的份额比例

续 表

团队名称	现场咨询会出项成果形式
WATER（水）	实物模型：展示不同类型的水，用英文进行标注和解说，介绍科学饮水的重要性
PROTEIN（蛋白质）	食谱展示：展示各类优质蛋白质食谱，普及蛋白质在健康饮食中的作用
VITAMIN（维生素）	调查报告：用调查报告的形式说明各种维生素的作用、缺乏症和食物来源
SODIUM（矿物质）	宣传视频：制作一个关于摄入矿物质的英文短视频，内容可以包括食物烹饪方法、食物相克和危害、合理搭配食物提高矿物质的利用率等，以吸引更多人的关注和参与

图 7 小组讨论采用多种呈现方式

在营养师现场咨询会上，营养师团队不仅进行现场营养咨询，且通过不同的形式展示了他们在项目中所做的各项成果，包括健康生活小视频、健康食谱设计、营养知识宣传海报等。现场特邀自然学科老师作为评委对学生在本项目中呈现的成果进行评价，老师们一致认为"脂肪小队"不仅掌握了扎实的营养学知识，还通过食物模型展示了动物脂肪和植物脂肪的区别，还用运动程序中 AI 减脂操动态呈现了合理运动消耗脂肪的过程，并且通过体脂秤记录了同学的身体指数，根据报告提供饮食建议，展示了较强的实践能力和创新能力。由此，"脂肪小队"被评为最佳营养师团队。

2. 动态复盘反思，推动实践迁移

小小营养师项目化学习中，除了运用 KWL 表格展示学生对整个项目的认知迭代,我们也在每个阶段都设计了项目复盘和反思,通过"项目展示→自我反思→小组复盘→调整迭代"的路径,形成项目各子问题探究的闭环,通过不断的复盘和反思,让学生对项目意义、过程以及关键概念达到更深的认识,对于团队合作中积累的实践经验也能进行及时迁移(见图8)。

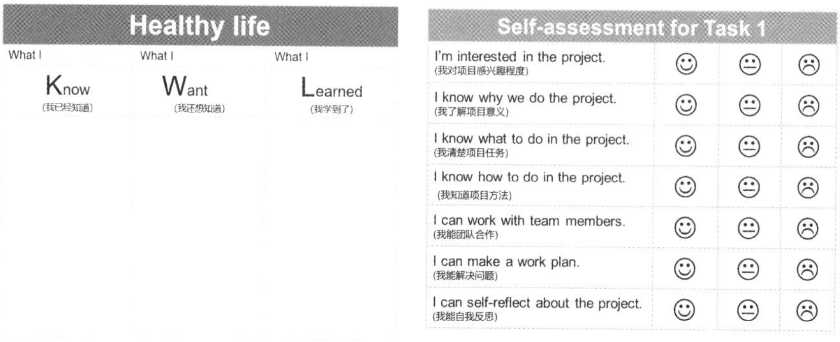

图8　实践经验及时迁移

在"下课通行证"反思复盘环节,我们鼓励学生从多个维度进行深入的思考和总结。反思复盘一来指向项目本身,引导学生使用专家思维和方法改进项目成果,比如,在营养食谱的制订上,学生们会从儿童食物金字塔、食品科学等角度,分析食谱的合理性、科学性和实用性,提出具体的改进建议。二来指向人的发展,引导学生指向"看见彼此"的合作反思。通过每节课的反思,学生们从各个活动合作实践的复现与实操中,更加清晰地认识到自己在团队中的角色和价值,以及与其他成员之间的协作关系。这样的反思关注学生不同项目身份的参与价值,注重的是学生内在的成长与创新思维的提升。

四、项目评价

(一)评价任务

(1)过程性评价:了解营养师工作,通过制订营养师工作计划,开展健康饮食小调查,根据不同人群设计健康食谱和提供健康生活小贴士(见表2)。

表 2　项目过程性评价

评价指标	评价维度			自评	互评
	☆☆☆	☆☆	☆		
语言能力	能熟练运用英语讨论基本营养成分和健康饮食概念	能比较熟练运用英语讨论基本营养成分	能使用基础英语词汇描述食物和营养		
学习能力	能主动探索并应用营养知识解决实际问题	能探索并尝试运用营养知识解决实际问题	能跟随指导学习营养基础知识		
思维品质	能根据不同群体，综合不同营养成分，制订个性化的营养计划	能分析食物营养成分，评估其对健康饮食的贡献	能识别基本营养成分及其对身体的直接影响		
文化意识	能在根据不同文化背景人群，推广健康饮食习惯	能尊重不同文化背景人群的健康饮食习惯，并尝试理解其背后的价值观	能识别不同文化中的食物习惯		
探究实践	能深入分析营养素、BMI 指数与健康之间的关系，并提出科学的饮食建议	能探究营养素在食物中的分布，理解其对维持健康体重的作用	能识别六大营养素及其对人体健康的基本知识		
态度责任	能作为健康生活方式的典范，积极影响他人，推广健康生活理念	积极参与健康饮食的学习和实践，展现出对个人健康的责任感	表现出对个人健康的基本关注，愿意学习健康饮食		
探究性实践	能熟练调查饮食习惯，熟练收集和分析数据	能设计和实施营养调查，分析数据以得出有意义的结论	能参与简单的营养调查，收集基础数据		
社会性实践	能在团队中发挥领导作用，协调多方资源，推动项目进展	能在团队中有效沟通和协作，解决具有挑战性的问题	能在小组中承担角色，与他人合作完成任务		
创造性实践	能创造性地结合不同营养成分，提出创新的饮食方案	能结合不同营养成分，提出创新的饮食方案	能提出基于基本营养知识的健康饮食建议		
调控性实践	能根据长期健康目标，持续优化个人饮食计划，并能适应不同生活情境	能独立根据健康目标调整饮食计划，并自我监控进度	能在成人指导下调整个人饮食计划以改善营养摄入		

（2）总结性评价：开展现场营养咨询会，向师生普及健康生活理念（见表3）。

表3　项目总结性评价

评价维度	具体指标	评分标准	自评	互评	师评
展示内容	语言知识准确性	单词拼写准确无误，对健康饮食的宣传成果中没有语法错误	☆☆☆	☆☆☆	☆☆☆
	信息完整性	涵盖了关键信息，如食物种类、营养成分、作用等	☆☆☆	☆☆☆	☆☆☆
	数据可靠性	如有数据支持，数据来源可靠，分析合理	☆☆☆	☆☆☆	☆☆☆
创新思维	独特视角	提出新颖的观点或方法，展现独特的思考方式	☆☆☆	☆☆☆	☆☆☆
	创意表现	成果呈现具有独特的风格，如语言表达、视觉设计等，形式或展示方式具有创意，吸引观众	☆☆☆	☆☆☆	☆☆☆
展示方式	方法合理性	所采用的方法贴合项目主题和目标，具有可行性	☆☆☆	☆☆☆	☆☆☆
	个性化应用	能够根据团队特点和资源，灵活运用方法	☆☆☆	☆☆☆	☆☆☆

（二）评价任务案例分析

以下以"小小营养师"项目中第2课时制订健康食谱环节为例，介绍英语项目化学习评价任务和评价量表的设计与运用。

1. 活动介绍

在这个活动环节，学生需要根据用户的BMI指数和生活方式编写一份个性化的健康饮食计划，因此我们将以评委角色扮演法之用户身份评价该饮食计划。

2. 评价任务设计

（1）个性化食谱设计。该任务要求学生运用跨学科知识与技能展示对个体差异的理解，这是营养师角色的核心能力之一。学生需要考虑不同BMI指数对应的营养需求,设计出符合用户健康状况的食谱。评价任务的设计能够很好地评价高阶认知策略的运用,评价学生通过调查获取准确的健康信息的能力,并基于这些信息做出合理的饮食建议。

(2)营养建议提供。学生不仅要设计食谱,还要能够解释食谱背后的营养理念,包括食物种类、数量和营养结构,此任务有助于学生高阶策略的运用,也用来评价学生的表达性技能,如是否清晰、准确地传达复杂的营养信息。

(3)顾客反馈分析。通过模拟顾客反馈,学生可以学习如何接受和利用外部意见来改进工作,分析食谱的优缺点,并据此改进食谱,这是实际工作中不可或缺的技能。此评价任务体现真实情境下的迁移,学生能够理解反馈与改进方案之间的关系。

(4)自我评估能力。学生需要根据自我评估的四个方面(判断、设计、建议、礼貌友善)来反思自己的工作。自我评估是自我提升的重要工具,学生通过自我评估可以更好地了解自己在营养师项目中学习实践的深度与广度。

3. 活动评价量表设计

活动评价量表有两种形式,如图 9 和图 10 所示。

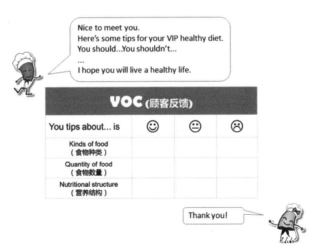

图 9　用户评价

本课时中教师根据评价任务设计对应的评价量表,以此来评价学生在学

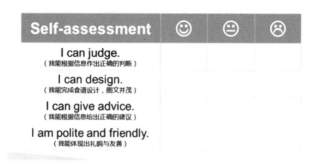

图 10　下课通行证-自我评价

习实践过程中的核心素养。以上评价量表设计时主要关注了以下几个方面：

（1）目标一致性：评价量表与评价任务目标紧密一致，确保评价内容与学生需要达成的学习成果相匹配，如食谱设计能力对应自然科学学科中营养学知识的应用；学生在提供营养建议和处理顾客反馈时，需要用英语表达性技能进行有效沟通。

（2）真实可操作性：学生设计个性化食谱，实际上在模拟真实的营养师工作流程。学生需考虑客户的个体差异，根据 BMI 指数和生活方式设计个性化食谱。评价量表中的任务（如食谱设计、营养建议提供）都是具体且可执行的，要让学生明确知道如何完成这些任务，并促进他们在健康饮食关键概念和语言能力上的发展。

（3）互动反思性：用户评价提供了外部反馈，促使学生思考如何满足不同用户的需求。自我评价促进学生的自我反思，帮助他们认识在提供饮食建议中自己的长处和需要改进的地方。这里的评价设计不仅是学习的评价，更是促进学习的评价，是评价学习性的重要体现。

五、项目总结与反思

（一）项目中成功的点

1. 借助项目支架，破解合作痛点和认知僵局

在"小小营养师"项目化学习中，我们首次探索项目化学习工具在跨学科教学不同阶段的设计与实践。这些工具关注跨学科逻辑在真实世界中的表

现,不仅指向跨学科素养的实践转化,更让指向真实问题解决的跨学科教学实践得以有效推进,破解了学生合作中的痛点和认知僵局。

1)借助项目支架,培养了问题解决的兴趣和思考习惯

学生从自己所关注的真实营养问题展开讨论,每个小组的关注点都是不同的,他们借助支架从不同的角度去提问,去思考和设计自己小组的营养师工作,不断主动接受新的信息,在不同阶段的实践体验活动中发展兴趣,培养习惯。

2)借助项目支架,提高了问题解决的交流和沟通能力

通过项目化学习,学生围绕主题,借助项目支架在做调查、给建议和做食谱推荐的实践活动中充分发表自己的看法,交流自己的感受,不断用所学的语言去表达和沟通,语言交流能力慢慢得到了提升。

3)借助项目支架,发展了问题解决的合作和反思能力

学生在项目化学习中是以小组合作方式开展的,在解决问题的交流过程中,借助项目支架,以"开放的心态"提供并接受反馈,互相学习,培养了问题解决的反思能力。

2. 优化认知负荷,赋予学生自主性和胜任感

在"小小营养师"项目化学习的实践中,我们同样关注到了学生的认知负荷问题,并尝试通过一系列教学策略和方法来优化学生的学习体验,赋予他们更多的自主性和胜任感。

1)自主性驱动:基于兴趣的项目选择与深入

我们鼓励学生根据自己的兴趣和能力选择项目主题和项目任务,学生可以根据已有认知,选择熟悉的营养主题词进行研究和探索。这种自主性驱动的方式不仅激发了学生的学习动力,还使他们在面对挑战时更具主动性和创造性。

2)胜任感提升:满足多样化学习需求的项目实践

首先,我们鼓励学生在项目中承担不同的角色和责任,以提高他们的参与度和责任感。其次,我们设计渐进式任务,在项目启动阶段制订工作计划,通

过了解营养师工作任务,从饮食和生活习惯调查到推荐健康食谱和提供健康建议,让学生经历营养师工作技能的专项实践之后,再进行现场营养咨询与展示综合实践活动。从体验到专项实践到综合实践有效提升了学生的胜任感。

(二)项目中可以改进的地方

1. 英语学科工具性和人文性的体现不够充分

在英语跨学科项目化学习中,学生仅仅用英语来进行输出,缺少对英语学科本身工具性和人文性的更好的体现和实践。在项目目标撰写和评价量规设计时,可以加入使用英语语言技能,例如在社会服务提供健康建议时,引导学生学习不同句型带来的情感效应,用疑问句引起用户好奇、用祈使句表达建议、用感叹句代表对某一食物所含的营养元素的强调等。如果设计宣传海报,我们还可以通过使用大小写来强调某一概念……

2. 团队合作中不同风格的学生产生合作挑战

由于本项目是学校第一个尝试的项目化学习,在小组成立后发展出了不同的风格并遇到了一定的合作挑战,例如有些小组是"鸡血"型的,组员七嘴八舌,互不相让;有些小组是"专制"型的,一人非常强势,他人被动无语……不同的合作挑战,让我们不得不思考进一步的应对策略,例如针对"鸡血"型我们建议下一次合作采取轮流反馈、民主决定,"专制"型的采取老师适当干预,鼓励其他同伴勇于表达。但是在实际合作推进过程中,学生合作文化的形成还有待进一步培育。

自然篇

花卉的一生

景城校区 | 卫佳雯、范博娅

一、项目简介

  本项目以探究植物生长过程为核心,整合劳动、数学学科,引导学生全面了解植物的生命历程和各个生长阶段的形态特征,学会种植并用长期观察的方法对植物的一生进行有序观察,养成持续、细致观察和如实记录的习惯,形成对周围自然现象和事物持久的探究动力;同时,要求学生通过策划"花卉的一生"展览,以实物向其他学生介绍花卉的生命历程,提高他们与自然和谐相处的意识,增强他们对生态环境的责任感。

二、项目设计

(一)学情分析

  三年级学生具备良好的跨学科知识与能力,已有两年自然学科的学习基础,对植物的形态特征及生长习性等具有一定的知识储备,在数学课中也学习了数据收集的方法。在以往三年级自然"牵牛花的一生"单元教学时,学生对于花卉感兴趣,但缺乏种植经验导致未能进行长期观察,对花卉一生各阶段形态特征的认识停留在知识层面。通过种植实践,学生可以亲历花卉的生长过程。此外,学生在校园百花节活动中对花卉已经开展了探究,积累了一定的花卉知识。花卉这一选题与学生的认知基础和日常生活紧密相关,能够激发他们的兴趣,提升参与度。

(二)项目目标

以下从跨学科核心概念、跨学科核心知识与能力、学习素养三个层面拆解项目目标。

1. 跨学科核心概念

亲历花卉的生命历程。

2. 跨学科核心知识与能力

(1)自然学科:探究花卉的生长周期。

(2)劳动学科:规范使用劳动工具进行种植。

(3)数学学科:用数学的语言记录生长过程中的数据。

3. 学习素养

(1)探究性实践:在种植花卉过程中,观察记录花卉生长过程中的变化。

(2)社会性实践:在小组团队合作中,积极倾听他人的观点并给出回应。

(3)技术性实践:安全规范使用种植工具,进行播种等种植活动。

(4)审美性实践:通过不同颜色、图画,制作富有美感的"花卉的一生"卡片,感受植物之美。

(三)挑战性问题

1. 本质问题

花卉的一生要经历哪些阶段?

2. 驱动性问题

春季校园要种植花卉,作为阳光苑的小主人,怎么种植并记录花卉的一生?

（四）预期成果

本项目中学生形成的产品形式为"花卉的一生"卡片，公开方式为"花卉的一生"展览。关于成果的具体说明如下：

（1）探究生长过程：通过自然探究实践活动，围绕"花卉的一生"项目，共建项目地图，制订种植计划，并进行分工合作。

（2）制作介绍卡片：围绕生长记录单，学生回顾分享花卉不同生长阶段的形态特征，小组合作完成"花卉的一生"卡片的设计。

（3）"花卉的一生"展览：学生自主策划布展，并在校园内进行展示、分享和介绍。

（五）预期学习活动

时间	项目进程	学习支架/过程评价
入项活动 （1课时）	问题1：哪些花卉适合在春季校园播种？ 问题2：对于花卉种植你知道些什么？ 问题3：怎么制订种植计划？	花卉调查表 种植计划流程图
项目实施 （2课时）	问题1：花卉种子有哪些特征？ 问题2：怎样用工具进行播种？ 问题3：如何用科学方法观察和测量花卉生长过程中发生的变化？	种植工具探究单 花卉生长记录单
项目结尾 （1课时）	问题1：怎样呈现出花卉的生命周期？ 问题2：如何举办一场花展？	"花卉的一生"展览

三、项目实施

（一）入项活动：激活学生的自主探究意识

在"花卉的一生"项目中，我们特别注重培养学生的自主探究能力，让学生不再只是为了完成老师的任务而学习。我们鼓励学生以花卉为研究对象，通过调查环境、筛选花卉和制订计划等方式，自主发现问题、解决问题并得出结论。

入项活动中，我们提出"春季校园要种植花卉，作为阳光苑的小主人，怎么种植并记录花卉的一生？"面对这样的问题，三年级小主人们各抒己见："我们可以在学校阳光苑的班级种植区域进行种植，然后记录花卉的生长""我们还可以把记录的花卉一生的各个阶段呈现出来，让其他同学看到""那我们要学习种植和记录"……在这样的思维碰撞下，以学生想法为主、教师引导为辅，师生共建了"花卉的一生"的项目地图（见图 1）。

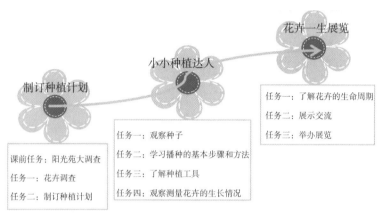

图 1　花卉的一生

在制订种植计划的环节，三年级学生对校园阳光苑种植环境特征及适合种植的花卉品种存在认知上的困难，于是教师组织学生课前通过实地调查和仪器测量，收集并分析种植区域的环境数据（见图 2）；课上讨论适合春季校园播种的花卉、调查植物的生长需求、归纳筛选花卉品种（见图 3）。

图 2　实地测量　　　　　　　　图 3　讨论归纳

这样的自主探究学习让学生不仅深入了解了种植的环境和花卉,还培养了他们科学探究和解决问题的能力,让学生变身成了项目的主人。

(二) 项目实施:丰富学生的实践体验

项目实施前,教师带领学生一同思考"完成本项目时我们已经知道些什么和想知道些什么",根据师生间的互动为后续项目制订计划。

师:要种植花卉并进行观察,记录花卉的生长阶段,前期有什么想知道的吗?

生1:我们想了解花卉种植的基本步骤和要求,以及怎么使用劳动工具。

生2:我们想知道怎么科学地观察并记录花的生长情况。

……

在项目中,我们根据学生需求安排了多种形式的实践活动,包括播种育苗、观测记录、日常养护等。这些活动需要学生通过动手实践、观察记录等形式来发现问题、解决问题。

1. 播种育苗

在播种育苗中,学生先观察种子、记录特点,再讨论交流怎么播种,通过亲手操作和实践体验,学习并掌握草本花卉种子的播种方法(见图4)。

师:同学们,你能从这些混在一起的种子中间找出牵牛花的种子吗?

生1:这些圆圆大大的我认识,是豆科种子,那这个看起来只有5毫米大小、半弧形的就是牵牛花的种子了。

师:观察得很仔细,那要怎么播种牵牛花种子呢? 小组讨论进行探究吧。

生2:经过探究,我们发现牵牛花种子的皮比较厚,我们要先用砂皮纸磨破种皮,浸泡一晚后,再种入土中。

2. 观测记录

长出幼苗后,学生探讨如何运用科学的方法来观察和测量花卉生长过程中的变化,讨论明确观察方法。课后,学生进行实际的观测、记录和日常养护。

图 4　学习播种

师：种子发芽，长出了两种不同的叶片，你们能比较出子叶和真叶的区别吗？

生1：我们描绘了轮廓后，发现两种叶片的大小和形状都不一样。

师：如果对它进行持续观察，你们有什么方法吗？ 小组讨论下。

生2：观察叶片生长时，可以选择一到两片具有代表性的叶片进行持续的跟踪观察，可以用绘制叶片轮廓的方法。

生3：还可以使用尺子测量叶片的长、宽。

生4：采用方格纸来记录叶片的大小变化。

师：同学们可以选择其中一种方法对一到两片叶子进行持续观测记录，当然还可以记录叶的数量变化(见图5)。

图 5　观测、记录及养护

这些实践活动让学生深入了解了花卉的生长过程、理解了植物的生长规律。同时,这些实践活动培养了学生科学探究的持久性和细致性,也培养了学生自主探究和解决问题的能力。

因此,在项目中,我们力求以学生探究为主,通过项目化的学习方式,让学生更全面地理解和运用知识,提高问题解决能力,提升综合素养。

(三)项目优化:学习支架助力学生学习

学习支架是教师为学生构建的促进其向上发展的工具,它不仅引导教学过程,还帮助学生深入理解和吸收所学知识与技能。我们根据不同的学习活动,为学生提供不同的学习支持,以激发他们的主动性以及深化学习体验。

"制订种植计划"中,学生课前调查了种植环境的特征,课上调查了花卉的生长需求。为了了解学生对于种植的已有认知,教师提供了起到链接旧知的KWL表格,学生从"已知""想知"两个方面进行了罗列(见图6)。借助这个支架,学生理清了思路。这一活动中,最后需要学生制订各小组的种植计划,计划对于学生来说存在难度,为了降低任务的难度、为学生提供清晰的方向,教师提供了流程图,让学生结合种植须知从播种等方面进行了梳理(见图7)。

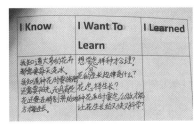

图6 "KWL"表格

图7 提供流程图

"小小种植达人"学习活动中不仅有自然学科对种子的观察记录,还有对劳动工具的认识及使用。学生在教师的指导下规范使用劳动工具,并借助种植工具探究单(见图8)认识常见的种植工具,提高了学生参与度和自主学习能力。为了帮助学生系统地观察和记录花卉生长过程中的变化,教师提供了花卉生长记录单,让学生结合小组的观测情况进行补充完善(见图9)。

图8 种植工具探究单

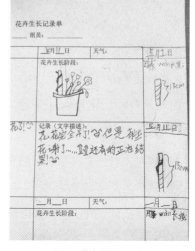

图9 花卉生长记录单

除了图表类的学习支架,考虑到课堂教学中小组人数较多,教师运用了"Think&Pair&Share"思考配对分享这种协作学习策略以组织学生进行有效讨论。首先,给学生时间独立思考问题,让他们形成自己的观点和想法;然后,让其与旁边的同学配对,分享和讨论他们的想法,这有助于学生在小组讨论前整理自己的思路,并从同伴那里获得反馈;最后,组内分享交流各自的讨论结果。这一过程中,教师鼓励学生提出不同的观点,发生思维的碰撞,并尊重每个小组成员的意见。

这些学习支架为学生提供了明确的学习路径,降低了任务的难度,同时激发了他们对学习内容的兴趣。它们不仅促进了学生对知识的深入理解,还提升了他们的高阶思维能力,如批判性思维、创造性思维和问题解决能力。这些支架通过提供结构化的支持,帮助学生在面对复杂问题时,更加自信地进行探索和解决。

(四) 项目结尾:深化学生的学习成果

在校园多彩百花节的氛围中,如何让学生利用种植的花卉进行"花卉的一生"展览介绍?课上我们组织学生进行深入讨论,交流如何有效地呈现花卉从萌芽到凋谢的各个阶段。依托阳光苑的种植环境,学习活动不局限在课堂,我们鼓励学生创作关于花卉一生内容的宣传卡片,向其他学生进行介绍。

师:同学们,结合你们前期的观察记录,你们对花卉的一生有哪些认识?

生1:牵牛花的生命从种子开始,萌发生长,经过移栽、开花、凋谢、结果,到最后果实成熟,果实里面就又是它的种子。

生2:凤仙花的种子会经历萌发、生长、开花、结果。

师:怎样呈现出花卉的生命周期?

生3:可以做小报,但有没有更新颖可以和其他同学互动的形式?

生4:我们可以将各个阶段做成一张张小卡片,然后串在一起变成一本书,同学们可以看到现在的生长阶段,也可以翻阅之前的。

在项目的最后,举办"花卉的一生"展览。在策划布展的过程中,学生们积极参与讨论,明确各自的职责和分工。学生插杆挂卡片、向其他同学介绍种植的花卉及其经历的生长阶段(见图10)。

图10 插杆挂卡片

四、评价方式

(一)课堂自评与互评

1. 课堂自评单

活动评价表		
活动要求		达成情况
合作学习	①与伙伴合作完成	☆
	②明确各自任务要求	☆
调查与计划	①调查花卉,完成花卉生长需求表	☆
	②借助流程图,制定种植计划	☆

课堂自评单关注多个维度,包括学生的合作学习、调查与计划。自评可以帮助学生更好地了解自己的学习过程、反思自己的学习行为。教师鼓励学生客观自评,发现优势和提升点,促进学习方法不断进步。

续　表

2. 课堂互评单

评价维度	评价标准			达成情况	
	☆☆☆	☆☆	☆	自评	互评
规范操作	安全、熟练地使用工具进行播种，无操作失误	基本安全地使用工具进行播种，偶尔有小失误	使用工具时存在安全隐患，操作中失误较多		
科学观察	选择并应用多种观察方法对花卉和叶进行细致观察	选择并应用一种观察方法对花和叶进行观察，但不够细致	观察方法单一，对花和叶的观察不全面或不准确够细致		
观察记录	持续、细致地观察并准确如实记录所有关键信息	观察并记录部分关键信息，记录不够持续	观察记录断续或缺失，关键信息缺失		

互评通常由同伴进行，可以提供更客观的评价结果，激励学生追求更好的表现。在观察记录环节，学生们根据规范操作、科学观察、观察记录三个维度进行互评。

（二）项目复盘（反思与分享）

在项目结尾，教师使用任务单引导学生进行了一次深刻的反思与分享活动，旨在帮助学生回顾整个学习过程中的体验和感受。

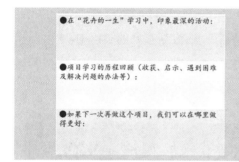

● 在"花卉的一生"学习中，印象最深的活动：

● 项目学习的历程回顾（收获、启示、遇到困难及解决问题的办法等）：

● 如果下一次再做这个项目，我们可以在哪里做得更好：

在"花卉的一生"学习中，学生分享了印象最深的活动，如：在种植过程中定期进行观测记录，发现了花卉不同阶段的变化。

学生还对下次再做这个项目可以在哪里做得更好进行了反思，如：在展览的策划中，对于花卉的介绍方式可以更具创新性。

五、项目总结与反思

（一）项目成效

1. 助力课堂的深度学习

不同于自然课堂中的小组合作、实验探究，跨学科学习注重的合作探究，体现在以下几个方面：学生借助学习支架在组内进行开放而深入的沟通，分享交流不同的观点和想法，促进知识的深入理解；学生在合作探究中发挥创造性，提出新颖的想法和解决方案，提升创新能力；在合作学习的过程中，教师采用多元化的评价方法，包括自评、互评、师评，引导学生进行自我反思，并利用互评和师评为学生的深度学习提供反馈和指导。

学生运用两种以上的学科知识去解决一个真实情景中的真实问题，促使学生在实践中不断学习和应用跨学科知识。跨学科学习不仅促进了学生之间的合作,还深化了学习体验,使学生在课堂中实现了深度学习。

2. 提升学生的综合素养

我们通过跨学科项目的设计与实施,鼓励学生运用多学科的知识和能力去观察、深入思考和创造性地解决实际问题,有效提升了学生的综合素养。在"花卉的一生"跨学科学习中,学生不仅深入理解了花卉从种子到凋谢的整个生命历程,还掌握了植物各个生长阶段的形态特征。通过亲身种植和长期的有序观察,学生学会了如何持续和细致地观察植物,形成了细致观察和如实记录的良好习惯。这些习惯激发了他们对自然现象和周围事物的持久探究动力。

在观察期间,遇到花卉因施肥过多而枝叶枯黄,导致学生因此学习兴趣下降的情况,我们以此作为一个生命教育的机会,引导学生从这一经历中学习到尊重生命和接纳不完美的价值。长势良好的花卉移栽到班级种植区域后,迎来了开花结果的阶段。学生参与策划了"花卉的一生"展览,通过展示实物和制作花卉卡片,向其他学生生动地介绍了花卉的生长过程和生命价值。这一过程不仅锻炼了学生的策划、设计和表达能力,也提高了他们与自然和谐相处的意识,增强了对生态环境的责任感。

(二) 项目反思

1. 学生的小组合作能力有待提升

在项目实施过程中,学生在小组合作方面存在一定的提升空间。在探究花卉时,会出现分工不均、部分学生不参与的情况,为了促进学生之间的有效沟通与协作,需要在活动开启前明确团队各自的分工,以制定小组公约等方式确定学生的角色与任务,提升合作效率。

2. 学生的观察探究能力有待加强

在跨学科学习过程中,指导学生用数学思维去观察探究花卉生长过程中的变化还不够,学生会局限在日常的生长数据记录中,缺少图表等丰富多样的表达方式。后续将鼓励学生运用数据收集、图表绘制、统计分析等方法,来观察和记录花卉的生长周期、生长速度、形态变化等,提高学生的跨学科素养和综合能力。

校园植物寻宝记

春城校区 ｜ 刘兰德、杨佳静、沈一鸣、王晶

一、项目简介

  校园植物与学生朝夕相处，是学生开展学习活动的有效载体，但其蕴含的教学价值与教育内涵仍需进一步挖掘和发挥。开展"校园植物寻宝记"跨学科主题学习既能让学生快速了解校园环境，又能让学生在探究实践中感受人与自然的和谐共生之美。本项目以三年级自然教材第二学期第五单元"磁极与指向"为内容载体，结合美术、语文学科，通过创设校园植物寻宝情境，使学生在调查、选址、绘制、设计、实验、制作和运用等活动参与和体验中，经历校园植物寻宝路线图的个性化绘制、指南针奥秘的科学探究、指南针的制作与运用等三个阶段的学习过程，实现跨学科知识与实践活动的有机融合，促使学生在任务驱动和问题引导下始终带着兴趣开展探究和实践，在这一过程中发现问题、分析问题，不断提升综合运用所学知识解决实际问题的能力。

二、项目设计

（一）学情分析

三年级学生已具备初步的自主学习与实践能力。通过一年级自然教材第一学期第四单元"丰富多彩的植物"的学习，学生已经认识了一些常见植物的主要组成部分，初步学会从结构特征方面观察身边常见的植物；通过二年级自然教材第一学期第一单元"游乐场"的学习，学生认识了物体的位置和运动路线，初步学会了借助平面图对物体的位置进行观察，并勇于表达不同的观点。通过三年级美术教材第一学期第四单元"都市印象"和第七单元"身边的世界"的学习，学生对居住的生态环境中建筑物之间的层次关系和空间感有所了解，初步学会了观察建筑物的前后关系，并尝试用近大远小等方法表现建筑物前后、高低的层次感。通过三年级语文教材第一学期第二单元和第二学期第一单元"古诗三首"的学习，学生初步学会了在古诗词的诵读中领略古代文人墨客笔下的诗意美景，体会诗人想要表达的情感，欣赏大自然的奇妙与美好。围绕学习主题开展校园探究活动，以团队合作形式对活动进行自主规划、合理安排与有效开展，能使学生主动习得相关跨学科核心知识与能力，有助于实现学生核心素养的发展。

（二）项目目标

以下从跨学科核心概念、跨学科核心知识与能力、学习素养三个层面拆解项目目标。

1. 跨学科核心概念

物质的运动与相互作用在校园方位辨识活动中的积极运用。

2. 跨学科核心知识与能力

（1）通过调查、阅读、设计、绘制等活动，能围绕校园目标植物搜集信息，了解植物的形态特征、生长习性、主要价值与植物文化；能运用东南西北等方位词准确描述并绘制校园植物寻宝路线图；学会以手绘平面图的视觉形象方式表达自己的所见所闻并与他人交流。

（2）通过阅读、观察、设计、实验等活动，能简单推理并对磁极的特点作出一定的假设，制订简单的探究计划，记录探究的过程和结果，运用证据和初步结论对探究问题作出合理的解释；知道磁铁不同部分的磁性强弱不同，磁性最强的部分叫磁极，磁铁具有指南北的性质，磁极间具有"同极相斥，异极相吸"的性质，感悟磁现象的奇妙；了解指南针是中国的四大发明之一，知道指南针的应用，体会我国古代劳动人民的智慧，初步具有民族自信心和自豪感。

（3）通过观察、制作、实验等活动，了解磁化和去磁技术，知道磁化现象，知道自制"小磁针"有与条形磁铁相同的性质，提高制订探究计划和动手操作的能力，感悟合作学习的重要性，养成严谨认真、实事求是的科学态度。

（4）通过设计、制作、阅读、交流等活动，知道指南针的基本结构，能够自制指南针并运用指南针找到目标植物，初步具有参与技术与工程实践的意愿和正确使用常见工具的技能，具有创新设计和动手制作的能力，体会科学技术与人类生活息息相关；在古诗词等文本资料的阅读中感受、欣赏大自然的奇妙与美好，具有初步的运用语言文字表现美、创造美的能力，积极展示观察自然、探索科学世界的收获。

3. 学习素养

（1）探究性实践：能通过简单推理对磁极的特点作出一定的假设；制定简单的探究计划，选择恰当的工具和仪器搜集证据；运用证据与初步结论对探究问题作出合理的解释。

（2）社会性实践：小组合作，通过调查、绘制、实验等方式获取信息并交流；尊重自己和他人，主动表达自己的观点、仔细倾听他人的想法；能整合与运用信息，在寻找目标植物的过程中积极运用指南针和寻宝锦囊，对探究成果进行反馈与交流。

（三）挑战性问题

1. 本质问题

如何运用磁极的特点制作简易指南针？

2. 驱动性问题

如何利用自制的指南针辨认方向，寻找并了解校园中的目标植物？

（四）预期成果

在本项目中各小组学生形成的实物类成果主要包括：校园植物寻宝路线图、自制的简易指南针和植物名片。还有在成果展示中交流自制指南针的应用与改进，介绍校园植物所蕴含的丰富的价值。

关于成果的具体说明如下：

（1）植物寻宝锦囊：对校园内某一指定植物的形态特征、生长习性、主要价值与植物文化进行介绍的文本资料。

（2）校园植物寻宝路线图：根据校园内某一植物的实地调查结果，在校园平面地图上绘制出该植物的寻宝路线，并标注具体的行进路线和方位。

（3）自制的简易指南针：利用提供的材料设计并制作一个简易指南针。

（4）植物名片：用文字简单介绍某一植物不同方面的价值，并制作成名片。

（五）预期学习活动

时间	项目进程	学习支架/过程评价
入项活动（1课时）	问题1：如果要利用自制的指南针寻找到校园内的某一种植物，并为该植物制作一份名片，我们该怎么做？ 问题2：如何正确使用实验室现有的指南针？ 问题3：校园内的无患子、紫藤、竹子等11种指定植物，它们的形态特征、生长习性、主要价值与植物文化分别是怎样的呢？	项目地图 指南针的使用介绍 植物相关书籍和科普网站
项目实施（3课时）	问题1：如何整合资源，形成校园植物寻宝锦囊？ 问题2：如何开展实地调查并绘制校园植物寻宝路线图？ 问题3：磁铁有哪些奥秘？这些奥秘与指南针有什么关联呢？ 问题4：如何制作一个简易的指南针？	植物寻宝锦囊 校园平面地图 DIS（数字化）实验材料 活动单 图文和视频资料
项目结尾（2课时）	问题1：如何利用自制的指南针和植物寻宝路线图在校园内寻找到目标植物？ 问题2：如何制作植物名片并呈现植物的自身价值和文化价值？ 问题3：在校园植物寻宝活动中，各小组有哪些经验可以分享？发现了哪些不足？是如何改进的？	自制的简易指南针 植物寻宝路线图 植物名片

三、项目实施

（一）入项活动：创设校园植物寻宝情境，激活学生思维地图

在"校园植物寻宝记"项目中，我们通过创设情境（各小组要分别寻找校园内某一种指定植物所蕴藏的"宝藏"），使学生聚焦校园植物，并以"寻宝"这一学生感兴趣的形式开展校园内的探究与实践，旨在提升学生对校园植物的关注和探究意识，使之深刻体会人与自然的和谐共生之美。

入项活动中，学生围绕驱动性问题"如何利用自制的指南针辨认方向，寻找并了解校园中的目标植物"开展小组交流，讨论项目流程，形成项目地图。

师：每个小组要利用自制的指南针寻找到校园内的某一种植物，并为该植物制作一份名片，我们该怎么做？

生1：我们要学会制作指南针，就要先了解与指南针有关的一些知识。

生2：各小组要知道寻找的是校园内哪一种植物，然后要了解这种植物，才能为它制作名片。

师：既然是校园植物寻宝，每个组需要一张关于某种植物的寻宝路线图，我们该怎么做？

生3：如果要画一张植物寻宝路线图，我们首先要知道这种植物在校园内的具体位置，然后确定一条能找到它的路线，最后画在地图上。

生4：如果我们小组画好了某一种植物的寻宝路线图，就可以把路线图交给另外一个小组，让别的小组在校园中去寻找它。

在驱动性问题下，项目地图逐渐清晰（见图1），整个项目共分为三个学习阶段，首先是校园植物寻宝路线图的个性化绘制，然后是指南针奥秘的科学探究，最后是指南针的制作与运用。学生在不同学习阶段将参与和体验不同的活动方式，主动获得相应的学习成果。

为确保项目地图的顺利落实，各小组首先在无患子、紫藤、竹子、青梅、紫叶李、广玉兰、木槿、垂丝海棠、桂花、紫荆、香樟树中选定了一种校园植物；然后在教师的带领下学会正确使用实验室现有的指南针，并利用该指南针尝试

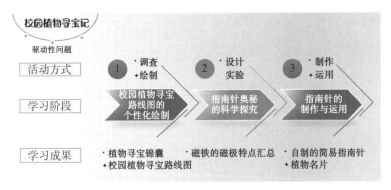

图 1　项目地图

在校园内找到小组所选的植物（见图 2）；最后在探究单的引导下，各小组围绕选定的植物，通过多途径对该植物的形态特征、生长习性、主要价值与植物文化四个方面开展自主探究，为接下来的项目实施做好充分准备。

图 2　找到所选植物

（二）项目实施：实现跨学科知识与探究实践的有机融合

1. 绘制植物寻宝路线

1）整合资源，形成植物寻宝锦囊

各小组学生就自主探究成果进行交流和讨论，从中挑选最有价值的信息，并对信息进行分类与整合，最终形成一份植物信息介绍即植物寻宝锦囊，内容包括植物的形态特征和生长习性、植物的主要价值与相关文化，如医药、观赏价值，植物相关古诗词、花语等(见图 3)。

【自主探究单】校园植物知多少

校园植物名称	□无患子 □紫藤 □竹子 □青梅 □紫叶李 □广玉兰 □木槿 □垂丝海棠 □桂花 □紫荆 □香樟树
第____小组	我在小组中主要负责探究该植物在________方面的内容。
探究建议	1、积极利用学校图书馆等资源，阅读相关植物科普类书籍。 2、借助网络平台，如“百度百科” https://baike.baidu.com/，输入关键词，进入词条。 3、可实地观察植物，也可咨询学校老师或家长并交流。
探究内容	简要介绍
1、形态特征	
2、生长习性	
3、主要价值	
4、植物文化	

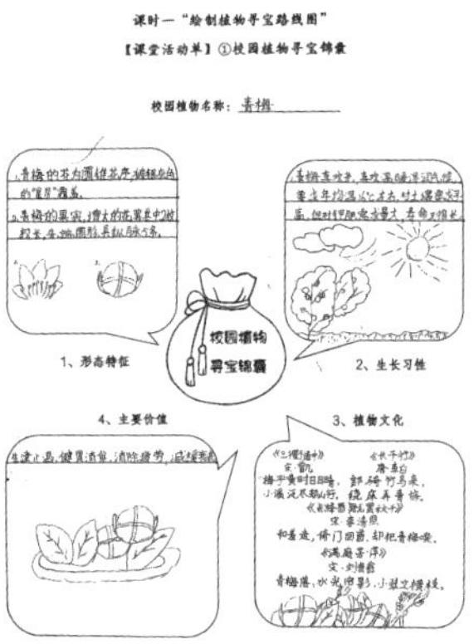

图 3 实地调查，确定植物寻宝点位

各小组首先要在校园平面地图上查找目标植物的位置，初步制定植物寻宝的起点和终点之间的路线。然后，根据初步路线在校园内开展实地调查，寻找路线中的标志性点位，确定具体的行进路线和方位，并使用东南西北等方位词进行描述。最后形成一份校园植物寻宝路线图。

师：在开展校园实地调查中，关于校园平面地图的使用，我们要注意些什么？

生 1：这张校园平面地图上有指定的方向，比如地图的正上方指的方向是“东”。

生 2：在校园里走的时候要对照校园平面地图上的方向，确保在地图上画的路线是正确的。

2）绘制校园植物寻宝路线图

从植物寻宝路线图的初步绘制到实地勘探中对路线的验证与优化，各小组以一种特殊的视觉形象方式传递着校园植物的位置信息，并将这份路线图传递给另一个小组，为另一个小组开展校园植物寻宝之旅提供有效线索与帮助(见图 4)。

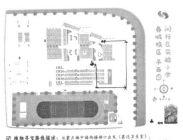
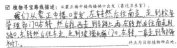

图 4　实地勘探路线图

师:在植物寻宝路线图上还需要对所画的路线进行描述,如何通过描述更好地帮助另一个小组找到校园里的这种植物呢?

生1:可在所画的路线上增加多个箭头作为方向指引。

生2:把行进路线分成几段,每一段路线的描述都要准确使用东南西北这类方位词。

生3:描述中还可以利用沿线的一些标志性点位,引导小组朝着正确的路线行进。

在绘制植物寻宝路线图活动中,学生通过查找资料、阅读等,围绕校园目标植物搜集信息,了解植物的形态特征、生长习性、主要价值与植物文化;通过实地调查、设计等,运用东南西北等方位词准确描述并绘制校园植物寻宝路线图;以手绘平面图的视觉形象方式表达自己的所见所闻并与他人交流。学生以小组合作形式积极参与到校园实践中,不仅通过多种途径和方式主动获取所需信息,还在合作与交流中学会了尊重自己和他人,主动表达自己的观点、仔细倾听他人的想法。

2. 探究指南针的奥秘之探究磁铁的奥秘

1) 观察磁铁的指向

本小组在完成了"校园植物寻宝锦囊"的制作和"植物寻宝路线图"的绘制之后,将把这份植物寻宝"锦囊"和"路线图"传递给另一个小组。于是,各小组都会领到不同的校园植物寻宝任务,并开始探究指南针的奥秘。首先,学生讨论交流指南针的工作原理,然后设计实验使磁铁自由转动,最后观察自由转动的磁铁静止后的指向(见图5)。

图 5　用指南针指引方向

师:使磁铁自由转动,磁铁是否能指南北呢? 请利用提供的材料,设计实验使磁铁自由转动。

生1:我们是用绳子将磁铁悬挂起来。

生2:我们是把磁铁放在泡沫塑料板上,然后放在水中。

师:同学们都设计了能使磁铁自由转动的方案,请按照设计开始实验并注意观察实验现象。

2) 探究磁极间的相互作用

学生先通过实验发现自由转动的磁铁静止后总是指示南北方向。那么磁铁为什么能指示南北方向呢? 围绕该问题,学生在阅读资料中知道地球是个大磁体,由此猜想和交流磁铁能指示南北可能与地球这个大磁体有关。然后开展实验验证猜想,并借助"赛·课堂"的"录制视频"功能,清晰呈现"同极相斥,异极相吸"的实验现象与过程。最后,学生运用证据与初步结论对磁铁指南北的原因做出了合理解释(见图6)。

师:磁铁为什么能指示南北方向呢,请阅读资料并讨论交流。

生1:可能与地球是个大磁铁有关。

生2:地球是个大磁铁,我们的磁铁和地球这个大磁铁之间有相互作用。

师:是这样吗? 请各小组利用两个磁铁小车进行实验,观察现象,运用

图6 合理解释磁铁的指向功能

"赛·课堂"的"录制视频"功能录制并上传分享实验现象。实验中你们发现了什么?

生3:当N极和S极靠近时,会吸在一起。

生4:当N极和N极靠近时,会出现排斥、推开的现象。

师:现在你们能试着说一说磁铁为什么能指南北了吗?

生5:地球这个大磁铁N极和S极总是在地理位置的南极和北极,又因为我们的磁铁的N极和S极和地球大磁铁的N极和S极之间具有相互排斥和相互吸引的作用,所以磁铁能指南北,磁铁的S极指向南方,N极指向北方。

3)探究磁铁不同部位磁性的强弱

学生知道了磁铁有磁性,接下来就要通过一系列的探究活动深入理解磁铁的磁性分布特点,特别是"磁极"的概念。首先,学生利用磁铁的不同部位吸引回形针,通过比较所吸引回形针数量的不同,发现两极的磁性强,中间的磁性弱。然后利用DIS(数字化)实验材料(磁传感器)进行磁铁不同部位磁性强弱的检测,通过数据记录和分析,更准确地比较磁铁不同部位磁性强弱。材料的结构化能有效激发学生的探究兴趣,促进学生的思维进阶(见图7)。

图7 促进思维进阶

师:观察磁铁吸引回形针的实验现象,说明条形磁铁的磁性分布有什么特点。

生1：可能两端磁性比较强。

师：为了验证猜想，今天老师给大家带来了磁传感器，它可以用数据的形式准确测量出磁铁不同部位磁性的强弱。同学们可以选择磁铁的五个部位进行测量。当测量结束后你们有什么发现？你们是怎么发现这些现象的？

生2：通过测量，我们发现磁铁两端磁性最强，越往中间磁性越弱。因为磁传感器显示出磁铁两端的数据最大，中间的数据最小。

在探究磁铁的奥秘活动中，学生通过阅读、观察、设计、实验等活动，能简单推理并对磁极的特点作出一定的假设，能制订简单的探究计划，记录探究的过程和结果，并运用证据和初步结论对探究问题作出合理的解释；学生知道了磁铁不同部分的磁性强弱不同，磁性最强的部分叫磁极，磁铁具有指南北的性质，磁极间具有"同极相斥，异极相吸"的性质。学生在科学探究中感悟着磁现象的奇妙，增强了用实验验证设想、收集证据、得出结论的能力，并在小组合作中提升了沟通与协作及共同解决问题的能力。

3. 探究指南针的奥秘之制作简易指南针

1）探究小磁针的奥秘

学生观察回形针吸起大头针的实验现象，思考如何让原本没有磁性的回形针具有磁性。学生通过制作小磁针，知道什么是磁化，哪些物体能磁化，初步了解了使铁制和钢制材料磁化的方法，并发现自制小磁针也具有与磁铁相同的性质。这一过程提高了学生动手操作的能力，为之后的制作简易指南针活动打下了基础（见图8）。

图8　了解钢铁材料磁化性质

2）设计"简易指南针"的制作方案

在教师展示并介绍实验室就地取材找到的各种材料后,学生联系之前所学习的内容,以小组合作形式设计一份"简易指南针"的制作方案。活动中,各小组对不同的设计方案进行交流,引发思维的碰撞,教师鼓励创新,进一步帮助各小组优化设计方案。（活动单如下）

介绍我们小组设计的指南针	
用到的材料	
制作方法	
用到的原理	
示意图	

3）动手制作简易指南针

各小组凭方案领取制作材料,根据方案制作简易指南针(见图9)。学生在实践中动手能力得到有效锻炼与提高,同时形成科学探究精神。完成制作后,学生将走出课堂,带上自制的指南针和其他小组绘制的校园植物寻宝路线图,在校园内开启一场植物寻宝之旅。

图9 制作简易指南针

通过制作简易指南针活动,学生不仅尝试参与了技术与工程的实践过程,还在校园寻宝任务中检验了各小组的学习成果。关于自制的指南针在寻宝任务中的运用,需教师引导学生在制作中结合关键问题进行思考,并采取相应的技术跟进。

师：我们要如何增强自制的指南针在使用时的便携性呢？

生1：可以用简易轻便的材料制作指南针的结构，便于在校园中长时间行走时携带。

师：我们又该如何提高自制的指南针在使用中的稳定性呢？

生2：给指南针安装一个外壳，可以保护小磁针。

生3：在指南针底部增加配重，使其保持稳定。

生4：强烈的撞击可能会消减小磁针的磁性，所以使用时要避免摔落。

在制作简易指南针的活动中，学生通过观察、制作、实验等活动，了解了磁化和去磁技术，知道了磁化现象，知道自制的"小磁针"与条形磁铁有相同的性质；提高了制订简单探究计划和动手操作的能力，感悟到合作学习的重要性；养成了严谨认真、实事求是的科学态度。学生通过设计、制作、交流等活动，知道了指南针的基本结构，能够自制指南针，初步具有了参与技术与工程实践的意愿和正确使用常见工具的技能，增强了创新设计和动手制作能力，体会到了科学技术与人类生活息息相关。

（三）项目结尾：实践与运用、分享与交流中促成长

1. 校园植物寻宝

在开展校园植物寻宝之前，各小组首先进行准备工作，包括熟悉自制指南针的使用方法，检查寻宝路线图的准确性，讨论可能遇到的困难和解决方案，了解如何记录观察到的植物特征和生态环境，讨论制订寻宝策略。然后，各小组带上自制的指南针和路线图走出课堂，在校园内开启了一场植物寻宝之旅。学生们通过观察指南针的指向，对照目标植物在路线图上的方位和路线描述（见图10），最终都能顺利寻找到目标植物并认真观察记录植物的形态特征与生长环境。

师：在实地寻找和观察目标植物的过程中，你们发现了植物的哪些特征？

生1：我们发现它的叶子形状很特别。

生2：还有花朵的颜色很鲜艳。

生3：我们还注意到植物周围的土壤湿度和光照情况，这些可能影响植物

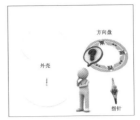

图 10　植物寻宝之旅

的生长。

师：非常好，同学们通过细节观察和及时记录，发现了环境因素对植物生长有很大影响。

在"校园植物寻宝"活动中，学生通过实地探索，学会了如何使用自制指南针和记录植物信息，提高了观察能力和团队合作能力，积极锻炼了参与技术与工程实践的能力；通过分享寻宝经历，学生能够在相互交流中加深对特定植物和校园环境的认识与了解。

2. 制作植物名片

1）植物寻宝锦囊内容整理

学生通过阅读由其他小组制作的植物寻宝锦囊，利用平板电脑上网查找能体现植物价值的信息，并结合在校园中对该植物的观察与记录，分别从形态特征、生长习性、主要价值与植物文化四方面，梳理形成植物名片的核心内容。

师：在阅读植物寻宝锦囊中的内容时，你们认为哪些信息是制作植物名片的关键？

生1：我觉得植物的形态特征和生长习性是基础信息，必须呈现在名片上。

师：对，这些是科学性的描述。那文化价值方面呢？

生2：我们可以引用一些古诗词的描述，展示植物所蕴含的文化价值。

2）植物名片的创意构思

学生基于整理的信息，对植物名片进行创意构思，包括版面设计、色彩选择、图文布局等，以确保名片既美观又能准确传达植物的基本信息与文化价值。

师:在设计名片时,你们打算如何把植物的一些科普知识与文化元素相结合?

生1:我们想用植物图解来展示其形态特征,用边框或颜色来区分科普知识和文化引用。

师:很好,这样的视觉区分有助于信息的清晰传达。你们还考虑了哪些创意元素?

生2:我们想用一些手绘元素来增加名片的个性化,比如手绘的植物插图。

3) 优化植物名片

各小组合理分工,运用适当的材料和工具动手制作植物名片,将设计图转化为实际的名片(见图11)。在制作过程中,学生将根据同伴和老师的反馈进行优化,提升名片的整体质量。

图 11 制作优质植物名片

师:在制作植物名片的过程中,你们如何确保信息的准确性和设计的吸引力?

生1:我们在设计之前会进行多轮讨论,确保信息无误。在设计上,我们尝试多种版式,直到找到最符合植物特性和文化主题的布局。

师:很好,那你们是如何改进名片,怎么知道哪里需要改进呢?

生2:我们小组会认真听取每个人的意见,讨论哪些建议最适合,并据此进行改进。

学生在设计和制作植物名片活动中,通过对古诗词等文本资料的阅读与整理,感受和欣赏着大自然的奇妙与美好,具有了初步运用语言文字表现美、创造美的能力;通过创新设计和动手制作,各小组积极呈现了在观察自然、探索科学世界中的收获。

3. 分享与交流

植物名片制作完成后,各小组将举行跨组交流会,展示各自的植物名片,分享在制作过程中的经验、挑战和感悟。同时,小组还将积极运用"赛·课堂"中的电子评价单,在聆听与思考中对其他小组进行评价并提出建议。

师:你们觉得可以从哪些角度评价其他小组制作的植物名片呢?

生1:可以从创意度、美观度、实用性等角度来评价。

师:在跨组交流中,你们获得了哪些新知识或新方法?

生2:我们了解了其他小组在设计名片时使用的一些创新方法,比如结合校园文化元素。

师:如果我们要举行一次校级展示活动,面向全校师生展示你们小组制作的指南针和植物名片,分享你们对指南针和校园植物的探究成果以及在整个活动中的收获与感悟。你们准备如何吸引观众的注意力?

生1:我们可以设计一些互动环节,比如校园植物知识问答,让更多同学参与进来。

师:这是个好主意,互动环节可以提高观众的参与度。你们打算如何展示你们的成果?

生2:我们可以制作展板,用图文结合的方法呈现整个植物寻宝过程,让大家更直观地了解我们这个的活动。

生3:还可以实物介绍指南针,提供一些有趣的实验制作机会,让更多同学在动手操作中探究指南针的奥秘。

"分享与交流"活动为学生提供了展示团队合作成果,促进智慧碰撞的良好平台。学生在积极的交流互动中不断激发科学探究思维,丰富跨学科知识,提升了自信心与口头表达能力,同时也主动从同伴互动与反馈中汲取养分,积极促使自我反思与成长。

四、评价方式

　　本项目在开展中体现了以学生自评、小组互评和教师评价相结合的评价主体多元化，以表现性评价和过程性评价相结合的评价方式多样化，进而不断提升学生的实践能力、创新意识和解决问题的能力，助力学生跨学科核心知识与能力、核心素养目标的有效达成。

（一）课堂自评与互评

　　以项目实施中"探究指南针的奥秘之探究磁铁的奥秘"一课为例。在"观察磁铁的指向"实验操作中，各小组以多种途径开展深入探究，利用多种实验材料，自主设计不同的实验方案使磁铁自由转动，并对实验结果进行归纳总结。这一过程中，教师运用"赛·课堂"数字教学平台中的"学生自评"功能，使小组从"科学思维""探究实践"和"科学观念"三个维度进行自评。并在实验展示环节组织开展小组间的交流与互评。在整个学生活动过程中，教师积极利用数字平台开展有效的即时评价。

（二）项目复盘（反思与分享）

　　在项目结尾，各小组学生在任务单的引导下对"校园植物寻宝"和"制作植物名片"两个重要的实践活动的开展与成效进行了反思与总结，进而回顾整个项目过程，在讨论中梳理经验和心得，主动提出不足与改进点，最后在组与组之间的分享交流中充分体现出项目参与的价值与意义。

　　回顾自己在"校园植物寻宝记"整个活动中的表现和参与体会，当中你遇到了哪些挑战？你是如何克服这些挑战的？

　　学生的反馈如：在收集植物资料时，发现信息量很大，难以整理。于是小组采用了分工合作的方式，每个人负责一部分信息的搜集和整理，并定期交流进展，最终整合成完整的资料。

　　你认为最终的成果有哪些值得骄傲的地方？有哪些地方可以改进？

　　学生的反馈如：我们小组的植物名片设计非常独特，不但信息准确，而且美观大方。我们觉得在名片的互动性上还有提升空间，比如可以加入二维码链接到更多相关信息。

五、项目总结与反思

（一）构建多维度教师团队与学生自主管理模式

面对三年级学生在校园实践活动中各小组活动较为分散、教师指导与管理复杂化的多重挑战，我们创新性地构建了"多维度教师团队协作指导模式"。该模式通过优化师资配置，引入助教参与，确保教师精准对接不同小组，实施个性化指导，从而保障各小组实践活动的顺利进行和问题的及时解决。同时，该协作模式也强化了活动现场的安全监督与管理，为学生开展实践活动筑起一道坚实的安全防线。此外，为了促进学生自主能力的发展，我们还积极探索并实践"学生自我管理与小组互助"的新机制。通过培养学生的责任意识、团队协作能力和问题解决技巧，让学生在小组内部形成相互支持、共同进步的良好氛围。这样不仅有助于提升学生的综合素养，也能使教师有更多的时间和精力专注于活动的深入指导，达到师生共赢的效果。

（二）在加强技术与工程实践中不断优化探究成果

本项目鼓励学生通过自制指南针参与技术与工程实践，并在校园实践活动中检验学习成果，但各小组学生自制的指南针在实际应用中的性能（如便携性、稳定性、实用性等）存在一定的不足，直接影响着校园植物寻宝任务的效率。对此，可以通过以下方式进行改进。

（1）增强便携性。指导学生重新设计指南针的外观和结构，使其更加轻便易携，便于在校园内长时间行走时携带。例如，可以考虑使用轻质材料制作外壳，并设计合理的挂绳或夹子，方便学生将其固定在背包或衣物上。

（2）提高稳定性。针对指南针在移动过程中可能出现的晃动或偏移问题，可以引导学生探索增加稳定性的方法。比如，在指南针底部增加配重，或者设计一种可调节的支架结构，使其在不同地形上都能保持水平稳定。

（3）延长磁性持续时间：自制指南针的磁性可能会随时间减弱，影响指向的准确性。可以引导学生研究如何增强或保护磁性材料，如使用更优质的磁铁，或者为磁铁设计保护壳以减少外界因素对磁性的影响。

上述改进活动不仅能够提升学生的创新意识和动手制作能力,而且能使学生更深刻地体会到科学技术与日常生活的紧密联系,增强其参与技术与工程实践的兴趣和意愿。

植物研究所

莘松校区 | 鲍晓园、杨佳静、卫佳雯、张杰、刘兰德、孔倩

一、项目简介

本项目在学校"粮博会"的背景下开展,让学生作为植物科普宣传员,设计并制作关于植物根与茎的科普手册,引导学生通过实地观察、数据分析,深入了解植物根与茎的形态特征与结构。项目融合科学实践与劳动教育,旨在培养学生科学探索的兴趣、劳动素养和团队合作精神,让学生体验科学与劳动的魅力,为未来学习和生活奠定基础。

二、项目设计

(一)学情分析

三年级学生已具备一定的跨学科知识与能力基础。在自然课上,他们学习了"植物的根、茎、叶"这一单元,对植物的基本构造有了初步认识。此外,美术课上的创意绘画活动也锻炼了学生的观察力和表现力。通过日常观察和课

外读物,学生对植物的生长环境和特点有了初步了解。结合"植物研究所"项目,学生将深入探索植物的根与茎的奥秘,这一选题既与学生的认知水平相匹配,又能激发他们的好奇心和探索欲。通过实践活动,学生将进一步提升观察、分析和实践能力,感受植物的魅力。

(二)项目目标

以下从跨学科核心概念、跨学科核心知识与能力、学习素养三个层面拆解项目目标。

1. 跨学科核心概念

植物根与茎的形态特征与结构。

2. 跨学科核心知识与能力

(1)自然学科:①通过观察马铃薯、红薯、白萝卜、葱和大蒜五种植物的外观特征,初步了解这些植物的根与茎在形态结构上的基本区别,并认识到这种区别在植物生长和发育过程中的重要性;②通过多角度的实地观察和实验,深入了解马铃薯、红薯、白萝卜、葱、大蒜在根与茎结构上的特点,绘制出它们的基本结构示意图,并准确标注各部分的功能;③探究马铃薯、红薯、白萝卜、葱、大蒜在生长过程中的生理机制,理解它们在养分积累、储存和运输上的不同作用,从而加深对植物根与茎功能差异的理解。

(2)劳技学科:结合劳技实践,通过头脑风暴和团队协作,设计并制作基于马铃薯、红薯、白萝卜、葱、大蒜结构特点的科普手册,培养创新思维和实践操作能力,同时增强对植物学的兴趣和热爱。

3. 学习素养

(1)创造性实践。在通过观察马铃薯、红薯、葱、白萝卜、大蒜这五种植物的形态结构特征来区别根与茎的活动中,学生能够创造性地提出假设,并设计实验来验证这些假设。他们能够利用这些植物的不同特征,创新地绘制详细的结构示意图,从而更直观地展现和解释根与茎的结构差异。

(2)探究性实践。在探究过程中,学生能够根据植物学的相关知识,结合观察到的植物特征,提出关于根与茎结构区别的问题,并尝试通过查阅资料、观察实验等方式寻找答案。他们能够利用所学知识,如根的吸收功能、茎的支撑和运输功能等,分析并解释不同植物在根与茎结构上的异同。

（3）审美性实践。通过小组合作,设计出不同的科普手册,感悟大自然的奇妙。

（三）挑战性问题

1. 本质问题

植物的根与茎有哪些形态结构与特征?

2. 驱动性问题

在学校举办的"粮博会"中,作为一名植物科普宣传员,如何设计并制作一本关于植物根和茎的科普手册?

（四）预期成果

在"植物研究所"项目中,学生需自行完成"植物科普手册",并在学校举办的"粮博会"上公开展示。通过小组协作式学习探究,学生们将共同确定手册中植物根与茎的详细展示要求,并制订评价手册质量的标准。在这一过程中,学生们不仅需要深入研究植物的根与茎的形态特征和结构,还要充分发挥创意,通过图文结合的方式,生动展示植物根与茎的奥秘。最终学生们将呈现出内容丰富、设计精美的植物科普手册,激发更多人对植物学的兴趣。关于成果的具体说明如下:

（1）深化植物根与茎的跨学科认知。通过"植物研究所"项目,学生将深入了解和掌握马铃薯、红薯、白萝卜、葱、大蒜等植物根与茎的形态特征与结构。这一过程不限于自然科学知识,还涉及劳技学科的实践技能,如种植、观察、分析和绘制结构示意图等。

（2）提升创新思维和实践操作能力。学生在项目中将通过设计并制作关于植物根与茎的科普手册,锻炼创新思维和实践操作能力。在这一过程中,学生需要运用所学知识,结合观察结果,创造性地提出假设并通过设计和实验验证,从而加深对植物根与茎功能的理解。

（3）培养团队合作精神和学习素养。"植物研究所"项目鼓励学生进行团队合作,共同解决问题,这有助于培养学生的团队合作精神和沟通能力。同时,项目还注重培养学生的学习素养,如创造性实践、探究性实践和审美性实践,从而为学生未来的学习和生活奠定坚实基础。

(五) 预期学习活动

时间	项目进程	学习支架/过程评价
入项活动 (1课时)	问题1:生活中所食用的马铃薯、红薯、洋葱、大蒜、白萝卜属于植物的什么结构? 问题2:植物的根和茎在形态上会发生变化吗? 发生怎样的变化? 问题3:猜测马铃薯、红薯、洋葱、大蒜、白萝卜属于变态根还是变态茎? 问题4:校园内如何种植马铃薯、红薯、大蒜、洋葱、白萝卜这些植物?	马铃薯、红薯、洋葱、大蒜、白萝卜五种植物的实物 植物变态根与变态茎介绍视频 实验设计单 设计植物的生长方案
项目实施 (2课时)	问题1:如何安全使用种植工具? 问题2:如何养护和观察植物的生长过程?	种植工具使用守则 植物的观察记录与维护单
项目结尾 (1课时)	问题1:通过种植马铃薯、红薯、洋葱、大蒜、白萝卜,你有什么发现? 问题2:怎样验证这些植物的根或茎是变态根还是变态茎呢? 问题3:如何设计制作一本有关植物的根与茎的科普手册? 问题4:如何向同伴推荐我的科普手册?	植物的根与茎科普宣传手册

三、项目实施

(一) 绿意探索——"植物研究所"开篇,点燃学生探索植物世界的热情

为了深入探索植物的奥秘,我们启动了"植物研究所"入项活动。本次活动主要围绕马铃薯、红薯、洋葱、大蒜、白萝卜这五种常见植物展开。

首先,教师带领学生探讨这五种植物在生活中的可食用部分,说明它们分别属于植物的什么结构。经过学习,学生了解到马铃薯是块茎,洋葱和大蒜是鳞茎,而红薯和白萝卜则是根。这些不同的结构赋予了它们独特的口感和营养价值(见图1)。

图1 探讨植物的可食用部分

接着,学生们深入研究了植物的根和茎在形态上是否会发生变化。通过观察和实验,同学们发现植物的根和茎在生长过程中确实会发生形态变化。例如,马铃薯的块茎会不断膨大,洋葱和大蒜的鳞茎会逐层包裹,而红薯、白萝卜的根则会逐渐伸长变粗。这些变化是植物适应环境、储存养分的自然现象。

在了解了这些基础知识后,学生们猜测马铃薯、红薯、洋葱、大蒜、白萝卜这些植物可能属于变态根或变态茎。通过查阅资料,得知它们确实属于植物的变态器官,分别是块茎、鳞茎和肉质根。

最后,教师带领学生计划在校园内种植这些植物。我们将选择合适的土壤和位置,进行播种和养护。通过实际种植,我们希望学生更深入地了解这些植物的生长习性和特点,为未来的研究打下坚实基础。在整个活动过程中,我们注重培养学生的观察能力和实践能力,让他们在亲身体验中感受植物的魅力。

(二)学科融通——"植物研究所"跨学科实践,提升学生综合能力

在"植物研究所"项目中,我们注重跨学科的实践研究,将自然科学、生物学、生态学、劳动技术等多个学科的知识相互融合。学生们在参与项目的过程中,不仅要进行植物的种植和观察,还要学习相关的科学理论,运用数据分析和图表制作等技能。

在项目实施过程中,我们设计了多个实践环节。首先,我们指导学生进行植物的种植、观察和记录。学生们选择了自己喜欢的植物进行种植,并每天观察记录植物的生长情况,包括株高、叶色、花期等指标。通过长期的观察和记录,学生们逐渐掌握了植物生长的基本规律和特点。

同时,我们还开展了植物解剖实验。学生们利用放大镜等工具,对植物的根、茎、叶等部位进行解剖观察,了解植物的内部结构和组织特点(见图2)。这些实验不仅让学生们对植物有了更深入的了解,还锻炼了他们的实验技能和动手能力。

图 2　开展植物解剖实验

除了观察和实验外,我们还要求学生进行数据分析和图表制作。学生们将自己的观察数据和实验结果进行整理和分析,运用统计学原理绘制出图表,并撰写实验报告。这个过程不仅锻炼了学生们的数据处理能力,还培养了他们的逻辑思维和表达能力。

在学科融通的过程中,学生们不仅提升了综合能力,还培养了跨学科学习的思维方式。他们学会了将不同学科的知识相互融合,形成自己的知识体系,为未来的学习和研究打下了坚实的基础。

(三)绿意展示——"植物研究所"成果呈现,孕育校园绿色文化

为了加深学生对植物结构的理解,并孕育校园绿色文化,"植物研究所"项目的最终成果将通过《植物根与茎科普手册》进行展示,这一科普手册不仅展示了学生们在项目中的学习成果和创新思维,还体现了他们对植物的热爱和对环保的关注。

我们先组织学生进行植物的采摘和观察。学生们通过实地探访校园内种植的马铃薯、红薯、洋葱、大蒜、白萝卜,采摘、观察、分析这些植物的根与茎的

结构。在这一过程中,学生们不仅学会了如何识别和采摘植物标本,还培养了观察和分析能力。

接下来,我们引导学生对采摘到的植物进行深入研究(见图3)。学生们分组合作,利用图书馆和网络资源查阅相关资料,了解植物变态根与变态茎的形成机制、特点及其在植物生命中的重要作用。在小组内,学生们互相交流学习心得,共同解决研究中遇到的问题。

自然篇

鲍晓园 杨佳静 卫佳雯 张 杰 刘兰德 孔 倩

植物研究所 莘松校区

图3　深入研究植物

在研究的基础上,学生们开始着手制作科普手册。他们精心设计了手册的封面和内页布局,用图文并茂的方式介绍了植物变态根与变态茎的知识。手册内容涵盖了植物变态器官的定义、分类、特点及其在植物生命中的意义等方面,同时穿插了一些有趣的植物故事和实验案例,使手册更具趣味性和可读性。

最后,我们组织了一次科普手册展示活动。学生们将自己制作的手册展示出来,并向同学们介绍其中的知识和经验。通过这一活动,学生们不仅展示了自己的学习成果,还激发了更多同学对植物科学的兴趣,为校园绿色文化的建设贡献了自己的力量。

在绿意展示的过程中,学生们不仅展示了自己的学习成果和创新思维,还传递了对植物的热爱和对环保的关注。这些成果不仅为校园增添了绿色元素和生态气息,还激发了更多师生参与到植物研究中来,共同推动校园绿色文化的发展。同时,这些成果也为学生们提供了一个展示自己才华和能力的机会,让他们在实践中不断成长和进步。

四、评价方式

(一)课堂评价

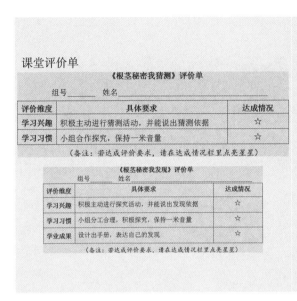

课堂评价单

《根茎秘密我猜测》评价单

组号_____ 姓名_____

评价维度	具体要求	达成情况
学习兴趣	积极主动进行猜测活动,并能说出猜测依据	☆
学习习惯	小组合作探究,保持一米音量	☆

(备注:若达成评价要求,请在达成情况栏里点亮星星)

《根茎秘密我发现》评价单

组号_____ 姓名_____

评价维度	具体要求	达成情况
学习兴趣	积极主动进行探究活动,并能说出发现依据	☆
学习习惯	小组分工合理,积极探究,保持一米音量	☆
学业成果	设计出手册,表达自己的发现	☆

(备注:若达成评价要求,请在达成情况栏里点亮星星)

"植物研究所"活动项目通过《根茎秘密我猜测》《设计种植实验方案》和《根茎秘密我发现》三个评价单,实现了对学生学习兴趣、学习习惯和学业成果的全面过程性评价。在评价实施中,我们注重学生的参与度和实际表现,鼓励学生主动思考、积极实践。评价效果显著,不仅激发了学生的学习兴趣,还培养了他们的合作精神和实践能力。

通过评价,学生能够及时了解自己的学习状况,调整学习策略,提高学习效果。这种评价方式有效促进了学生的全面发展,为"植物研究所"活动的成功实施提供了有力保障。

(二)项目复盘(反思与分享)

在项目结尾,教师使用任务单引导学生进行了一次深刻的反思与分享活动,旨在帮助学生回顾整个学习过程中的体验和感受。

反思分享会

"植物研究所"反思与分享

我的收获

我的改进

学生案例:

在"植物研究所"的项目活动中,我经历了一次难忘的学习旅程。在探索根茎秘密的过程中,我负责观察并记录马铃薯的生长情况。每天我都认真记录数据,并绘制生长曲线图,这让我对马铃薯的生长规律有了更直观的认识。这是我收获的一部分,我学会了如何运用科学方法去观察和记录生命的变化。

续　表

然而,我也意识到自己在团队合作中存在不足。有一次,我在设计种植实验方案时,过于沉浸在自己的思路中,没有充分听取其他成员的意见。结果,我们的实验方案在实施过程中遇到了不少困难。这次经历让我深刻认识到团队合作中沟通的重要性。

五、项目总结与反思

（一）项目成效

1. 科学实践与劳动教育的深度融合

在"植物研究所"项目中,学生们通过亲手种植、实地观察、数据分析和手册制作,深入了解了马铃薯、红薯、大蒜、洋葱和白萝卜等植物根与茎的形态特征与结构。这一过程中,科学实践与劳动教育得到了有机融合。学生们亲手种植、照料植物,观察其生长过程,不仅锻炼了动手能力,还培养了耐心和责任心。同时,通过数据分析,学生们学会了运用科学方法去探索和解释现象,提高了科学素养。这种融合的教学方式让学生们在实践中学习,在劳动中成长,为未来的学习和生活奠定了坚实的基础。

2. 团队合作精神与科普宣传能力的提升

作为植物科普宣传员,学生们在项目过程中展现出了强烈的团队合作精神。他们共同设计并制作科普手册,分工合作,互相学习,共同进步。在科普宣传活动中,学生们用生动的语言和形象的图表向老师和同学介绍了植物根与茎的知识,不仅提高了自己的表达能力,还增强了自信心。通过这一活动,学生们不仅掌握了植物学知识,还学会了如何与他人合作、如何向公众传播科学知识,这对于他们未来的学习和工作都具有重要意义。

（二）项目反思

1. 教育资源整合的反思

在"植物研究所"项目活动中,我们深刻反思了教育资源的整合与利用。

虽然项目在科学实践与劳动教育上取得了显著成效,但在资源整合方面仍有提升空间。未来,我们可以进一步拓展校内外资源,如邀请植物学家或农业专家举办讲座,或利用家庭阳台、屋顶农场等场所,为学生提供更广阔的实践平台。

2. 学生个性化发展的关注

在项目过程中,我们也注意到学生个性化发展的重要性。虽然团队合作是项目成功的关键,但每个学生都有自己独特的兴趣和特长。未来,我们应更加关注学生的个性化需求,为他们提供定制化的学习任务和实践活动。例如,对于对植物绘画感兴趣的学生,可以开设植物绘画课程;对于喜欢动手实践的学生,可以组织更多的实地调查和实验操作。通过个性化的教育,我们可以更好地激发学生的潜能,培养他们的综合素质。

做个小水钟

畹町校区 ｜ 孔倩

一、项目简介

本项目是基于《自然》科教版三年级第二学期第七单元第一课时"水的压力"和自由探究"做个小水钟"内容,进行重构设计的"做个小水钟"跨学科学习项目,将水作为主要研究对象,以"制作水钟"作为实践任务串联单元学习,探究水的压力,融合数学、劳动等课程的相关内容,促进学生理解"力与生活的相互关系"等学科核心概念,让学生学会选择并规范使用生活中的材料开展科学探究,并通过充分的实践性活动,体会古代人民的应用智慧。

整个项目分为发现问题、分析问题和解决问题三大主要阶段,共安排 4 个课时。第一阶段(1 课时)包括"如何应用生活材料做个计时器""古代计时方式有哪些",通过自主学习、交流、体验等活动,学习体会古人的智慧;第二阶段(2 课时)包括"探究水的秘密""创意水钟做起来",通过观察、阅读、探究等活动,认识水有压力;第三阶段(1课时)是"我的水钟我来说",将探究所得科学知识与方法应用于生活实践,让学生在解决问题中感受到成功的喜悦和自豪感。

二、项目设计

(一)学情分析

三年级学生对于自然现象有极大的兴趣,其中包括生活中对于水的观察。水是学生最常见、最熟悉的物体之一,学生对水已有相当的感性经验,但由于"压力"是个抽象的概念,要使学生在一定的时间里初步了解水的压力概念仍有难度。通过制作小水钟,学生可以感知到水的压力的运用,感悟劳动人民的智慧。这一选题与学生的日常生活紧密相关,学生的兴趣度高。

(二)项目目标

以下从跨学科核心概念、跨学科核心知识与能力、学习素养三个层面拆解项目目标。

1. 跨学科核心概念

通过一定装置,在水的压力下保持水在一定时间内有规则地流动,从而用来计时。

2. 跨学科核心知识与能力

(1)了解水流特点用于计时。

(2)经历思考方案—制订计划—实施方案—检验成果—寻找原因—改进完善的探索过程。

(3)运用画图、文字描述、动手实践的方法设计并制作水钟。

(4)体会到在项目研究中分工合作与沟通交流都是很重要的。

(5)让学生亲身体验时间的长短,学会简单的时间计算。

3. 学习素养

(1)创造性实践:在解决真实情景问题的思维过程中,借助学习支架,融入合适的创造性方法并形成创造性成果,培养创造性科学语言的表达。

(2)探究性实践:在了解和设计制作水钟过程中,学会思考,形成问题分析并调整方案,有序合作开展探究。

（三）挑战性问题

1. 本质问题

如何理解水的压力并应用到生活计时中?

2. 驱动性问题

如何利用身边的材料——水来帮助小朋友感受时间的流逝,养成节约时间的好习惯?

（四）预期成果

在本项目中,学生形成的产品形式为"我的小水钟",并在"我的水钟我代言"上公开展示,通过小组拼图式学习探究,学生共同确定表达水钟的计时要求并制订评价标准,进而进行创意表达。关于成果的具体说明如下。

（1）探究了解水钟:学生在真实问题下,发现古代计时方式的种类和原理,感悟劳动者的智慧,并通过"玩玩水"探究水的奥秘。

（2）设计制作水钟:思考"如何提高水钟计时的精准性",回顾水的压力特点,将个性想法与水钟类型结合,创作出自己的创意小水钟。

（3）水钟展示反思:学生演示小组创意水钟计时的精准度,在班级展示、分享和反思。

（五）预期学习活动

时间	项目进程	学习支架/过程评价
入项活动 （1课时）	问题1:古代计时方式有哪些? 问题2:水钟的类型有哪些? 问题3:水钟的计时原理是什么?	KWH 表格
项目实施 （2课时）	问题1:水的流动有什么特点? 问题2:水的压力如何影响水的流动? 问题3:如何保证计时的精准性? 问题4:你的水钟有创意吗?	"实验探究单" 圆圈图 上海市中小学数字教学系统
项目结尾 （1课时）	问题:你的小水钟准时吗,还能对哪些地方进行修改呢?	小水钟

三、项目实施

(一)入项活动:活用身边资源,激发学生自主探究意识

在"做个小水钟"项目中,我们特别注重培养学生的自主探究能力,让学生不再只是为了完成老师的任务而学习。我们鼓励学生以水为研究对象,通过调查、实验和制作等方式,自主发现问题、解决问题并得出结论。

在入项活动中,我们通过学校的心理信箱投稿发现,有的学生非常苦恼,早上起得很早,但上学经常迟到,在家里浪费很多时间,可以用什么方式来帮助他们感受时间的流逝,养成节约时间的好习惯呢?学生调动了日常生活中的经验,发表了自己的想法:需要做一个计时器。在了解古代计时方式环节,学生们通过自主探究、搜索资料、班级分享,了解了圭表、刻漏、日晷等,并交流了历史上各种计时器的优缺点,最终学生提出水钟更实用,也较易获得。就在这样的氛围中,以学生设想为主,教师引导为辅,师生共建了项目地图(见图1和图2)。

图1 交流自主学习成果

在"玩玩小水钟"环节,学生自主探究,总结现象,提出问题,对探究水钟计时精准性产生了浓厚的兴趣(见图3)。

师:用水计时,你发现了什么?

生1:水瓶侧面开口后,水会流出来。

生2:在受水型水钟中,随着漏水杯中水位的下降,水的流速变慢了。

生3:一直加水保持漏水杯中水位不变,水的流速是均匀的。

·设计制作
小水钟做起来
4
3
我的水钟我代言
·利用自制水钟展示计时过程

·了解计时工具的发展历史
·玩玩小水钟
2

1
水的秘密我来探
·学习水的压力
·思考影响水钟计时精准性的因素

水钟知多少

图2 做个小水钟"项目地图

图3 玩玩小水钟

这样的自主探究,不仅让学生感受到了古代劳动人民的智慧,产生了探究兴趣,还培养了他们的观察力、思维能力、提出问题和解决问题的能力,让学生变身成了项目的主人。

(二)项目实施:跨学科实践,丰富学生综合体验

项目实施前,我们通过梳理提出需要解决的问题,思考怎么去解决,根据师生间的头脑风暴为后续项目进行合理规划。

师:如果想要做一个计时精准的水钟,你需要解决哪些问题?

生1:怎么保证水的流速均匀。

生2:创意水钟的材料是否可以创新。

生3:水钟的装置是否可以改进。

……

在项目中,我们根据学生需求安排了多种形式的实践活动,包括实验探究、讨论构思、动手制作等,这些活动需要学生自己通过观察分析、讨论交流、动手实践等形式来发现问题、解决问题。

1. 实验探究

在实验探究中,学生们需要自己设计实验方案,探究影响水的压力大小的因素,理解水的压力大小是影响水的流速的本质原因(见图4和图5)。

图4　实验探究感受水的压力

活动1:了解水流的特点

时间	水量的高度(厘米)	
	当前水量高度	每1分钟的水量高度 (当前水量高度−上一分钟的水量)
1分钟		
2分钟		
3分钟		
4分钟		
5分钟		
我的发现	随着水位的降低,水流速度变_____(快/慢)。	

图5　探究水流特点的学习单

师:水有压力,且朝向四面八方,那水的压力大小可能跟什么有关呢? 请结合生活经验进行猜测。

生1:可能跟水的多少有关,水越多压力越大。

生2:可能跟水的深浅有关,水越深压力越大。

生3:可能跟水的种类有关。

师:为了证明你们的猜想,我们要设计实验进行探究,本次我们使用一个新的测量水的压力大小的仪器——液体内部压强传感器,你们会设计怎样的实验呢?

　　生1:可以用不同大小的水盆,测试相同水深的位置的水压大小。

　　生2:可以用一个深的水桶,测量不同水深的位置的水压大小。

2. 讨论构思

　　在了解了水流的秘密后,学生结合圆圈图进行小组思考讨论,设计了一个计时精准的富有创意的水钟装置(见图6和图7)。

图6　讨论构思水钟装置

活动2:巧思小水钟
　　设计一个小水钟,需要考虑哪些问题呢?
请你们小组讨论,写在圆圈中吧!

图7　圆圈图辅助设计小水钟

　　师:通过实验探究,大家了解了水的深度能够影响水的压力,在不同大小的水压作用下,水流速度不一样,那如何才能设计出一个计时精准的富有创意的水钟装置呢?请结合圆圈图思考设计一个水钟需要考虑哪些因素。

　　【第三组】

　　生1:首先要商定哪种类型的水钟,因为不同水钟原理不同,那么设计的思路肯定不一样。

生2:我觉得受水型水钟制作更容易,然后只要控制好流速,就能保证计时精准了。

生3:我们可不可以把漏水壶也多做几个呢?

【第五组】

生1:我们的水钟是受水型水钟,但是接水的矿泉水瓶底部凹凸不平,这样容易计时不准,可不可以垫起来呢?

生2:这个想法好,我们把底部用塑料圆片垫平,这样水钟的刻度可以均匀分布,计时可能会精准些。

生3:那瓶身的口径我们是不是也要商定一下? 我觉得太大了不好,刻度太密集,比较容易不精准。

通过这些实践活动,学生能够理解水的压力,了解水流特点并感悟古代劳动人民的智慧,在设计创意小水钟中表达并合理评价他人的观点。项目结合师生互动和数字化实验器材提升了学生的思维能力。此外,这些实践活动也需要学生分工合作,自主选择合适的方法进行实践,也培养了他们自主学习和解决问题的能力。

因此,在项目中,我们力求创造一个以实践为主的学习环境,让学生真正地通过实践来学习和成长,不再只是根据教师的规划进行学习。这样的学习方式能够更好地激发学生的学习兴趣和动力,培养他们的自主学习和创新能力。

(三)项目结尾:反思改进,孕育古代文化共鸣

在发现问题、解决问题的过程中,如何让学生自主探究,反思改进,并在这一过程中增强动手能力和科学思维呢? 不同于以往的工程制作类课程,本项目中学生小组合作从探究水的秘密出发思考计时精准的小水钟装置,最终通过讨论、制作、测试并改进,制作出了自己的创意水钟(见图8)。为此,在项目的最后,我们举办了"我的水钟我代言"活动。学生由此分享设计理念,介绍自己的水钟装置,"因为我们看到古代的水钟中间有好几个接水壶,但是只利用最后一个接水壶里的水用来计时,基于此,我们的受水型水钟也用了好几个塑

料瓶,这样可以缓冲水流,使得最后一个接水壶中的水流滴下来一直都是匀速的。""因为我们想做一个可以控制流速的装置,所以弄了一个开关,可以改变水流大小。"学生通过不同的水钟装置表达不同的设计思维,其他学生也从大家的交流中了解到了更多的想法,收获颇丰。

图8 小组展示交流水钟成果

四、项目评价

(一)课堂自评与互评

在本项目中,教师采用了一系列过程性评价工具,如课堂互评单、自评单等,以促进学生在项目化学习过程中的自我反思和同伴互助。

互评单包括不同评价维度:科学思维、科学观念、探究实践和态度责任。在小组实验或讨论环节,学生们根据同伴的表现,在互评单上选择相应的等级。例如,如果一个学生在实验中及时主动整理桌面,其他学生可以在"探究实践"一栏选择对应的得星数。

我们在课堂上引入自评单,目的在于帮助学生自我了解活动过程和改善学习态度,同时为教师提供反馈以优化教学。自评单关注多个维度,鼓励学生诚实、全面地评价自己。我们提倡每位学生积极参与,以促进个人和集体的学习进步。

(二)项目复盘(反思与分享)

在项目结尾,教师使用任务单引导学生进行了一次深刻的反思与分享,旨在帮助学生回顾整个学习过程中的体验和感受。

在"做个小水钟"的实践中,印象最深刻的事情既包括成功也包括失败,学生们分享了他们在项目中遇到的一些令人难忘的时刻。例如,一位学生兴奋地讲述了他如何巧妙地解决塑料瓶底部接水凹凸不平的问题。另一位学生则分享了在小组合作中,大家意见不合导致的小摩擦,让他意识到沟通和理解的重要性,后续小组进行了有效沟通,努力克服困难,完成动手制作的任务,体现了团队合作的力量。

"如果项目渗透到日常生活中,我还能怎么改进呢?"学生的反馈如:在日常使用水钟过程中,可以查看计时的精准性,或者制作一个沙漏时钟,学以致用。

五、项目总结与反思

(一)教师设计跨学科学习,丰富教学策略

于教师而言,通过开发和设计跨学科学习,促进了自身的主动学习,整合教学策略。同时通过观察学生在项目中显示出的较高的参与度和输出成果,对项目进行了有效评价。这一过程中,由于对数学课程设计薄弱,未能进行及时有效的指导,如未计算每分钟水流的高度,单位把握不准确,有毫米和厘米,而厘米就不太精确了。另外,对于开放式教学方法的运用还不熟练,未能保证学生进行充分的自由探索。

(二)学生体验跨学科学习,升级高阶思维

于学生而言,有机会同时对多个领域的知识有初步的了解和应用,同时在小组合作中,提升了批判性思维、问题解决和团队合作等方面的能力。还有机会发挥自己的创意,提出并实践自己的想法。但这一过程中,团队的沟通协作不太顺畅,部分学生参与度不高,比如动手能力有限,没办法帮助同学完成制作。

综上所述,从教师的角度进行的总结与反思侧重于整个教学过程的设计和实施,而学生的角度则更多地关注个人的学习经历和成长。两者都是对跨学科项目成功与否的重要衡量,并且可以相互提供反馈,以改进未来的教学和学习活动。

体育篇

穿越火线

四校区体育组

陈敏晔、李乐璇、苏洪扬、朱琦、
孙伟宗

吹响劳动的号角

春城校区

帅梦影、孙振、李乐璇、左启鑫、
李洲杰

民体嗨翻天

畹町校区

张培培、陈敏晔、苏洪扬、吴望强

小小球操创编员

景城校区

孙伟宗、倪怀东、谢曹捷、侯晓
梅、陈凤

小小神投手

莘松校区

朱琦　陆薇　许嘉伦　段新明

穿越火线

四校区体育组　|　陈敏晔、李乐璇、苏洪扬、朱琦、孙伟宗

一、项目简介

当面对各类灾害或突发状况时,我们将如何开展自救与逃生? 基于真实情境与问题,本项目开展"穿越火线"的消防主题学习活动,以消防员这样一支"逆行"的英雄队伍为主线,以障碍跑为学习载体,让学生作为安全宣讲员,将安全自救知识与技能向身边人进行宣讲。本项目让学生通过学习,熟练掌握障碍跑的运动技能,并了解消防员队伍的发展、特点与职责,以及灾害发生时的自救知识与技能,增强学生生命健康意识与爱国意识。

我们将体育与道法、信息、国防教育、生命教育等学科融合进行教学,提升学生在实践中发现问题、分析问题、解决问题的能力,发展沟通交流、设计表达、团队合作等综合素养,培养学生爱国主义和集体主义精神。

二、项目设计

(一)学情分析

四年级学生具备跨学科知识与能力基础,体育课中的障碍跑单元与道法学科中的生命教育学习内容相呼应。学生具备一定的运动能力,对快速跑这一基本活动内容很熟悉,面对单一的障碍物,能够做到在快速跑动中合理快速地通过障碍。学生通过参与校内外开展的各类消防主题活动、消防安全讲座、消防演习等活动,积累了一定的消防安全知识。通过消防安全宣讲,学生感悟到生命至上的意义。这一选题与学生的日常生活密不可分,极大地激发了学生参与的热情和学习的主动性。

(二)项目目标

以下从跨学科核心概念、跨学科核心知识与能力、学习素养三个层面拆解项目目标。

1. 跨学科核心概念

围绕"消防"主题,运用障碍跑技能与消防相关的知识向他人进行安全宣讲。

2. 跨学科核心知识与能力

(1)体育学科:①运动能力。能说出障碍跑的相关知识、动作要领和基本练习方法,能运用所学动作技术顺利完成游戏和比赛。②健康行为。能说出障碍跑的锻炼价值,能选择 1—2 个合适的健身方式;养成安全锻炼的习惯;活动中主动与同伴交流,团结合作,保持良好心态。③体育品德。活动中表现出不怕困难、顽强拼搏的精神,以及遵守规则、互相尊重的优良品质。

(2)道法学科:健全人格。了解消防员的相关知识,建立生命至上的意识,掌握火灾来临时自我保护、求救和避难逃生方法。

(3)信息学科:数字化学习与创新。能运用信息技术收集所需资料,并依据成果目标选用合适的数字化工具制作、管理相关资源,形成创新作品。

3. 学习素养

（1）探究性实践。了解消防员队伍的发展、特点与职责，以及灾害发生时的自救知识与技能。

（2）创造性实践。在消防安全路线设计、安全宣讲小视频制作中，能够结合各类场景与消防知识，制定合理的自救逃生路线。

（3）社会性实践。在小组团队合作中，乐于表达自己的想法，且能够认真倾听他人观点并给出回应。

（三）挑战性问题

1. 本质问题

当你遇到突发灾害时，将如何进行安全自救？

2. 驱动性问题

如何运用障碍跑技能，制作一段消防安全宣讲小视频，教会身边人进行合理逃生？

（四）预期成果

本项目中，学生熟练掌握了体育障碍跑技能，结合体育课堂实际器材，根据学校平面图，最终呈现出一段"消防安全宣讲"小视频，并向身边的人进行安全宣讲。关于成果的具体说明如下。

（1）探究了解消防员。学生在消防主题情境下，通过制作消防小报，认识消防员、走近消防员，并初步体验消防救援过程中过障碍的本领。

（2）学习障碍跑技能及消防安全技能。结合各种真实情境，学生在学习障碍跑技能的同时，关注与救援知识的融合，并且运用已掌握的障碍跑技能，来创新设计不同的障碍跑路线。

（3）拍摄消防安全宣讲视频。学生根据所在班级的地理位置，结合学校平面图，以小组分工合作的形式，对各种突发状况下可能出现的情景进行应对，用所学的技能开展自救逃生，同时将逃生方法与路线等制作成视频短片向同学、老师、家人宣讲。

（五）预期学习活动

时间	项目进程	学习支架/过程评价
入项活动 （1课时）	问题1：消防员是谁？ 问题2：在哪里可以见到消防员？ 问题3：消防员会遇到哪些危险？	"消防知识我知道" KWL 表 消防小报展评
项目实施 （2课时）	问题1：消防员应具备哪些技能？ 问题2：在各种突发状况下，如何安全、快速地完成自救逃生？ 问题3：如何根据自己班级所在位置，设计一条合理、快速的自救逃生路线？	过程性学习评价表 自救逃生路线设计图
项目结尾 （1课时）	问题：作为消防安全宣讲员，如何教会身边人进行合理逃生？	消防安全宣讲

三、项目实施

（一）搭建知识框架，激发学生主动探究意识

在"穿越火线"项目中，我们以体育学科为主阵地，除了注重培养学生体育核心素养外，更注重培养学生的自主探究能力，尤其是在真实情境中发现问题、解决问题的能力。

入项活动中，学生观看了消防纪实片，视频中一大串触目惊心的灾害伤亡数据引发了学生思考。与此同时，教师抛出本项目核心问题：当你遇到各类灾害时，将如何进行安全自救？这一真实问题立马激起了学生思维的迸发，有学生说："消防安全很重要，发生火灾时我们不能惊慌，应该捂住口鼻低姿前行。"又有学生补充道："还不能乘坐电梯！""如果发生地震，应该尽快找墙角躲避，等地震停息了尽快撤离到空旷场地。"更有学生感叹道："灾害发生时，永远都是消防员在第一线，消防员真了不起！"……学生们你一句我一句，教室里一下子沸腾起来。为了让学生更全面地了解消防员及消防知识，我们借助"消防知识我知道"KWL策略这一学习支架，帮助学生构建消防知识框架，探索需要预想的问题（见图1）。

Know	Want to know		Learned
消防员是做什么的? 发生火灾时应该做什么?	我对消防主题感兴趣的问题还有……?	我希望通过学习,获得有关消防安全方面哪些知识?	项目结束后,我对消防安全有了哪些新的了解? 学到了什么?

图 1 "消防知识我知道"KWL 策略

针对学生所提出的预想问题,师生共同确立本节课的四个消防主题:消防员是谁? 在哪里可以见到消防员? 消防员会遇到哪些危险? 消防员应该具备哪些技能? 围绕这四大主题,学生以小组合作的形式,通过自行查阅资料、整理归纳、排版设计、文字绘画等,合作完成一份消防知识小报。最终,小报以布展的形式在班级中进行交流展示(见图 2)。

图 2 班级交流展示小报

学生通过画笔与纸张,展现了自己独特的个性与思维。项目活动大大激发了学生自主探究的兴趣,并且在小组合作过程中培养了他们沟通交流能力、思维能力和解决问题的能力,让他们将自发的学习欲望变成自主的学习探究。

（二）问题引领，任务驱动，让学生有深度地学练

以问题为导向的任务驱动，通过创设真实情境，设置不同的学习任务，来激发学生的学习兴趣，促进学生掌握障碍跑运动知识与技能，并且保证学生在完成各项救援任务的同时有充足的思考时间，提升学生深度思维能力。

进入项目实施阶段，教师引导学生化身为一名消防新兵，进入消防军营开展各种训练。通过上节课的学习，学生对于消防员这一特殊职业和消防安全相关知识有了一定的了解。

师：消防员应具备哪些技能？

生1：消防员会翻越高墙，还会爬云梯。

生2：消防员有时要背很重的物品或是灾民撤离现场。

生3：他们还要识别火灾现场的潜在危险。

……

本节课结合各种真实情境，引导学生在学习障碍跑技能的同时，关注与救援知识的融合，如遇到火灾时，前方有倒塌的柱子，此情此景下应当弯腰低姿快速钻过障碍……以真实情境发现问题解决问题。鼓励学生运用已掌握的障碍跑技能，来创新设计不同的障碍跑路线，并进行比赛，增加学生学练兴趣，提高学生实际运用能力和创新、合作能力（见图3）。

图3　结合真实情境设计障碍跑路线

当项目进行到第三课时，学生已经能合理运用各种障碍跑技能，此时，他们往往会忽视真实情境。当发现学生一味追求速度时，我们及时捕捉课堂资源，并提出问题：视频中的同学为什么连续好几碰倒标志杆？在真实火

灾情境中,这样做会有什么危险?学生观察视频,沉思片刻后,陆续作出了回答。

  生1:他的身体抬的太高了,背一直碰到"火线"。

  生2:在火灾中,消防员会受伤,甚至是牺牲,很危险。

  生3:他只求速度……

  师:在执行救援任务过程中,应该选择安全合理的方法越过各种障碍,你们要时刻牢记自己是一名消防员战士,安全第一(见图4)。

图4 切实做到安全第一

  通过这个小插曲,可以发现学生观察、思考的能力又得到了提升,当发布新任务时,他们不再着急冲进"火场",而是思考如何在安全的前提下,快速地完成任务,并且乐于进行合作学练。此外,生命安全教育的融入,增强了学生生命至上的安全意识。

(三)理论与实践并行,护航校园消防安全

  消防安全宣讲小视频的拍摄是整个"穿越火线"跨学科主题学习中综合运用的环节,通过前几节课的知识与技能的学习,学生已经具备一定的消防救援技能。学生根据自己所在班级的地理位置,结合学校平面图(见图5),以小组分工合作的形式开展自救逃生,同时将逃生方法与路线等制作成视频短片向同学、老师、家人进行宣讲。

  生1:我们的教室在4楼,离我们教室最近的楼梯靠近食堂的西侧……

  生2:在逃生的路上,我们可能会需要模拟掉落的石头,可以用瑜伽砖替代,还可能会遇到低矮障碍物,可以用三折体操垫替代。

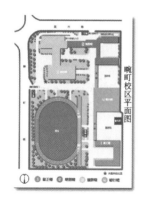

图 5 开展自救逃生

生 3:老师,我觉得同一个楼层有很多班级,但是楼梯数量有限,应该考虑合理分配楼梯,而不是一味地只讲就近原则。

师:你的建议特别好,考虑到了其他班级在突发状况下安全逃生的问题。

其余学生对于这个建议,也纷纷点头表示赞同。

学生结合实际情况,灵活运用体育课堂器材,协作规划出各组的逃生路线及视频拍摄脚本。这一过程培养了学生团队协作、沟通交流、动手动脑的能力,更提高了学生日常应对突发事件的能力和思辨的能力。

四、评价方式

(一)课堂自评与互评

本项目采用了多样化的评价方式,关注学生个体差异,为每个学生创造平等、公平的学习机会;注重对学生的过程性评价,设计了一系列过程性评价量表,通过对各方面的发展变化进行持续观察和记录,使评价贯穿整个教学过程中。

表1:《消防体验营》学习自我评价表		
班级: 姓名:		
评价内容	是 ★	否 ▲
1.你能在快速跑过程中合理快速通过各种障碍吗?		
2.你能做到大胆尝试,积极评价同伴吗?		
3.你有认真思考,踊跃发言吗?		
4.在练习过程中,你能守练习规则了吗?		

学习自我评价表,目的在于帮助学生对自我情况进行客观评估,发现自身的问题和不足,更好地认识自己。

续 表

表2:《消防作战我能行》学习互评、师评表

评价项目 评价人	合作程度	交流表达	活动参与	遵守规则	探究学习与实践应用
他评 (小组评)	□高 □中 □低	□很满意 □较满意 □一般	□积极 □一般 □不积极	□守则 □不守则	□高 □中 □低
教师课星	完成情况 ☆ ☆ ☆ ☆ ☆	正确率 ☆ ☆ ☆ ☆ ☆		进步幅度 ☆ ☆ ☆ ☆ ☆	
教师评语					

学生互评、师评表包括不同评价维度:合作程度、交流表达、活动参与、遵守规则、探究学习与实践应用。

在小组合作完成救援任务时,学生根据同伴的表现,在互评栏给出相应的评分。教师也会适时参与到互评中,对学生的完成情况、进步程度给予一定的星数奖励。

体育与健康

评价维度	核心要素	观测点	评价标准	相应打"√"
健身实践	积极参与	运动体验	主动回应教师和学生的问题,与同伴积极探讨,乐于参与学练中。	□积极 □一般 □不积极
	遵守规则	健身行为	在学习中,遵守体育行为规则,具有安全意识和团体责任意识。	□遵守 □一般 □不遵守
社会适应	心理调节	自我表现	在自主合作练习中,认可自我,关注他人,挑战自我,敢于展示动作,愿意主动分享自己的见解。	□满意 □一般 □不满意
	人际交往	团结合作	参与团队游戏和比赛,具有一定分工职责,合作互助,共同提高。	□主动 □一般 □不主动

体育技能自评表,借助信息技术优化了评价方式,例如:运动手环,实时反馈学生课堂运动强度,评估学生运动能力,同时帮助教师实时调整课堂运动负荷,并开展个性化教学。

(二) 项目反思与分享

在项目结尾,教师使用任务单引导学生进行了一次深刻的反思与分享,旨在帮助学生回顾整个学习过程中的体验和感受。

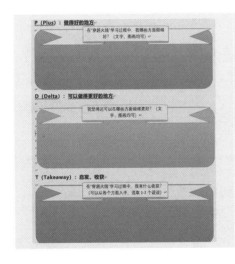

P:做得好的地方。学生总结在整个"穿越火线"跨学科学习过程中,做得好的部分,例如:团队协作时的沟通交流、自救路线设计时的某个好点子、障碍跑过程中自己的坚持不懈、帮助同伴等。

D:可以做得更好的地方。学生也根据自身的表现,反思在项目学习过程中需要改进的地方,例如:有学生反思说在比赛时,有时为了赢得胜利,而忽视了火灾逃生的原则。

T:启发、收获。学生们分享了各自的收获和体会,大部分学生表示不仅学会了体育障碍跑技术,更学会了各种自救逃生的本领,也体会了团队协作的力量。

五、项目总结与反思

(一) 项目成效

跨学科主题学习的开展,对于教师而言,是一种挑战。跨学科教学需要教

师自身有更全面的知识体系,更广阔的教育视界。同时,它也是一次机会,让体育教师重新认识学科,尝试去打破学科边界,使各学科的融入让体育课堂更立体、丰满。

对于学生而言,跨学科主题学习带来了更优质的学习体验。学生真正成为课堂的主体,除了学习到该有的运动技能外,更重要的是在潜移默化中提升了分析、思考、合作、解决实际问题的能力。此外,不同能力的学生在跨学科主题学习活动中,都能收获运动、思考、探究所带来的快乐及成功的喜悦,每个人都是主角,都能展现出最好的自己。

(二) 项目反思

1. 教师的持续反思能力有待加强

在跨学科主题式学习中,教师要不断观察学生在项目学习中的各项表现,根据学生给予的反馈,了解他们在学习过程中遇到的困难,并及时调整课程内容、教学顺序或活动设计,以更好地满足学生的学习需求和兴趣。

2. 尊重学生个体差异,充分挖掘学生潜能

在跨学科学习过程中不难发现,个别学生学习积极性不高,尤其是在小组合作时,表现出障碍跑练习欲望不佳、不擅于表达想法、无法正确看待胜负等,这些都与学生的个体差异有关。因此,教师有必要鼓励学生进行正确的自我评估,并在小组合作中发挥自我优势,营造一个包容和支持的学习环境,促进每一位学生的成长。

吹响劳动的号角

春城校区　|　帅梦影、孙振、李乐璇、左启鑫、李洲杰

一、项目简介

本项目以追溯粮食来源的闵实小"粮博会"为活动背景,围绕"基本农耕劳动技能习得和比赛"学习主题,结合基本运动技能与一年级学生的身心发展特点,开展两个课时的跨学科主题学习活动。让学生在"小蚂蚁农耕记"和"小蚂蚁丰收季"情境中,了解农耕知识,掌握农耕技能,感受农耕文化,感悟粮食的来之不易。过程中让学生体验体育运动运用于生活的乐趣,逐步理解劳动的意义和价值,养成爱运动、爱劳动的习惯,切实提升运动能力水平。

二、项目设计

(一)学情分析

学生在基本运动技能方面已经有一定的运动基础,包括走、跑、跳、平

衡、投掷等,在语文、数学、科学、美术等其他学科领域,也学会了一定的知识和技能,如分类比较、位置顺序、认识物体的形状和特征、绘画和手工制作等。学生通过基本运动技能学练,已具备一定的运动能力和小组合作意识。我们通过创设不同的情境和角色,引导学生在实践中尝试运用其他学科知识和技能,解决基本运动技能学练过程中的问题,培养良好的体育学习兴趣。同时,促进学生基本运动技能在各种学练中巩固和提高,切实提高其运动能力水平。

(二)项目目标

以下从跨学科核心概念、跨学科核心知识与能力、学习素养三个层面拆解项目目标。

1. 跨学科核心概念

基本运动技能来源于生活、运用于生活。

2. 跨学科核心知识与能力

(1)体育学科:在模拟劳动的情境中,运用基本运动技能,发展肌肉力量、肌肉耐力、协调性、位移速度和平衡能力等体能。

(2)劳动学科:通过体验劳动的艰辛与快乐,感悟劳动创造世界的真谛;以劳树德、以劳增智、以劳强体、以劳育美,增进身心健康。

(3)数学学科:通过模拟劳动场景搭建田地的体验,学习和运用数学的运算以及对图形的认识,增加数学的知识。

3. 学习素养

(1)探究性实践。积极探索体育的魅力和数学的奥秘,发展自己的思维,自主地运用知识。

(2)社会性实践。在小组团队合作中,积极倾听他人的观点并给出回应。

(3)技能性实践。提升使用真实的工具、信息化的工具和思维类的工具辅助实践的能力。

（三）挑战性问题

1. 本质问题

如何借助农耕劳作、粮食丰收等一系列动作习得来巩固和提高基本运动能力？

2. 驱动型问题

如何运用不同学科知识，结合自身运动能力做到劳作快速高效，赢得挑战赛，迎来大丰收？

（四）预期成果

（1）农作物种植展示。学生通过模拟农作物种植过程，展示他们对种植规律的理解和实践操作能力。学生通过使用体育器材模拟播种、浇水、施肥、丰收等活动，提升运动能力和身体表现，从中加强对农作物生长的基本条件的了解。

（2）劳动技能挑战赛。在丰收季中，学生分组进行劳动技能挑战赛，包括接力播种、快速收割比赛等。这些活动在考验学生的体能和团队协作能力的同时，让他们在竞技中体验到了劳动的乐趣和挑战，建立了不怕苦、不怕难、不服输的意志品质。

（3）丰收歌舞表演。学生创作并表演以劳动为主题的舞蹈或歌曲，通过艺术的形式表达对劳动的感悟和对农业文化的理解。通过表演展示学生的创造力和艺术才能，增强他们对劳动价值的认识。

（五）预期学习活动

主题学习内容	计划课时	学习活动设计	学习支架/过程评价
子主题一：小蚂蚁农耕记	1	1. 观看视频，营造真实场景，观摩真实劳动场景，建立劳动基本概念。 2. 小组合作，利用基本运动技能，使用场地中的器材搭建心目中的农田模样并说明理由。 3. 利用基本运动技能，模仿插秧动作，将秧苗插满各自小组的农田，比一比什么图形的面积比较大。 4. 讨论探究为什么菱形田地更适合耕种。	瑜伽砖、泡沫轴、羽毛球等器材

续　表

主题学习内容	计划课时	学习活动设计	学习支架/过程评价
子主题二：小蚂蚁丰收季	1	1. 收割与分类：利用基本运动技能，学生模拟弯腰收获，使用手臂将"农作物"（瑜伽砖或海绵棒）拾起并放入篮子。 数学应用：在收获过程中，教师引导学生计算收获的数量，并使用凑十法进行快速计算。 2. 搬运与堆放动作：学生分组，团队合作，用扁担与竹篮搬运收获的农作物到指定区域进行堆放。 数学应用：计算每个组搬运的农作物总数，比较哪个组搬运得最多。 3. 丰收季：举办模拟丰收季的活动，进行丰收歌舞的展示。	瑜伽砖、海绵棒、羽毛球、扁担、竹篮等器材

三、项目实施

（一）小蚂蚁农耕记

在"吹响劳动的号角"项目中，我们特别注重培养学生的自主探究能力，让学生不再只是为了完成老师的任务而学习。我们鼓励学生以农田的形状为研究对象，通过观察、探究和运用基本运动技能等方式，自主发现问题，解决问题并得出结论。

1. 创意农田拼搭：基于数学图形的学生创想实践

小蚂蚁们首先回顾了一下数学课堂上学习过的各种图形，随后小组进行探究并拼搭出自己心中农田的形状。对于自己小组搭建出的图形，小蚂蚁们都有着属于自己的想法："因为我们没有见过三角形的农田，所以我们小组拼出了一个三角形的农田。""因为我们组很喜欢圆形，所以我们拼出了一个圆形的农田。""因为我们觉着菱形可以拼起来一片很大很大的农田，所以我们拼出了一个菱形农田。"基于在数学课堂上学习的图形知识，学生在教师引导下，在课堂上拼搭出了各种形状的农田（见图 1）。

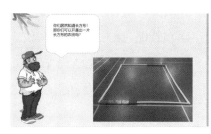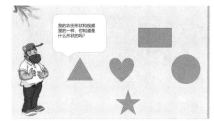

图1 农田搭建

2. 实践交融:农田插秧实践,丰富学校综合体验

　　拼搭出不同形状的农田形状后,学生还不知道哪一个小组的形状是最合理的,于是教师创设了真实的插秧场景,每个小组要利用学习过的基本运动技能中身体的屈伸和扭转技能,来将"秧苗"插满我们的农田,比一比哪个小组的农田可以放置更多秧苗(见图2),在经过一番辛苦的劳作后,小蚂蚁们都发现在保证秧苗有合适空间的前提下,菱形的农田可以放置更多的秧苗,同时也体会到独立插秧和团队插秧都极其辛苦,想把秧苗排列整齐非常不容易,在体验过劳动的辛苦后学生对于自己的劳动成果很是热爱,也树立了不能浪费粮食的优秀品德。

图2 播种

(二) 小蚂蚁收获季

　　继小蚂蚁农耕季之后,我们进一步提升了学生们的农耕体验,并巩固了他

们对农耕知识的自主探究能力和动手能力。在第二课时中,我们鼓励学生通过合作交流和团队分工,利用已掌握的基本运动技能,探索如何高效地进行收获季节中的关键活动——收割与分类、搬运与堆放,并一同参与丰收的庆典。这样的学习过程旨在培养学生的团队协作能力和实践技能,同时让他们更加深入地体验到农耕的辛劳与喜悦。

项目实施前,我们了解了需要解决的问题,教师带领学生一同思考需要做些什么。

师:如果要有效地完成收割与分类、搬运与堆放,需要做哪些步骤?

生1:团队合作很重要,要合理分工配合。

生2:运用上一节课学会的凑十法,合理地对收割的农作物进行计数和分类。

生3:运用自己对图形的认识,来更有效地规划场地的利用,进行农作物的堆放。

头脑风暴过后,学生开始实践,首先是农作物的收割与分类。教师进行场地的布置,呈现在九个小组面前的是九道梯田,小组先进行三分钟的团队交流,让学生自主地分配任务,确保分工要合理,人人有活干。在经过收割与分类活动过后,学生巩固了凑十法的运用和基本运动技能的练习,同时也了解到团队中出现的问题与配合的失误。

接着进行第二个活动,搬运与堆放。在此过程中,教师利用比赛的方式来看看哪个小组能够以最快的速度完成农作物的搬运与堆放,这考验学生的合作能力以及基本运动技能中的操控性技能与移动性技能,同时以比赛的形式进行能更大程度地提升学生的学习兴趣。在比赛前,学生们再一次优化了团队的合作,确保本次比赛能赛出自己的水平。这些实践活动让学生更加深入地了解到活动过程中团队合作的重要性,同时培养了他们的观察力、思维能力。赛后,学生再次总结团队中遇到的困难与不足,进行反思并得出结论。

师:同学们,经过了这次的比赛,我们发现了原来农耕也有这么多的讲究,那么同学们说说你们总结到了哪些点呢?

生1:分工一定要合理,例如让跑得快的同学去收割和搬运,让数学好的同学去分类和堆放。

生2:遇到问题一定要及时地调整,合作才能解决问题。

生3:数学的运用也很重要,只有运用好学习到的数学知识才能更有效地完成任务。

在农耕体验过后,学生经历了农耕的辛劳,对农民伯伯的辛苦有了一定的理解,并且明白了粮食的来之不易,培养起爱惜粮食的珍贵品质。最后所有同学共同合作举办丰收祭活动,在此过程中学生围在一起,跟着音乐跳起了欢乐的丰收舞。这让大家对中国农耕文化产生了归属感与自豪感。

四、项目评价

(一)课堂互评自评单

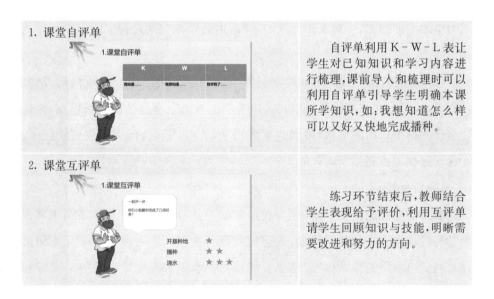

(二)项目复盘

项目尾声,教师使用任务单引导学生进行反思与分享,帮助学生回顾整个学习过程中的体验,进行经验交流与互动。

"在本次小蚂蚁农耕季的活动中,你有哪些收获?"学生的反馈如:知道了耕作的辛苦,粮食来之不易。

"我在哪些地方还可以做得更好?"学生的反馈如:在收获季的时候我要是能跑得更快就能收获更多粮食了。

五、项目总结与反思

(一)项目成效

(1)增强了学习动机。本教学设计通过将体育的基本运动技能和数学的图形知识以及劳动的各种知识结合起来,使学生发现体育、数学、劳动三个学科之间的联系,激发了他们学习的兴趣,提高了他们学习的积极性和参与度。

(2)提高解决问题的能力。通过本次跨学科的学习,学生可以尝试使用多学科的知识来解决现实生活中遇到的复杂问题,比如可以在体育活动中运用数学的图形知识,了解农田形状的来源,也可以在劳动过程中运用学习过的体育技能。

(3)提高创新实践能力。跨学科学习鼓励学生跳出传统思维框架,从多角度考虑问题,在本次跨学科项目实施中学生可以发挥自己的创新思维,先搭建自己心目中农田的形状,再通过实践活动,比如团队合作去完成劳动任务,在这个过程中提高创新实践能力。

(二)项目反思

教师的专业能力要不断提高:教师需要去进行专业的跨学科培训来掌握跨学科的教学方法和教学技能,在进行跨学科主题式学习设计时不光要研读体育与健康学科的教学标准,还要去研读数学学科和劳动学科的核心素养知识。教师必须深入了解各学科之间的联系,才能创造有价值的学习体验。

民体嗨翻天

畹町校区 ｜ 张培培、陈敏晔、苏洪扬、吴望强

一、项目简介

民间体育项目是具有鲜明民族风俗和地方特色的传统体育形式,它们与人民生活紧密相连,因各民族、各地区的生活、历史、风俗习惯以及自然条件的不同而形成明显的差异。现阶段小学体育课堂中对于民间体育项目教学不太重视,学生对于传统体育项目不甚了解,出现了"不会玩",也不了解其背后意义的情况。

本项目开展体育学科主题式研究,主要围绕"跳绳"及"跳竹竿"设计趣味练习,激发学生对这两个项目练习的兴趣,从而引发学生对于传统民间体育游戏的探索与研究意识,发挥民间体育项目独特的健身功能,丰富学生的体育锻炼形式,形成健康的生活方式,进而让广大少年儿童了解和认识传统文化,增强文化自信。

本项目通过体育与音乐、道德与法治等学科的交叉融通,运用多学科的理论知识与方法,来提升学生在学习跳绳及跳竹竿项目中的学习效果,同时,促进学生掌握多学科知识和技能,并开展综合运用。

二、项目设计

(一)学情分析

三年级学生已具备跳绳及律动的知识技能,体育学科的身体形态板块,与音乐的节奏韵律有一定的关联性,形成了跨学科的教学基础。此外,三年级学生有将有节奏地跳进行迁移运用的能力。传统的民间体育活动有着中国地方文化传承的重要意义,三年级的学生愿意探索运动背后的意义值得肯定。此外,经过团队创编的展示获得赞许和掌声,也是激发学生练习兴趣的好方式。

(二)项目目标

以下从跨学科核心概念、跨学科核心知识与能力、学习素养三个层面拆解项目目标。

1. 跨学科核心概念

设计趣味的跳绳及跳竹竿的练习方法,并融入音乐学科的节奏、音律等知识点,运用更为专业、更有针对性的知识与技能支撑学练,整合与创新设计学习方式,丰富课堂练习形式,多视角、多维度提升运动锻炼能力、创新实践能力、交往合作能力等。

2. 跨学科核心知识与能力

(1)体育学科:①运动技能。创设学科情景(听音乐、看乐谱或运动),通过对节奏、律动等的理解、分析,正确操控器材(绳或竹竿),发展跳跃能力,增强下肢力量与身体协调性、灵活性。②健康行为。通过将民族传统文化融入练习,讲述主题活动背后的意义及锻炼价值。在民体练习过程中,对于动作方式方法仔细观察、认真练习,发现问题,提出困惑,经过反复理解或运用推理,强化动作形成新的思考及练习模式。运用已有的器材尝试体验、创造改编,借助任务、学习支架,掌握动作方法。能主动进行展示,更能创造性进行自创练习的分享。练习过程中学会倾听,通过观察、思考同伴多样性的信息,学会反思、重建,并能融入自身的练习。③体育品德。在参与运动锻炼的过程中,表现出积极上进的态度。在合作练习中,出现能力水平差异时,学会沟通交流,能力强的学生主动分享,能力弱的学生积极练习。双方和谐相处,相互鼓励、共同提高。

(2) 音乐学科:①创意实践。通过开展各种音乐创编和展示表演的实践活动,提升表达个人想法和创意的能力;融入音乐节奏及鼓点等,展现民体锻炼与音乐学科的有机融合。②审美感知。通过富有节奏感的歌曲或节奏与民体项目(跳绳和跳竹竿)相融合,提高对音乐艺术的审美感知能力,注重体验与感知,提升对民间体育项目的练习兴趣,增强视觉感官与体感的深入融合,积极将个人想法融入民体运动(跳绳和跳竹竿)的"再造",将运动与创造更加有效地结合。

(3) 道德与法治:①道德修养。正确理解个人与团队的关系,初步培养积极融入团体的意识。②责任意识。通过探究活动和自主思考,积极学习民间传统体育运动,培养责任意识,努力对团队有荣誉感、对同伴有认同感。

3. 学习素养

(1) 探究性实践:通过问题驱动,激发对民间体育活动的探索,并积极挖掘民体运动的内涵,自主地运用音乐、体育学科中相关的知识与技能,展现运动才能。

(2) 创造性实践:通过创编竹竿舞及花样跳绳展示套路,发挥创意,展现创编才能,感受并有效传播音乐与体育相融合的民族体育运动所带来的魅力。

(3) 社会性实践:在小组团队合作中,乐于表达自己的想法,认真倾听他人观点并给出回应,合作展现小组成果。

(三) 挑战性问题

1. 本质问题

如何通过尝试、练习,向他人展示跳绳和跳竹竿的高超技艺?

2. 驱动性问题

如何变身民体小达人,在校运会上,展示民体(跳绳＋跳竹竿)的短节目,在相关民体比赛中表现出色,成为校园民体文化的传播者,吸引更多的学生爱上民体运动?

（四）预期成果

本项目中,学生积极参与跳绳及跳竹竿的跨学科项目,为完善日常体育课该教材内容的教学提供了相应的素材,并在校运动会上进行了展示,在相关民体比赛中表现出色。通过课上及课后的练习与创编,学生共同确定将跳绳与跳竹竿两个项目进行有机结合,进而完成了短节目的创意设计。关于成果的具体说明如下:

（1）课堂实践探索。探索跳绳及跳竹竿的基础技能,选择节奏符合项目练习要求的音乐歌曲,将课堂原本单调枯燥的学习方式,调整为有节奏、有规律、有趣味的学习方式。

（2）个性定制展演内容。通过任务驱动准备校运动会短节目的展示。学生从表演形式的设计、曲目的选择、动作的设计、项目与项目之间的衔接、两个项目之间的融合入手,进行探索、研究、创编、尝试,形成个性化的短节目。

（3）展示活动表现。学生将自行创编的短节目,面向全校师生进行展示,通过体育与音乐的有机融合,灵动地介绍了民体项目。

（4）竞技比赛表现。学生通过科学有效的练习,不断提高自身竞技水平,在各大相关比赛中,表现出色。

（五）预期学习活动

时间	项目进程	学习支架/过程评价
子主题一（1课时）	1. 探寻花样跳绳的魔力 2. 节奏小达人 3. 跳动节拍我能行	1. 观摩花样跳绳表演,思考是什么因素使得跳绳如此具有观赏性,提高审美能力 2. 在小组练习中,懂得互帮互助,培养良好的团队意识 3. 养成如何安全使用跳绳器材进行学练,遵守练习规则,进行集体展示,通过动作的整齐度给予评价

续　表

时间	项目进程	学习支架/过程评价
子主题二 （1课时）	1. 拷贝不走样 2. 各个小组分别创编"跳绳节奏谱" 3. 创编跳绳动作：将花样跳绳中侧摆跳、开合跳、钟摆跳等动作融合不同的节奏进行自主创编	1. 能够在教师创设的练习场景中，集中注意力，进行跳绳组合的记忆和练习 2. 发挥各组队长的领导力和队员的创意，进行小组创编，增强同学之间的沟通能力 3. 学习成果展示，学会总结与分享，体会跳绳配合音乐的乐趣
子主题三 （1课时）	1. 探索竹竿舞的奥秘 2. 节奏大师 3. 竹竿敲跳我来试	1. 围绕"竹竿能够干什么？"开展探究活动 2. 观看竹竿舞并说说感受，能与同伴进行良好的互动交流，提高表达能力 3. 养成安全学练、遵守练习规则，养成良好的规范意识
子主题四 （1课时）	1. 听音乐，小组合作进行"跳竹竿"的方法 2. 多个小组之间合作衔接不同节奏下的"跳竹竿"的方法 3. 自主创编"跳竹竿"中"十字跳、井字跳和米字跳"	1. 能在创设的练习场景中，有序地进行跳竹竿舞的练习 2. 学会总结，并发现问题，与同学一起讨论解决的对策，发挥主观能动性 3. 主动分享练习成果，相互欣赏，学会总结与点评，体验成功练习的满足感

三、项目实施

（一）项目初始：分析探究，激发项目研究活力

学年伊始，对于体育跨学科研究开展入项研讨分析，针对该如何跨，能怎么跨，跨到什么程度，选择那个项目，跨哪个学科进行讨论。畹町体育组，首先从教师团队出发，成立十人研究团队。团队成立之后，对于民体项目的教材进行了全面的梳理和整合，团队成员们提出了自己的看法，也对于项目进行的优劣势进行了分析，最终确立了三年级民体教材作为本年度研究的首项。其中确定了跳绳项目，原因是民体项目的器材有其独特性，二年级有花样跳绳进课堂的课程，学生有一定的基础。除此以外，遵循学生身心发展特点，对于跳的动作，应该有由易到难的提升，由此想到了比较有关联性的跳竹竿。而且跳竹竿这个项目，学生接触得少，了解得也不多，又极具民族特点，对于这种既有反差，又有相同性的项目，练习开展上都非常强调团队发展，而且这两个项目在技术学练提升上与音乐学科有着千丝万缕的联系，特别符合本次研究要求。

根据分析研讨的初步结果,畹町体育组十人研究团队被拆分成了两个五人小分队,便于分组研究的开展(见图1)。

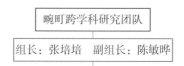

畹町跨学科研究团队

组长:张培培　副组长:陈敏晔

第一小组:短绳项目　　　　　　　　第二小组:跳竹竿项目

主负责:　上课老师:　其他参与老师:　　主负责:　上课老师:　其他参与老师:
张培培　吴望强　李力、蔡心鸿、张众　陈敏晔　苏洪扬　姜梦雨、瞿世友、朱慧聪

图 1　开展分组研究

除了教师研究团队的分工,三年级学生也积极开展访谈调研,由任课教师组织深入日常体育学习,了解各班学生对于民体项目的初步印象,以及对于即将开展的跳绳和跳竹竿项目的了解及期望值等(见图2)。

图 2　开展调研访谈

学生通过调查问卷，了解了三年级学生对于民体项目，特别是对于即将开展研究的两个项目的了解情况，也坚定了开展研究的信心与决心。

（二）项目实施：立足实践，丰富学生跨学科体验

1. 任务驱动，抓实课堂实践的效率

开展项目实践活动的重要环节，就是运用合适的任务引导学生开展实践活动，两位负责上课的老师针对四个子主题进行了任务驱动式的教学环节设计（见图3）。

班级	任课教师	上课主题	上课内容
三13班	吴望强	子主题一 民体：跳绳（2-1）	任务一：探寻花样跳绳的魔力 任务二：节奏小达人 任务三：跳动节拍我能行
		子主题二 民体：跳绳（2-2）	任务一：拷贝不走样 任务二：创编"跳绳节奏谱" 任务三：创编跳绳动作
三6班	苏洪扬	子主题一 民体：跳竹竿（2-1）	任务一：探索竹竿舞的奥秘 任务二：节奏大师 任务三：竹竿敲跳我来试
		子主题二 民体：跳竹竿（2-2）	任务一：听音乐，小组合作进行"跳竹竿"的方法 任务二：多个小组之间合作衔接不同节奏下的"跳竹竿"的方法 任务三：自主创编"跳竹竿"中"十字跳、井字跳和米字跳"

图3　教学环节设计

从教师的设计来看，都是以较为有趣的任务为指引，让学生通过接受任务在课堂上进行探索及实践，从每次的任务体验中，了解项目背后的意义，获得动作技能方法，并通过反复练习，提升团队协作练习效率。

2. 打破壁垒，寻求学科之间的联系

从练习设计可以发现，两个子项目均进行了体育学科与音乐学科的融合，都选择了"节奏"这个关键点来支撑跳绳及跳竹竿的练习。这种打破壁垒的设计，为学科之间建立了重要联系。

以子主题一和子主题二中两个"任务二"为例

● **任务二：节奏小达人**

1. 倾听音乐

教师播放音乐并提问：你们听到的音乐有什么特点吗？

导入"跳绳节奏谱"通过节奏可视化的方法，引导出本节课需要掌握的跳绳节奏（4次两弹一跳＋8次一弹一跳）

2. 各种方式的节奏强化感知练习

（1）口数节拍＋拍手数节拍＋拍手踩脚。

（2）徒手前后跳（绳子对折横向置于脚尖前方）。

（3）持绳跳辅助练习。

单手＋换手

3. 持绳节奏跳（并脚跳）

● **任务二：各个小组分别创编"跳绳节奏谱"**

（1）小组配合进行"跳绳节奏谱"的创编（绘画到板上）。

（2）由一名队员进行敲鼓打节奏，其余队员进行听节奏跳绳练习。

（3）进行小组展示。

以上两个任务均运用了"跳绳节奏谱"的练习方式来配合跳绳练习。从实施情况来看，配以节奏谱的练习，学生更容易掌握动作及节奏，提高了动作的效率，同时，因为有节奏谱，学生更加有兴趣参与跳绳练习。

以子主题三和子主题四中两个"任务二"为例

● **任务二：节奏大师**

1. 倾听音乐

教师播放音乐并提问：你们能听出这是什么节奏吗？能否尝试用自己的方式表现出来？

听音乐，根据音乐通过拍手、敲打竹竿等方式，准确敲击出相应的节奏，引出竹竿舞的节奏类型。

（口令：a. 开合开合　　b. 开开合合　　c. 开合开开合）

2. 空跳

根据音乐节奏，尝试不同的跳竹竿的方法。

自主练习：利用各种器械进行跳竹竿的练习

（软绳—软棒—竹竿）

3. 跳竹竿

怎样做到不夹脚、跳得轻盈？有哪些好方法？以小组为单位，进行分组练习：

（1）通过音乐节奏引出敲跳口令，掌握进出竿（即开合）的节奏。

（2）学生根据音乐节奏结合空跳步伐进行跳竹竿的练习，练习节奏可稍慢但要求准确。

● **任务二：多个小组之间合作衔接不同节奏下的"跳竹竿"的方法**

（1）多个小组合作，进行"一字形"的三种跳跃方法。

（2）在老师的引领下，进行三种花式跳法的学习。

（3）配合音乐，理解不同节奏下的花式跳法的转变。

　　以上两个任务不同于前两个主题,虽然也都是以节奏为突破口,但是这个节奏并不是一段音乐,而是通过学生自行敲出的节奏而进行的,这种个性化定制较之前有更高的要求,难度更高,学生与学生之间的配合度也要进一步提升。为了达到这样的配合度,就必须加强学生与学生之间的练习频次。

3. 基于融合,升华项目研究的内涵

　　通过一学期的跨学科融合,民体两个项目的研究有了质的飞跃。初始的设计偏重于运用音乐、道德与法治学科的学科知识辅助跳绳及跳竹竿项目技术的精进。而现在要思考如何运用项目跨学科学习及融合的能力来促进项目的整体开展,不单单是学技术本领,而是拓展到项目前移内容及后续的展示活动等,这让项目研究提升到了新的高度。

(三)项目终结:站稳平台,彰显民体文化传播成效

　　项目研究一年多来,师生共同努力,投入了极大的热情。学生在各级各类比赛中,努力拼搏,奋勇争先,彰显了民体项目在学校重点普及推进的成效。

　　校级层面——在 2023 年 12 月 31 日主题为"蒙娃'跃'冬,绳彩飞扬"趣味比赛中,闵实小畹町校区约 2 000 多名同学参与了跳绳项目的比赛。赛场上,长绳、短绳上下翻飞,有节奏地"呼呼"作声,在地上打出"劈啪"声,让人眼花缭乱,灵动的身影有节奏地跃动,博得大家阵阵掌声,也充分展现了跳绳项目的教育成效。跳绳作为民体项目中最容易普及的一个项目,在畹町校区学子心中生根发芽,不仅提高了学生身体素质,更锻炼了学生耐力和毅力(见图 4)。

图 4　跳绳比赛

　　市、区级层面——2023 年 12 月 2 日,闵实小花样跳绳社团在"上海市中小学生跳绳锦标赛"中速度赛、花样赛中多点开花!比赛中队员们配合默契、表现力丰富,不仅充分发挥了自己的实力,还展现了团队合作与拼搏精神,展现了良好的体育道德风貌,最终在所有队员的努力下获得 1 金、1 银、1 铜、1 个第

四、3 个第六、1 个第七的优异成绩。另外,在 2023 年闵行区青少年踢跳比赛中,也斩获佳绩(见图 5)。

图 5　合作拼搏获佳绩

长三角地区——5 月 18 日,2024 年长三角跳绳联赛(浙北赛区)比赛在浙江嘉兴举行。本次比赛闵实小花样跳绳队共派出 21 名运动员。赛事现场,队员们比速度、拼花样。个人花样、30 秒交互绳速度、小型集体自编赛……运动员们解锁"绳"上功夫,感受花样乐趣,面对来自三省一市的强劲对手,闵实小跳绳队员们沉着冷静,毫不怯场,经过一天的顽强拼搏,共获得了 1 金 3 银 2 铜,3 个第四,1 个第六,2 个第八的优异成绩,并且在表演中荣获"最佳风采奖"称号(见图 6)!

图 6　荣获"最佳风采奖"

创编创意秀:校运动会——2024 年 5 月 10 日,在闵实小畹町校区的操场上开展了"蒙正少年,运动无限"为主题的春季田径运动会。会上,跨学科研究团队以民体特色方阵进行了展示。团队将跳绳与跳竹竿创编成一个短节目,以"上春山"这种积极向上的歌曲作为表演的背景音乐,跳绳以单人、多人,短绳与长绳相结合的形式进行展示,跳竹竿则是以团队的形式展示。一首曲子融入两个项目，虽然项目不同，却能做到相辅相成，在相同的节奏里展现了两个项目的不同风格（见图7）。

图7 开展校运动会

拓展延伸——在 2024 年 7 月 2 日中小学校长国际研讨会上，学校花样跳绳队员进行了团队训练的展示。表演中融合了音乐、个人绳（single rope freestyle）、单长绳（long rope）、交互绳（double dutch）等不同花式动作，不仅展示了学生的技能，也凸显了校园队员们的节奏感、专注力、表现力和团队配合能力（见图8）。

图8 队员们的良好素质和技能

四、项目评价

以子项目跳竹竿单元评价设计为例。

（一）单元终结性评价

从动作技术标准检测技能学习的达成情况，采用自评、师评、互评方式（见表1）。

表1　终结性评价

班级		姓名		日期	
	等第	技能评价标准			
	优秀	打竿与跳竿动作完美契合,能找准重心,律动有序,跳跃协调,节奏掌握准确,表现力强			
	良好	能较好地完成动作,能掌握重心脚的转换,动作较协调连贯,反应较快			
	合格	能完成基本动作,节奏感稍弱,动作稍有不协调,动作表现力不佳			
	须努力	能完成所有基本动作,身体不够协调,节奏感差,容易打脚,无表现力			

(二)单元过程性评价

评价分"社会适应"及"综合运用"两个维度,选择针对跨学科的观测点,注重学生与人交往、团队合作、责任心,以及个人自信、综合运用能力等方面的教育价值,侧重对其社会适应及综合运用作出评价(见表2)。

表2　过程性评价

评价维度	核心要素	观测点	评价标准	相应打"√"
社会适应	人际交往	交流	主动回答教师的问题,与同伴积极交流,说出本单元关键技术要领,并能演示动作,会评价	□积极 □一般 □不积极
		合作	在练习中善于观察他人动作并帮助指正	□主动 □一般 □不主动
		责任	在小组学习中,敢于担当,具有安全意识和责任意识	□强 □一般 □不强
	心理调节	自信	在分层练习中,挑战自我,敢于展示动作,敢于评价	□满意 □一般 □不满意

评价维度	核心要素	观测点	评价标准	相应打"√"
综合运用	学科融通	应用	在练习时，正确、合理运用音乐学科节奏的知识，辅助跳竹竿项目	□满意 □一般 □不满意

五、项目总结与反思

（一）项目成效

1. 于教研团队而言

（1）完成了民体（跳绳与跳竹竿）两个子主题的设计，在一稿的基础上，完成了二稿的修改与调整。

（2）教研组形成了备课大团队，根据子主题的研究，分成了研究小分队，并进行了4～5次有针对性的备课活动，有一定的成效，形成了长效研讨机制。

（3）已有两位老师在日常课堂中进行了初步的教学尝试，并有一定的教学成果。

2. 于学生而言

（1）有了项目前移调研分析的能力。

（2）有了课堂上创意设计练习的能力。

（3）在各级各类比赛中屡获佳绩，展现了运动竞技能力。

（4）在校大型活动上进行了项目展示，有了大型活动展演的经历。

（二）项目反思

（1）跨学科研究还不够深入，内容相对比较表面。

（2）对于所涉及的其他学科的课程标准及内容的梳理不系统，没有条理性。

（3）对于体育学科如何与其他学科更加合理地融合还需要多多思考。

小小球操创编员

景城校区 ｜ 孙伟宗、倪怀东、谢曹捷、侯晓梅、陈凤

一、项目简介

　　本项目根据体育学科"篮球-运球"这一教学内容,结合音乐、数学学科,让学生合理运用运球的方法。项目对提升学生在实践中发现问题、分析问题、解决问题的能力,发展沟通交流、设计表达、合作等综合素养,有着重要的作用。

二、项目设计

（一）学情分析

　　二年级学生自身有一定的运动能力,灵活性、协调性都有一定的发展;他们活泼好动,模仿能力强,喜欢玩球和参加活动性的游戏。所以在教学过程中应选择适应他们心理和生理特点的教学方法和手段,以培养学生的独立性和自觉性,发展他们练习中的思维,去提升他们的体能和智力。

（二）项目目标

以下从跨学科核心概念、跨学科核心知识与能力、学习素养三个层面拆解项目目标。

1. 跨学科核心概念

合理运用高低运球。

2. 跨学科核心知识与能力

（1）在篮球-运球活动中，掌握高低运球的方式方法。

（2）通过调查、分析等方法，了解在不同节奏下，合理运用的能力。

（3）能够将所学内容运用到相对应的音乐中。

3. 学习素养

（1）探究性实践：在不同的音乐节奏中，能根据学习过的知识，进行总结，并合理表达自己的观点。

（2）社会性实践：在团队活动中，能够积极倾听同伴的观点并给出反馈。

（三）挑战性问题

1. 本质问题

如何结合音乐加强学生的运球能力？

2. 驱动性问题

如何通过小组合作创编一套球操？

（四）预期成果

1. 学科融合，综合培育

加强学生多学科融合的综合运用能力，对提升学生在实践中发现问题、分析问题、解决问题的能力，发展沟通交流、设计表达、团队合作等综合素养，有着重要的作用。

2. 注重合作，促进交流

在教学中小组的合作学习时刻体现，尤为重要，在个体存在差异的情况下出现问题，相互交流及时反馈，寻找解决方法。通过学生之间的独立思考、小组讨论来达到跨学科学习的最终目的。

3. 心理培养,情感体验

通过跨学科学习,培养学生自尊、自信,勇于展现自我的良好精神。学生通过发现问题、解决问题,从而达到"我能够",体验成功的乐趣。

（五）预期学习活动

主题学习内容	计划课时	学习活动设计	学习支架/过程评价
子主题一	1	问题1:原地运球中什么是高低运球? 问题2:高低运球所运的高度是怎样的? 问题3:如何更好地掌握运球的节奏感?	分组探究,通过统计表的方法,得出本节课的重难点
子主题二	1	问题1:不同音乐节奏下,如何进行高低运球的转变? 问题2:如何合理编排一套球操?	能运用合理的方法进行运球

三、项目实施

1. 营造情境,激趣导入

设置律动的篮球情境,使每个环节随之自然展开,为学习目标服务,给球赋予生命,让学生产生喜爱的情绪,激发学习热情(见图1)。

图1　小篮球活动

2. 环节设置，注重学生能力的培养

每节课的一些练习活动都是学生分小组策划、组织的，本节课也同样如此。我们让学生在课后积极参与小篮球活动，在学练中体验合作共进的乐趣，培养团结合作、挑战自我、勇于拼搏的意志品质。这不仅激发了学生的创编能力，也提高了学生自我认同感。在主教材中，我们以观察、设问的方式让学生带着问题去尝试、去思考，慢慢引导其找到练习的方法；在练习中更是鼓励学生互相帮助、互相评价，以此来加深学生对练习的认识，以及增强对同伴的肯定；在综合活动中，让学生在玩中懂得如何更好地与他人合作等。

3. 结合实际，合理运用

本项目除了教会学生如何进行高低运球，如何进行重心转化，还结合音乐，实战与教学相结合，生动形象地阐述高低运球的重难点，使学生领悟体育源于生活，学会在生活中寻找健身的方法。

四、评价方式

（一）单元终结性评价（见表 1）

表 1　终结性评价

学生姓名		评价者		日期	
等级评价		评价标准			最终评价
优秀		运球位置合理、按压有力、重心起伏、抬头运球、动作协调，高低运球转换灵活运用			
良好		运球位置合理、按压有力、重心起伏、动作协调，高低运球转换较为灵活运用			
合格		运球位置合理、按压有力、无明显重心起伏、动作较协调			
有待提高		无法很好地完成技术动作，需加强练习			

（二）单元过程性评价（见表2和表3）

表2　"运球"单元学习自我评价表

姓名班级

评价内容	是 ★	否 ▲
1. 你能做到左右手熟练高低运球吗？		
2. 你能做到大胆尝试，积极评价同伴吗？		
3. 你有认真思考，踊跃发言吗？		
4. 在练习过程中，你遵守练习规则了吗？		

表3　"运球"单元学习互评、师评表

评价人	评价项目				
	合作程度	交流表达		活动参与	遵守规则
他评 （小组评）	□高 □中 □低	□无　□有　满意度	□很满意 □较满意 □一般	□积极 □一般 □不积极	□守则 □不守则
教师评星	完成情况 ☆☆☆☆☆	正确率 ☆☆☆☆☆		进步幅度 ☆☆☆☆☆	
教师评语					

五、项目总结与反思

　　跨学科学习既是教学活动的内容，也是教育模式和方式的创新。在跨学科学习中，学生可以从不同的角度看待一个问题，思维难度和复杂度也会相应增加。教师也需要不断学习和提升自身跨学科教学能力，为学生提供有深度、有启发的学习环境。在实际教学中，我们应该运用跨学科学习的思维和方法，开展体育教学，提高学生的学科素养和综合能力。

小小神投手

莘松校区 ｜ 朱琦、陆薇、许嘉伦、段新明

一、项目简介

　　本项目根据三年级学生身心特点,基于"投掷"的教材内容,以中国传统民间活动投壶为主线,设计"我是小小神投手"的跨学科主题活动,让学生了解投壶的历史背景及活动方法,并在课堂中自制投掷器材,创设相关投掷情境,让学生进行多种投掷活动与游戏。本项目让学生在活动中发展体能的同时,感受小组合作探究的乐趣,引导学生在活动中综合运用体育以及数学、劳技等知识和技能,为学校体育节贡献智慧。

二、项目设计

(一)学情分析

　　三年级学生具备了一定的跨学科知识与能力基础,通过二、三年级体育"投掷"内容学习,已具有投掷的基本能力,建立了初步的动作表象。在数学课

上，学生已学习了测量和计算距离、角度的方法。在此基础上，我们通过设计并实施一个结合传统与现代元素的投掷游戏，让他们深入理解投掷动作原理，并在实践中不断探索和优化自己的动作，以提高投掷的准确性和效率，激发他们的兴趣和参与度。

（二）项目目标

以下从跨学科核心概念、跨学科核心知识与能力、学习素养三个层面拆解项目目标。

1. 跨学科核心素养

理解投掷的科学原理，提高不同体育活动中的投掷准确性和效率。

2. 跨学科核心知识与能力

（1）体育学科：掌握投掷的基本技巧，了解不同投掷项目的特点。

（2）数学学科：运用数学知识测量和分析投掷表现，提高投掷的准确性和效率。

（3）劳技学科：设计和制作投掷器材，学习相关的技术和工艺。

3. 学习素养

（1）探究性实践：在了解投掷运动和投壶文化的过程中，发现投掷技能在不同领域的应用和价值。

（2）社会性实践：在小组合作探究中，锻炼团队协作能力，培养互帮互助和自主学练的精神。

（3）创造性实践：在自制投掷器材和设计投掷游戏的过程中，发挥创意，展现个性特征。

（4）审美性实践：在设计投掷游戏和海报时，感知运动美学和设计美感，提高审美鉴赏能力。

（三）挑战性问题

1. 本质问题

如何通过理解投掷的科学原理，提高不同体育活动中的投掷准确性？

2. 驱动性问题

如何将传统投壶游戏与现代体育活动相结合，创造出新的玩法？

（四）预期成果

在本项目中,学生完成了创新投掷游戏设计与展示。在展示交流活动中,能清晰、有条理地展示活动方法及实施过程,通过小组合作、互换角色的形式,共同参与修改活动方法并提炼要点及评价标准。

（1）探究了解传统投壶:通过了解投壶游戏简介联系到"投掷:掷准"项目,分析投壶游戏与掷准项目的相同之处。各小组自制不同形式的投壶游戏器材,分享设计理念。

（2）创新设计投掷游戏:在不同高度、不同形式的投准游戏学练中,记录并分析每次投掷的结果。基于对投掷动作和器材的理解,设计创新的投掷游戏,并在实践中不断尝试和优化。

（3）开展挑战赛:在小组内分享自己的投掷经验,讨论动作调整的策略,创设不同角色,优化游戏规则,设计游戏海报及展台,完成游戏展示。

（五）预期学习活动

主题学习内容	计划课时	学习活动设计	学习支架/过程评价
认识传统投壶	1	1. 认识传统投壶游戏 2. 自制简易投壶器材 3. 不同口径大小的投壶掷准 4. 分享、交流投准经验	创设情境:投掷游戏创新
创新投壶设计	1	1. 不同高度单手肩上屈肘投准 2. 根据不同高度设计不同形式的投准游戏 3. 小组间相互体验、评价,进行改进	任务单 小组讨论、展示
投壶挑战赛	1	1. 设计小组海报 2. 开展投壶挑战赛 3. 交流、总结	任务单 评价表

三、项目实施

（一）入项活动:体验投壶游戏,激发学生自主探究意识

在"我是小小神投手"项目中,我们以学生亲身体验游戏活动为主,培养学生自主探究、团队协作、动手制作、自主学练、反思重建的能力,让学生在教师

的引导下发现问题、解决问题。在学练过程中,充分激发学生的学练兴趣,通过传统投壶游戏,让学生了解我国传统文化继而引入投掷项目,鼓励学生积极探究投壶游戏与掷准项目的异同点。让学生体验投壶游戏并以小组为单位制作投壶器材,在体验-制作-尝试-反思-重建的过程中逐步掌握投掷-掷准项目的技术动作要领(见图1)。

图 1　投壶游戏

入项活动中,首先,向学生讲解传统投壶游戏的由来和游戏规则:投壶,源于射礼,可追溯至春秋战国时期,礼射是当时人们宴饮时的助兴游戏,但有些士大夫不会射箭,因此改为在一定距离上用手掷箭于器皿来代替射箭,这就是投壶的由来。学生在了解这一知识后对这种游戏表现出浓厚的兴趣,教师于是引导学生以小组为单位,带着问题去体验投壶游戏并且探究:在传统投壶游戏中,哪些动作元素可以被现代投掷运动所借鉴,以提高准确性和效率? 通过体验和探究得出:

(1) 传统投壶游戏与现代投掷:掷准项目的动作要求相似。

(2) 在投掷时身体前倾更靠近目标、持投掷物的手要高于肩、眼睛要瞄准壶口、投出时身体保持稳定,这样可以提高命中率。

在初步体验和探究后我们趁机提问"如果让你们来制作这样的游戏器材,你们应该怎么做呢?"学生纷纷发言"我们需要做一个类似的盒子""还要多做几支箭""要是盒子上的洞口再大点,我们更容易投中",以此逐步引导学生自制投壶器材并通过实验来找到合理的掷准技术动作。通过实验发现,由于很多学生没有考虑到箭矢的重量、形状对投掷准度的影响,游戏过程中出现了影响命中率的问题。于是教师组织学生尝试体验不同小组的投壶器材,并结合上一个项目探究的投掷方法进行尝试,体验不同形状、重量投掷物的练习,发现自己的不足,逐步掌握投掷方法,并从中得出:

(1)不同重量和形状的投掷物对力度的要求不同,如:较重的投掷物运动轨迹更不容易发生变形、减轻的投掷物随着距离增大命中率更低、长度越长受距离的影响越大等。

(2)身体稳定性对掷准的影响较大,如:在投掷过程中身体部位动作越多投掷物运动轨迹偏离越大。

通过这样的自主探究学习,学生不仅了解了中国传统文化知识,还通过自己对不同形状、重量的体验,找到了投掷-掷准动作的技术方法。在小组合作中锻炼了团队协作、动手制作、发现问题、解决问题、自主学练的能力。

(二)创新设计:创新投掷游戏,培养团队合作能力及创新思维

学生根据所学的体育与数学知识,分析和验证不同高度单手肩上屈肘掷准的方法的可行性,将投掷方法运用到持轻物掷准的运动中,从而学会不同高度单手肩上屈肘投准的方法,掌握正确的出手角度,在逐层递进的趣味学练中,提高投掷的能力(见图2)。

图2 逐层递进的趣味学练

在活动的实施过程中,学生以问题为驱动,情境为引导,带着问题与学习

要求在不同远度、出手角度学练中进行探究和体验。

任务一：肩上屈肘的同时，如何找到正确的出手角度？

（1）观看示范动作并积极思考"怎么样的角度能掷得准"。（不同高度的标志物）

（2）按照指定的顺序进行投掷练习。（打准不同高度的标志物）

（3）赛一赛，打准较高距离固定目标。（争分）

任务二：如何做到在投掷不同高度目标的前提下提高准度？

（1）引导学生思考如何投准更高的目标。

（2）组内比一比，用正确的出手角度掷准目标。

（3）小组合作，进行投准不同高度、大小目标的小比赛。

任务三：根据不同高度设计不同形式的投准游戏。

通过不同高度的打准游戏，相互体验，改善创新投准游戏。

通过这些学习活动，学生不仅能够深入理解投掷动作的科学原理，还能够在实践中不断探索和优化自己的动作，以提高投掷的准确性。同时，这些活动也鼓励学生进行跨学科的思考和创新，培养他们的探究能力和团队合作精神。

（三）优化分享：展示小队成果，提高综合素养及实践能力

在小组分享和讨论中，学生不仅学到了提高投掷准确性的有效策略，还能将这些策略应用到其他投掷活动中，在小组内分享自己的投掷经验，讨论动作调整的策略，通过策划者与参与者角色互换，相互体验，提出自己的感想，最终设计出游戏海报在同年级中进行展示（见图3）。

图3　展示成果

1. "色彩投掷大作战"

游戏准备：准备不同颜色的软球或沙包，以及对应颜色的目标区域。

游戏规则：将场地划分为若干个区域，每个区域对应一种颜色。参与者手持不同颜色的投掷物，根据随机抽取的颜色卡片，准确地将对应颜色的投掷物投进相应颜色的目标区域。投中得分，投错扣分。

创新点：通过颜色匹配增加游戏的难度和趣味性，锻炼参与者的反应能力和色彩识别能力。

2. "移动靶投掷挑战"

游戏准备：制作可移动的靶标，例如安装在遥控车上的小型靶板；准备适量的投掷物。

游戏规则：遥控车在规定区域内随机移动，参与者需要在靶标移动的过程中进行投掷，击中靶标得分。可以设置不同的难度级别，如移动速度的快慢。

创新点：引入移动的目标，增加了游戏的不确定性和挑战性，需要参与者具备更好的预判和投掷时机的把握能力。

3. "投掷拼图大赛"

游戏准备：制作大型的拼图板，将其分成若干小块，并在每块上标记分数；准备适量的投掷物。

游戏规则：参与者站在一定距离外，通过投掷将拼图块击倒。击倒不同分数的拼图块获得相应分数，最后以累计分数决定胜负。同时，被击倒的拼图块需要在游戏结束后重新拼好。

创新点：将投掷与拼图相结合，不仅考验投掷技巧，还增加了智力和团队协作的元素。

4. "音乐投掷狂欢"

游戏准备：准备各种投掷物，播放节奏感强的音乐。

游戏规则：音乐响起时开始投掷，音乐的节奏快慢决定投掷的速度。参与者需要根据音乐的节奏来调整投掷的频率和力度，投中目标得分。

创新点:将音乐与投掷结合,让参与者在游戏中感受音乐的节奏与投掷动作的协调配合,增加游戏的趣味性和节奏感。

四、项目评价

(一)课堂自评与互评

从"运动能力""健康行为""体育品德"三个维度进行自评(见图4)。

在展示评价环节,学生们根据小组同伴的表现及游戏设计进行互评(见图5)。

图4 瞄准三个维度

图5 学生互评

(二)反思与分享

学生利用任务单进行活动反思与分享,回顾整个学习过程中的体验和感受(见图6)。

图6 体验和感受

五、项目总结与反思

本项目通过设计与实施，优化与实践，基本达到了预期的目标。在研究的过程中，不仅提升了教师理解及实践研究能力，使其对于跨学科主题内容设计、支架运用、组织形式等方面有了更深的认识，还提升了学生的学习兴趣，让学生有真实感和代入感。整个过程中，学生的积极性很高，他们在开放的环境下通过合作、探究式的学习，体验到了学习与现实生活的关联。这激发了学生对于体育运动及积极生活的热爱之情，也丰富了体育跨学科主题学习的课程资源。

在研究的过程中虽有各种收获，但此项目还有较多值得研究的地方。如：

（1）不同学科之间可能存在知识体系和教学方法的差异，整合这些差异需要教师具备跨学科的理解和协调能力。在后续的项目化研究中可以让不同学科的教师共同参与项目研究，增强对不同学科的理解，学习如何将不同学科的知识有效整合。

（2）项目化学习要求学生具备较强的自主学习能力，但部分学生可能尚未形成有效的学习策略，学习兴趣和能力差异导致其活动参与度不均衡。后续过程需要为不同能力的学生制订个性化的学习计划，鼓励学生之间的同伴互助、小组合作，创造一个支持自主学习的环境，提供必要的资源和指导。

综合篇

以世界眼光，讲好中国故事
——道德与法治跨学科
学习案例

景城校区

孙青阁

小小藏书票
——美术跨学科学习案例

畹町校区

杨奕蔚、孙文娇、张晨玥、程果、
蒋欣悦

民歌会
——音乐跨学科学习设计
案例

畹町校区

米然、唐雪梅、袁梦、李淼、林菁

心灵艺术展
——综合实践活动学习
案例

景城校区

金梦云、居梅芳

低碳环保我践行之光盘行动

——综合实践活动学习案例

莘松校区

李晓薇

综 合 篇

以世界眼光，讲好中国故事
——道德与法治跨学科学习案例

景城校区 ｜ 孙青阁

一、项目背景

党的二十大报告指出，要"坚守中华文化立场，提炼展示中华文明的精神标识和文化精髓，加快构建中国话语和中国叙事体系，讲好中国故事、传播好中国声音，展现可信、可爱、可敬的中国形象"。

为贯彻党的二十大精神，落实立德树人的根本任务，充分发挥思政课培根铸魂、启智增慧的作用，不断提升学科育人能力和学生核心素养，我们项目组系统梳理了小学统编版《道德与法治》教材，选取了五年级上册第5课"古代科技 耀我中华"作为本次项目化学习的实施依据。该课从古代科技成就这一维度展现我国悠久灿烂的古代文明，是讲好中国故事的生动参照。

二、学情分析

由于古代文明与当代生活隔着时空，传统的课堂实施方式、有限的课时安排、单一的学科立场,难以让学生真正走近这些古代科技成就的精神内核,因此我们以"用世界眼光　讲好中国故事"项目为驱动,积极探索具有参与性、浸润性、体验性特征的跨学科实施新方式,探索内化于心、外化于行的课程思政实施新路径,探索国家课程、校本课程、学生活动有机课程统整的新手段。

我们以"学校蒙正学生电视台邀请五年级同学完成一期《讲好中国故事》节目"为情境任务,以"如何讲好中国故事,彰显中华优秀传统文化的魅力?"为驱动性问题,引导学生在解决这一真实而复杂的问题中,主动探究中国古代科技对世界发展和时代进步的重大影响。我们以"政治认同和责任意识"为核心概念,引导学生运用不同学科知识,激发深度学习的兴趣,在广阔的历史比较与国际比较中,打开世界视野,坚定文化自信,做好优秀文化的传承人。

三、项目目标

本项目基于道德与法治学科,融合数学、语文、信息学科,引导学生运用多学科视角,在了解中国古代科技发明对推动世界文明发展的重大贡献的同时,感受到中华民族是一个富有创新精神和创造力的民族。

(一)学科核心素养

1. 道德与法治

(1)政治认同。了解中华优秀传统文化的主要代表性成果及其意义,为中华民族创造的文明成就感到自豪。

(2)责任意识。传承和弘扬中华优秀传统文化。以主人翁的身份和姿态承担责任和使命。

2. 数学

(1)能用数学的眼光观察现实世界:发现基本的数学研究对象及其所表达的事物之间简单的联系与规律。

(2)会用数学的语言表达现实世界:感悟数据的意义与价值,养成用数学语言表达与交流的习惯。

3. 语文

（1）语言运用。了解查找资料、运用资料的基本方法。学习跨媒介阅读与运用，初步运用多种方法整理和呈现信息。

（2）思维能力。有理有据、负责任地表达自己的观点。

4. 信息

（1）信息意识。根据学习与生活需要，有意识地选取信息技术处理信息。

（2）数字化学习与创新。在学习作品创作过程中，利用恰当的数字设备规划方案、描述创作步骤。

（二）跨学科素养

（1）小组协作与个性化表达；

（2）文化理解与传承；

（3）创新精神与实践能力。

四、预期成果与评价方式

进程	评价点	学习支架
1. 栏目发布	1. 故事形式符合观众所需 2. 故事内容包含一项科技成就的诞生、发展、对世界的影响	KWH 表 汉堡包图（或气泡图）
2. 素材搜集	1. 素材精练，符合"耀我中华"的主题 2. 重点突出，能够凸显科技成就的世界价值	观点激荡 画廊漫步
3. 录制筹备	根据节目形式分工明确，有效合作	拼图法
4. 栏目首映	1. 自信大方地向观众介绍本组节目 2. 对应角色，进行互动，提出建议	评委角色扮演法 "旋转木马"

五、项目实施

本项目以如何讲好中国故事为主线，学生经历栏目发布、素材收集、录制筹备和栏目首映四个子任务。

（一）栏目发布：运用支架确定故事方案

在明确的任务驱动下，学生呈现出了较为浓厚的学习兴趣。但是也存在一些问题:不清楚一个栏目如何诞生,不了解观众喜爱怎样的栏目,不确定任务如何推进。因此教师在项目伊始,引导学生对全校进行"我最喜爱的校园电视台栏目"调查,了解受欢迎的节目形式,确定小组讲故事的方式,初步培养学生的观众思维。入项课开始,教师推送了各种故事形式资源包,学生在学习和参考中丰富了讲故事的形式。接着借助 KWH 表,分组商讨出最感兴趣的某一项传统科技成就,确定好故事的主题、框架。最后利用气泡图这一支架,明确分工和任务,小组内分头搜集相应的故事素材。从形式到内容,学生初步形成了较为完整的故事方案。

(二)素材收集:科学论证优化故事素材

子任务一完成后,我们发现虽然分工后搜集到了相关资料,但是出现资料冗杂、语言晦涩等问题,汇总后发现组内重复、主题不鲜明等问题。因此第二课时我们聚焦问题,引导学生学会科学的方法去优化故事素材。第一步,通过运用语文课上学的规范的修改符号,调整前期搜集到的素材,从杂到精,删减主题关联度不大的内容,凸显"耀我中华"的主题。第二步,引用本课道法教材中的内容《青蒿素》的故事,运用数学数据和统计图对比,引导学生层层剖析,感受青蒿素的中外、古今价值(见图 1)。

图 1 《青蒿素》 的故事

第三步,根据小组之间的意见分歧进行思辨讨论,引导学生学会从多角度去证明一项科技发明的价值。不同的科技发明适用不同的证明方法,要具体问题具体分析,既是思维的碰撞,也是哲学意识的渗透(见图 2)。

第四步,举一反三,借助支架库完善素材,并促进小组间的交流。学生了解不同科技发明给人类、世界带来的巨大改变,感受祖国古代优秀传统文化的闪耀,在互动中进一步关注故事内涵(见图 3)。

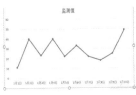

折线图
反映变化趋势

支架库

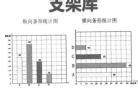

条形统计图
直观反映量的变化差异

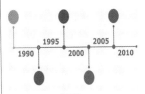

时间轴
依据时间顺序，把事件串联起来

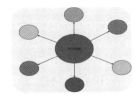

气泡图
描述事物的性质和特征

树形图
对事物进行分类

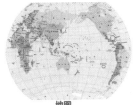

地图
强调事物传播路径和影响范围 ……

《本草纲目》的世界价值

从1953年开始，李时珍肖像就悬挂在莫斯科大学主楼的廊厅上，与达尔文、哥白尼、牛顿、居里夫人等世界著名科学家并列。达尔文1859年写的《物种起源》，引用一些进化的例子，就来自《本草纲目》。

《本草纲目》先在日本、朝鲜流传。18世纪起传到欧洲。19世纪以来，美国学者也开始对《本草纲目》进行研究。目前，《本草纲目》已拥有了包括日文、拉丁文、韩语、法语、德语、英语、俄语等文字的100多种版本，流传于世界各国家及地区。

2011年，1593年金陵版《本草纲目》入选联合国教科文组织《世界记忆名录》。

外国人眼中的《本草纲目》

《本草纲目》被国外学者誉为"东方药学巨典"。达尔文称之为"中国古代的百科全书"。

"毫无疑问，明代最伟大的科学成就，是李时珍那部登峰造极的著作《本草纲目》，至今，这部伟大的著作仍然是研究各门科学史的一个取之不尽的知识源泉。
——英国世界著名科技史专家、英国皇家科学院院士、东亚科学技术历史馆馆长李约瑟

图 2 部分课堂资源

图 3 部分学生成果

通过以上四步,学生学会了用科学的方法去优化素材,初步形成故事文案,并在过程中渐渐产生了民族自豪感,在循序渐进的学习经历中形成价值体认。

(三)录制筹备:合作录制彰显节目精彩

经过第一课时故事框架的确定、第二课时素材的优化,在第三课时学生初步尝试图文结合、音频结合等,形成简易的视频。学生根据驱动问题,结合完善后的素材,搭建故事视频的基本结构,明确故事的蓝本和表达方式。

各小组根据自己的兴趣爱好,选择定格动画、古今对话、TED演讲等方式来展示故事。这些方式趣味性强,吸引观众且易于操作(见表1)。教师引导组长根据各组的工作内容,为团队成员分配剪辑、录音、绘画、摄影等角色。

表1　录制节目操作内容明细

1. 前期准备	2. 拍摄
→素材转换脚本 →确定拍摄地点、工具 →组织拍摄人员及分工 ……	→现场设备与调度 →人物、场景、故事情节 →镜头运用(远、中、近、特写等) →回看补拍镜头(远、中、近、特写等) ……
3. 后期剪辑	4. 视频效果
→剪辑软件使用 →剪辑技巧 ……	→片头片尾、音效、录音、背景音乐、字幕、字体等 →转场、滤镜等专业特效制作 ……

在拍摄模块,我们提前根据小组需求安排场地和设备。在后期剪辑模块,我们选用了信息课上常用的剪辑工具。不同的小组在录制过程中会有个性化的问题和需求,我们聘请了不同的教师担任录音指导、特效指导、美化指导、拍摄指导等,便于学生高质量地完成初步的故事制作。

本主题将学生前期的故事构想初步展示,用可视化的方式表达古代科技的耀眼成就,让学生在合作录制的过程中深入感受中华优秀传统文化的魅力。

(四)栏目首映:反馈评价促进反思调整

在项目的最后,学生将在小范围内进行栏目首映,展示小组的故事,在互学互享中及时反思、汲取意见,调整完善。因此,故事视频作为最终成果的展示方式,同时也肩负着考核学生学习目标是否达成的任务。

我们运用视频产品评价表,邀请全班学生、教师、部分小观众用这个评价表对各个视频进行自评、互评,项目中的学生既是被考核者,也是考核者(见表2)。

表 2 视频产品评价

考核项目	评价指标	评价等级					分数
		非常符合 5	比较符合 4	基本符合 3	基本不符合 2	完全不符合 1	
选题 (20分)	主题指向解决或回答驱动问题						
	选题符合主题						
	考虑到观众的需求和年龄特点						
	具备视频类型的要素						
解决问题的能力 (20分)	能够归纳整理收集的资料						
	收集的材料能有力证明科技发明的价值						
	能自主、合理地解决视频制作中的问题						
	能深入进行团队合作,借助团队的力量解决问题						
探究和实践 (20分)	能搜集并筛选合适的文本素材						
	能运用科学合理的方法论证科技价值						
	能按照活动计划自主探究						
	能阶段性地总结和分析下一步工作						
技术素养 (20分)	合理地使用剪辑软件中的滤镜、转场、画中画等效果						
	在各部分合理添加文字,字号位置适宜						
	声音运用恰当,声音特效合适						
	使用贴合主题的图片和视频素材						

续　表

考核项目	评价指标	评价等级					分数
		非常符合 5	比较符合 4	基本符合 3	基本不符合 2	完全不符合 1	
审美创造（20分）	有一定想象力和个性表现力						
	视频色彩运用得当,设计合理生动						
	通过色调和画面和谐合理地表现主题						
	内容结构完成流畅、独到新颖						

通过打分表,学生可以清晰地看到每个条目的分数和每个考核项目的分数,方便他们改进自己较为欠缺的部分。教师也可以一目了然地知道学生的问题,从而有针对性地查缺补漏,或者通过启发性的问题让学生进一步思考,最终形成较为完善的故事视频,在校园电视台中正式发布,让"古代科技　耀我中华"这一主题为更多的师生所瞩目。

六、项目总结及反思

（一）项目成效

在该项目的实施过程中,我们致力于抓住育人的良好时间,在做好学科融合、优势互补的同时,"适时、适当、适量"地落实学科思政,充分发挥各学科独特的育人功能,提升项目化学习的质量。

1. 统整素养目标,提高项目设计质量

该项目立足道德与法治核心素养"政治认同"与"责任意识",并且融合统整了数学、语文、信息、跨学科等多学科的素养目标,引导学生用数学的眼光观察古代科技的世界价值,并用数学语言表达古代科技的辉煌成就。在故事素材搜集和调整的过程中,学生能够运用多种方法搜集资料、整理资料,并且做到表达有理有据,提升语言运用能力。我们鼓励学生用不同的方式来讲述中国古代科技的故事,培养学生的创新精神,并且注重引导学生紧跟时代,运用信息技术为故事赋能,提升学生的数字化学习与创新素养。小组协作贯穿项目学习的始终,学生能够在合作中呈现个性化表达与多样化合作,在有序推进的学习过程加深对传统文化的理解与传承。

2. 应对有效失败,提高教师支持质量

入项课后,学生根据自己的分工从不同方面进行故事素材的搜集,可是汇总展示在项目墙上后,学生产生了沮丧的情绪。原来网络上搜集的素材多而杂,甚至晦涩难懂,学生一时间不知道如何调整。教师及时进行调整,第二课时的主要任务便是进行素材的优化。根据学生前期搜集素材出现的问题,教师引导学生进行反思:该怎么进行调整,才能够凸显"耀我中华"的主题,且生动有趣? 在开放性的意见表达中,大家最终达成了一致的调整路径:由杂到精,精简素材→增加素材,凸显主题→使用支架,引人入胜。

面对学生的失败经历,教师适当推迟讲授时间,鼓励学生形成解决问题的思路,从主导者变成了支持者,让失败经历变成有效的学习财富。

3. 实现迁移理解,提高学生学习质量

在项目即将结束时,教师带领学生对项目地图进行了回顾,提出了 5 个问题:

- 该选取什么形式来讲故事,才能既凸显科技成就的价值,又引人入胜?
- 在面对大量的素材信息时,该如何围绕主题进行筛选和优化?
- 在整个小组学习过程中,你得到过哪些帮助? 帮助了谁? 有什么收获?
- 在整个学习过程中,你觉得自己哪方面做得还不够? 你会如何改进?
- 经过本次项目学习,你对中国优秀传统文化有了哪些更深的了解?

"讲好中国故事"是一个比较大的主题,学生通过回顾问题,梳理出"讲故事"的通用方法,以后在面对弘扬中华优秀文化的相关活动任务时,能够迁移方法,举一反三。并且通过本次学习,学生加深了对中华优秀传统文化的了解,并在情感上认同,在行为上传承。

(二) 项目反思

1. 项目化专业学习时有必要

本次项目是团队首次进行基于道德与法治学科的跨学科项目化学习,团队大部分成员是首次接触并进行合作,大家在探索过程中边学边实践,精诚合作。然而由于跨学科项目化学习的专业性较强,过程中遇到了一个又一个"硬骨头",这就使得"压力驱动学习"时时发生,虽然最终啃下了这些"硬骨头",但也耗费了较多的精力。项目化教学日后会成为教学的常态,也是教师应具备的专业素养,因此,教师要时时保持学习的状态,用科学、新鲜、实用的知识武装自己,用专业引领实践,将更多的精力放在项目的精心设计、推进和完善上,发挥项目化学习更佳的育人价值。

2. 项目化学习成果值得推广

本次实践中,我们将重心放在激发学生项目探究的主动性和能动性上,通过多样形式丰富学生的学习体验,不仅学生经历了丰富的学习过程,也形成了令人满意的项目成果。然而遗憾的是,由于缺乏经验,这些有趣的过程和作品却没有及时进行推广。期待在日后的跨学科或项目化学习中,学生能够拥有一面"项目墙",既动态展现过程进展,又长期展示出项成果,这将会更加激励学生在项目探究上的积极性和能动性。

小小藏书票
——美术跨学科学习案例

畹町校区 | 杨奕蔚、孙文娇、张晨玥、程果、蒋欣悦

一、项目简介

本项目结合闵实小书香节活动背景,以龙年主题藏书票为学习载体,让学生为自己定制一枚"龙年书香节的藏书票",感受版画的工艺美、肌理美和层次美,理解藏书票的独特价值;同时,感悟龙文化的美好寓意,逐步养成耐心细致、勇于探索和乐于创新的学习习惯,体验美术运用于生活的乐趣。

二、项目设计

(一)学情分析

三年级学生具备了一定的跨学科知识与能力,美术课上学习了上教版三年级第二学期的"印出来的画"单元,掌握了版画的基本知识。语文课中涉及藏书票知识和龙图腾寓意,通过课内学习和课外读物,学生对龙文化有了一定

的积累。2024年是龙年,开学初各班进行了龙文化的多种探究活动,学生在上半学期的《赛龙舟》中掌握了龙头的造型特征。通过制作龙年藏书票,学生可以感知藏书票的独特价值,感悟龙文化的美好寓意,这一选题与学生的认知基础和生活经验紧密相关,能够激发他们的兴趣。

（二）项目目标

以下从跨学科核心概念、跨学科核心知识与能力、学习素养三个层面拆解项目目标。

1. 跨学科核心概念

版画工艺运用于生活。

2. 跨学科核心知识与能力

（1）美术学科:版画的制作原理和工艺流程。

（2）语文学科:藏书票的知识、龙图腾的寓意、与龙相关的知识积累。

3. 学习素养

（1）探究性实践:在了解藏书票知识、装饰美感的过程中发现藏书票的作用。

（2）社会性实践:学会用藏书票表达自己的想法。在小组合作探究中,锻炼合作探究能力,积极倾听他人的观点并给出回应。

（3）创造性实践:了解藏书票知识与刻印树脂版画的特点,初步学习绘制凸显个性特征的龙图案,表现自己的创意。

（4）审美性实践:在欣赏、创作、评价中,感知藏书票图文版式之美、龙图案丰富变化之美、藏书票印制工艺之美等。

（三）挑战性问题

1. 本质问题

如何从版画工艺中提取传统文化的纹理符号应用到艺术设计中?

2. 驱动性问题

如何融入个性设计,制作"我的龙年藏书票",举行2024龙年书香节藏书票推介会?

（四）预期成果

在本项目中,学生制作完成"我的龙年藏书票",并在"2024龙年书香节藏书票推介会"上公开展示。通过小组拼图式学习探究,学生共同确定主题表达图案要求并提炼评价标准,进而进行创意表达。关于成果的具体说明如下：

（1）探究了解藏书票：学生在版画大单元视野下,发现藏书票的独特元素和票面版式,体现藏书者个性特点,并通过"写写画画"探究单构想个性特点。

（2）定制龙年藏书票：围绕"如何用版画工艺为自己定制一枚2024龙年书香节藏书票?"主题,学生回顾龙纹样和藏书票知识,将个性特点与龙的造型结合,创作出独特的藏书票。

（3）印制藏书票：学生自主探究版画印制方法,提炼印制要点,完成藏书票的印制,并在班级进行展示、分享和介绍。

（五）预期学习活动

时间	项目进程	学习支架/过程评价
入项活动 （1课时）	问题1：藏书票和普通版画有什么区别？ 问题2：你知道藏书票的由来和组成部分吗？它有什么作用呢？有哪些票面版式？有哪些题材？ 问题3：藏书票如何制作？用什么材料制作？	"我的巧构思"学习单
项目实施 （2课时）	问题1：龙有哪些特征？这些特征有什么含义？ 问题2：如何表现出自己的个性？ 问题3：你的专属龙形象是怎样的？ 问题4：你设计的龙形象凸显出自己的个性了吗？	"个性表现"探究单 希沃技能展示
项目结尾 （1课时）	问题1：为什么选择树脂板来印制复杂的龙年藏书票？ 问题2：如何转印？ 问题3：如何分享设计理念、交流制作体会？	"龙年专属藏书票"作品 个性专属藏书票介绍会

三、项目实施

（一）书香启智：校园书香节藏书票活动，激发学生自主探究意识

在"小小藏书票"项目中，我们特别注重培养学生的自主探究能力，让学生不再只是为了完成老师的任务而学习。我们鼓励学生以藏书票为研究对象，通过观察、收集和实验等方式，自主发现问题、解决问题并得出结论。

入项活动中，我们在闵实小书香节的书籍交换环节发现了部分书本里夹放了精美的书签样式的小图画，有机灵的学生马上发现了这是"藏书票"，还有的学生提出："这是一枚版画制作的小图画""同样的图案能印制好几张""上面还有英文字母和主人的名字""图案正好是今年的生肖龙""到底什么是藏书票"。就在这样的氛围中，我们以学生自主探究发现为主，教师引导为辅，确立了"走进藏书票"的入项活动（见图1）。

图1　走进藏书票

在解构藏书票的环节，学生探究发现了藏书票的组成部分包括主体图案、作者、国际藏书专用标志的字母，并确认了它的尺寸规格。

藏书票有什么作用呢？

（1）贴在书的扉页上成为书的所有者的标记，具有实用功能。

（2）增添书的珍贵和美感，作用如同中国传统的藏书印章。

学生通过解构藏书票探究藏书票的由来、装饰美感和文学价值，在提炼中表达自己的观点。教师由此提出分组探究任务"定制一枚2024我的龙年藏书票"并出示小组探究单（见图2）。

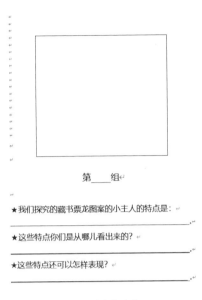

第___组

★我们探究的藏书票龙图案的小主人的特点是：
_____

★这些特点你们是从哪儿看出来的？
_____

★这些特点还可以怎样表现？
_____

图2 小组探究单

通过这样的自主探究学习，学生不仅能够在情境浸润中感受藏书票的艺术价值、激发探究兴趣，还能够在小组合作中培养观察力、思维能力、合作分工能力和解决问题的能力。

（二）实践交融：跨学科项目实践，丰富学生综合体验

项目实施前，我们了解了本项目要解决的问题，教师带领学生一同思考"完成本项目时，我们需要知道些什么又需要做些什么"，根据师生间的头脑风暴为后续项目进行合理规划。

师：如果要完成这样一张龙年专属藏书票需要哪些步骤？

生1：认识藏书票，了解藏书票由来、作用以及藏书票的组成等。

生2：绘制藏书票图案，如何为自己定制一枚龙年专属藏书票？

生3：刻印藏书票，如何把图案刻印成版画形式？

……

在项目中，我们根据学生需求安排了多种形式的实践活动，包括欣赏探究、讨论构思、互动示范、展示与评价等。这些活动需要学生自己通过观察分

析、讨论交流、动手实践等形式来发现问题、解决问题。

1. 欣赏探究

在视频欣赏中,学生观察历史文物、传统纹样、现代艺术作品中龙的造型特征,理解龙的寓意。教师利用"拼图教学法"指导个性创意的图案添加方法(见图3)。

师:这些造型,能直接成为凸显你个性的自己专属的藏书票图案吗?

生:不可以,这些不能代表我的个性特点。

师:怎样在龙的造型基础上表现自己的个性特点呢?

师:请拿出自己小组的探究单,分组交流探究藏书票龙图案的特点。

图3　拼图教学法

【第一组】

生1:我们探究的藏书票龙图案的小主人的特点是:呆呆的、有点不高兴、无精打采。

生2:这些特点我们是从龙图案的表情中看出来的。

生3:我们还可以把龙嘴巴画得再下垂一些表现它的不高兴……

【第二组】

生1:我们探究的藏书票龙图案的小主人的特点是:爱听音乐、很有钱。

生2:这些特点我们是从龙图案中的元宝、唱片机、耳机等元素看出来的。

生3：我们还可以加入其他乐器，比如架子鼓、钢琴等凸显它爱音乐的特点。

2. 互动示范

在观察教师示范及欣赏优秀作品的基础上，学生进行练习创作，设计出凸显个性的龙图案（见图4）。

图4　爱画画的龙

师：我先画出龙的基本结构，眼睛、鼻子、角、酷酷的身体……我把龙的尾巴画成了毛笔的笔刷头，我还给龙加上了画板、打翻的颜料桶，说明我想表现的是一条爱画画的龙。

师：我们再来欣赏一下其他设计师设计的龙图案，这些设计师都保留了龙基本的造型特征，但是又加入了不同的个性元素。

师：那今天我们练习的内容是"设计一个凸显个性的龙图案"，练习要求你们觉得有哪些？

生1：特征鲜明。

生2：要凸显个性。

生3：要表现出自己的创意。

这些实践活动让学生了解了龙的不同造型及象征意义，在艺术品欣赏和龙形象提炼中表达自己的观点，并结合师生互动示范、作品欣赏打开学生创作设计思维。这些实践活动培养了学生自主探究、合作互动的能力，也培养了他们自主学习和解决问题的能力。

在项目中，我们力求以学生探究为主，让学生在真实情境中发现问题、解决问题，再发现问题、解决问题。通过项目化学习的方式激发学生学习兴趣和动力,培养他们的自主学习和创新能力。

(三)印制藏书票,孕育校园艺术文化共鸣

在书香节校园艺术文化气氛中,怎样将绘制好的个性龙图案变成版画藏书票? 不同于以往的美术制作类课程,学生小组合作探究纸版画、吹塑纸版画、树脂版画等材料特点,寻找适合印制复杂个性的龙年藏书票的材料。最终通过对比发现树脂板更适合作为印制藏书票的版画材料(见图5)。

图5 选用树脂板作为版画材料

生1:纸版画轻便而且我们都使用过有经验,但是印制简单的还行,复杂的容易印不清。

生2:吹塑纸版画对力量的大小要求太高,经常容易刻漏。树脂板虽然很硬但是用力一点边缘也不会出现毛刺而且可以使用很多次。

师:看来大家都倾向于使用树脂板,那对纸的要求呢?

生3:还是预裱宣纸有质感,印制清晰还不容易破损。

将选定好的材料纳入印制环节,教师组织学生总结印制原理、过程及方法(见图6)。

1.材料准备　　2.拷贝转印　　3.完善内容　　4.刻画制版

图6 印制原理、过程、方法

（1）教师示范刻版技法：用铅笔、圆珠笔等多种材料侧锋磨刻；用力的大小决定线条的粗细；用稀疏和密集的线条产生凹凸块面，区分图形；用粗细长短的线条凸显文字和图案。

（2）学生尝试转印、刻画、添加藏书票元素，完成制版龙年藏书票。

（3）上墨印刷藏书票，多次转印还可以改变颜色搭配。

在项目的最后，举办藏书票推介会。学生组织展示藏书票，分享设计理念、交流制作体会（见图7）。

图 7　推介会展示藏书票

学生介绍自己的龙造型寓意，"因为我喜欢跳舞，所以我印制了一条一手环在胸前一手举过头顶的芭蕾舞龙，因为它动作轻盈，所以背景制作了云朵图案""因为我喜欢宅在家，所以我的龙很舒服地在家躺着，背景画了很多舒服的道具，冰箱里有很多吃的，有书架可以看书、有沙发等"，通过龙造型表达情感的传递;学生还介绍了通过不同技法刻印龙纹样的方法。

四、评价方式

(一)课堂自评与互评

1. 课堂自评单

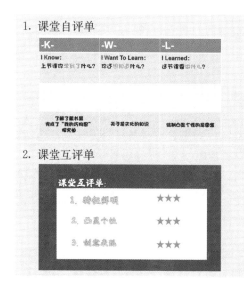

自评单包括学生对学习内容的理解以及知识的梳理和罗列。

在课前回顾旧知明确任务环节,学生通过这张表能快速回顾上节课学到的知识,明确这节课需要做些什么。例如,通过上节课的学习和完成的个性探究单,说出凸显藏书票个性的关键词。

2. 课堂互评单

在展示评价环节,学生们根据自己和同伴的表现,从特征鲜明、凸显个性、创意表现三个维度进行互评。

(二)项目复盘(反思与分享)

在项目结尾,教师使用任务单引导学生进行了一次深刻的反思与分享,旨在帮助学生回顾整个学习过程中的体验和感受。

"在《小小藏书票》的版画学习中,你收获了什么?"学生的反馈如:对版画这一艺术形式有了基本的了解,包括它的历史、种类和制作技术。

"如果项目持续下去,我还能怎么改进呢?"学生的反馈如:版画制作往往需要良好的绘画基础,以后要通过练习提高自己的绘画技巧。

五、项目总结与反思

（一）教师在课程构建的逻辑性和递进性上有待提升

在跨学科主题式学习过程中，部分内容的组织略显随意，缺乏明确的主题构建，导致学生在学习过程中难以形成清晰的知识结构和体系。在后续的学习推进过程中要更加注重内容的逻辑性和递进性，围绕本质问题和驱动问题，构建结构化清晰的学习任务。

（二）学生团队协作能力有待提升

在跨学科学习中，部分学生参与度不足，学生在小组活动任务中，不能切实做到人人参与或出现参与度不高现象，缺乏主动参与的热情和积极性。这可能与学生个体性差异、知识储备或理解、表达能力有关，影响了学习的效果。比如，部分学生的语言表达能力有限，对于龙文化的内涵理解不到位，在探究龙寓意环节，出现多旁观、少参与现象；部分学生的美术造型表现能力薄弱，在构思表现自己的龙造型时，有个性想法，但很难用画笔呈现，出现了畏难情绪，参与热情大大降低。故还需调整实施策略，提高学生团队协作能力。

民 歌 会
——音乐跨学科学习设计案例

畹町校区 ｜ 米然、唐雪梅、袁梦、李淼、林菁

一、项目简介

　　本项目面向五年级学生,结合校园秋季活动开展,旨在让学生形成体验艺术美好情感内涵的能力和积极求知与探索的态度。

　　本次项目设计的驱动性问题是作为艺术总指导,你如何为学校秋季活动筹备一场庆丰收民歌会,让师生体验喜庆氛围?在"民歌会"项目中,学生既是设计者,又是表演者。学生通过资料收集、活动探究、分工合作、艺术表演,举办一场庆丰收民歌会,表现各地区民歌的不同,展示学习成果;学生的创造性体现在对"民歌会"节目的设计与排演上。项目让学生"通过多渠道收集民歌包括其所在地的风俗、文化信息"等,增强民族自豪感,形成正确的审美观念和积极的实践态度。

二、项目设计

（一）学情分析

五年级学生具备跨学科知识与能力基础,音乐课上学习了上音版五年级第一学期第四单元"丰收之夜",掌握了"庆丰收"的四首民歌及其相关音乐文化。道德与法治四年级第六单元《中华民族一家亲》、美术学科五年级第一学期第五单元《校园海报》也有相关的主题内容。学生具有跨学科学习的教材内容基础。结合校园秋季活动,学生可以融合音乐、道法、美术等相关学科知识,筹备一场庆丰收"民歌会",围绕地方民歌特点,运用所学艺术语言,与他人进行合作对"民歌会"节目进行设计与排演;通过资料查询比较各地方民歌的差异性,根据自己的审美体验,发表看法,交流感受。引导学生在艺术活动中形成正确的民族观,增强民族自信,传承中华民族传统美德,弘扬民族精神,增强民族气节。这一选题与学生的认知基础和生活经验紧密相关,能够激发他们的兴趣,并且在节目筹划中,能提升他们对集体的责任感,增强责任意识。

（二）项目目标

以下从跨学科核心概念、跨学科核心知识与能力、学习素养三个层面拆解项目目标。

1. 跨学科核心概念

小型民族歌舞剧表演。

2. 跨学科核心知识与能力

（1）通过对具有鲜明文化地域特点的民歌作出探索、比较、交流,感知不同地域民歌的特点。

（2）通过资料查询比较各地方民歌的差异性,知道我国地理位置、领土面积、海陆疆域、行政区划,及地域对民歌风格形成的影响。

（3）结合不同地区风土人情,选择合适的方式进行表现。了解并介绍地区的服饰特点、节日活动、当地特产等,并和同伴们共同讨论、设计节目表演形式。在这一过程中,增强对中华优秀传统文化的认同感,弘扬和培育民族精神,激发爱国情感。

(4)结合具有地域特色的中华优秀传统文化内容,设计与制作文创产品,策划传播方案,并进行展示与交流。

3. 学习素养(各类型实践活动)

(1)探究性实践。在资料查询比较各地方民歌差异性的过程中,能够根据自己的审美体验,发表看法,交流感受;在分组合作探究的过程中,完成歌、舞、音乐表演以及小型民族音乐剧剧本、歌词的创编,进行乐器组配乐编创和服装道具的设计与制作。

(2)创造性实践。在综合性节目活动设计编创中,完成剧本、歌词、道具、配乐等不同表现形式的设计,培养创意实践能力。

(3)社会性实践。在小组团队合作中,积极倾听他人的观点并给出回应。

(4)审美性实践。了解中华优秀传统文化和各地风土人情,设计节目表演形式和具有民族特色的相关文创产品,感悟生活中的美。

(三)挑战性问题

1. 本质问题

如何用综合艺术形式表达喜庆氛围?

2. 驱动性问题

作为艺术总指导,你如何为学校秋季活动筹备一场“庆丰收”民歌会,让师生体验喜庆氛围?

(四)预期成果

在本项目中,学生完成了“民歌会”综合性艺术表演,并在校园秋季活动中,以现场演出的形式,面向一至四年级学生公开展演。学生通过小组合作开展学习探究,成果的具体说明如下:

(1)设计综合性艺术表演。学生共同设计综合性艺术表演,进行节目的创意设计与排练,并用场景融通的方式表现多彩的民歌,弘扬民族文化。

(2)策划灯光、舞美、布景、音响等,并根据民族文化特征,进行服装美化。

（3）制作一份美观、切合主题的海报、节目单,并在班级进行展示、分享和介绍。

（五）预期学习活动

时间	项目进程	学习支架/过程评价
入项活动 （1课时）	问题1:什么是"庆丰收"? 问题2:不同地域"庆丰收"主题的歌（乐）曲有哪些? 问题3:为什么有庆丰收这个节日	"民歌会小调查"探究任务单
项目实施 （3课时）	问题1:综合艺术形式是什么样的? 问题2:学唱客家民歌《摇船调》,你对"客家·圆"文化怎么认识? 问题3:根据客家民歌《摇船调》的作品特征,分成"剧本创编组""歌词编创组""民乐伴奏与配乐组""服装道具组"开展任务探究后,如何更深入地表现客家文化? 问题4:小型音乐剧表演中"背景音乐""造型""角色""对白表演""对唱"等概念与作用是怎样的? 问题5:在小组合作中,通过多种方式的演绎（肢体动作、人声伴奏、歌词创编和乐器伴奏）了解"戏剧冲突"与"戏剧高潮"的概念与内涵,说一说两者区别。	1. 小型音乐剧编创探究任务单 2. 学生听辨、选择背景音乐任务单 3. 在小型音乐剧《客家圆·摇船调》的引子第一幕排演中,对学生对白、互动式演唱、动作、演奏等呈现的情况进行生生评价、师生评价反馈
项目优化 （1课时）	问题:作为一个舞台编导,我们怎样去串联节目呢?	"编导"课堂:家长录制编导课视频,教授学生专业的编导知识
项目结尾 （1课时）	问题:作为艺术总监,需要关注哪些音乐本体与其他评价要点?（表演者站位、节目之间的衔接关联、节目表现力等,凸显艺术风格、把握艺术质量）	①"节目改进评价表" ②"节目联排生成性问题单"

三、项目实施

（一）入项活动:立足核心素养,创设真实情境,突出课程综合与学科实践

"民歌会"跨学科项目的实施,立足跨学科核心素养的培养,以校园生活中的真实问题"校园秋季活动开展之际,请同学们以班级为单位共同策划完成一场以'庆丰收'为主题的'民歌会'"为情境,让学生形成体验艺术美好情感内涵的能力和积极求知与探索的态度（见图1、图2）。

425

综合篇

民歌会——音乐跨学科学习设计案例

米然 唐雪梅 袁梦 李淼 林菁

畹町校区

项目地图

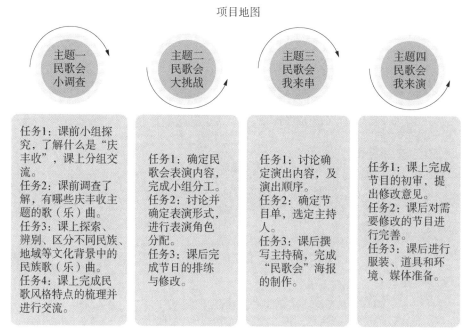

图 1　民歌会项目地图

　　这一项目共有六个课时,分别为民歌会小调查(1 课时)、民歌会大挑战(3
课时)、民歌会我来串(1 课时)、民歌会我来演(1 课时)。在校园生活中的真实
情境校园秋季活动开展之际,其主要解决的核心问题是引导学生探究如何策
划一场"民歌会",运用综合性艺术表演来表现民歌。为解决这个问题需要综
合运用音乐、美术、道法、影视与编导等学科知识与能力,突出课程综合,实现
音乐学习的理解与迁移,促进知识能力的融会贯通;并且强化学科实践,由学
生作为设计者、表演者,通过资料收集、活动探究、分工合作、艺术表演等实践
活动,感受各地民歌的不同,展示学习的成果。

　　在学生自主探究实践的过程中,活动设计与节目创编均由学生自主完成,
培养了其创新能力;活动策划与主动探究、表演的过程又着重培养了其学科实
践能力和一定的社会责任感。例如在入项活动民歌会小调查中,教师向学生
提出任务"什么是'庆丰收?'",并探究"为什么有庆丰收这个节日?"这个自主
探究与分享的过程在潜移默化中培养了学生"勤俭节约"的美德及社会责任

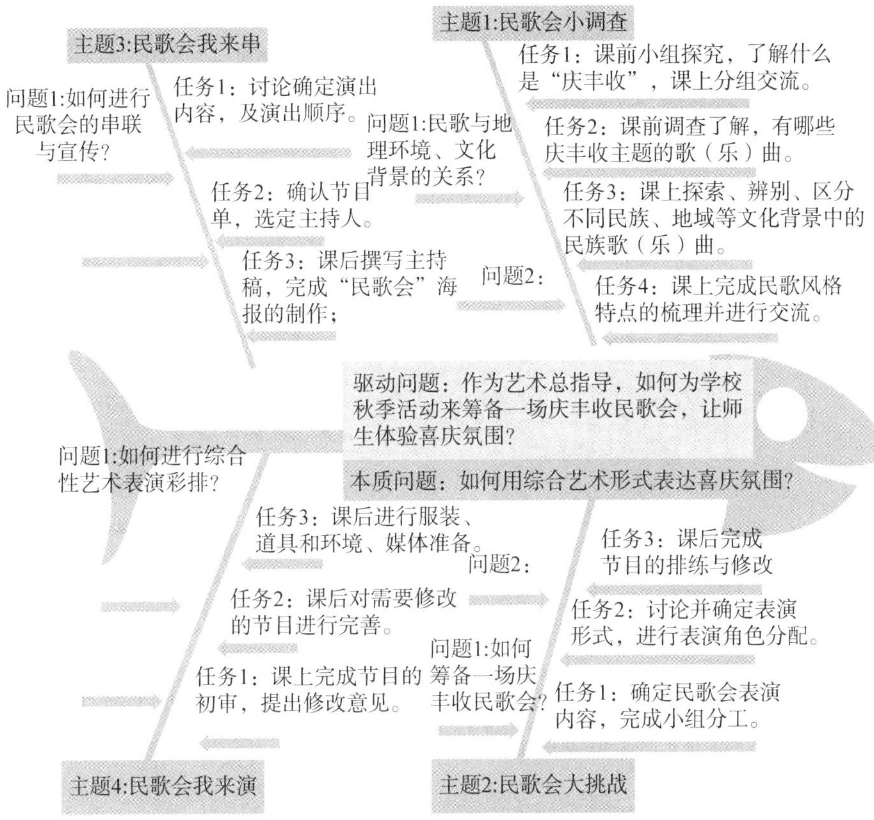

主题3:民歌会我来串

问题1:如何进行民歌会的串联与宣传？

任务1:讨论确定演出内容，及演出顺序。

任务2:确认节目单，选定主持人。

任务3:课后撰写主持稿，完成"民歌会"海报的制作；

问题2:

主题1:民歌会小调查

任务1:课前小组探究，了解什么是"庆丰收"，课上分组交流。

任务2:课前调查了解，有哪些庆丰收主题的歌（乐）曲。

问题1:民歌与地理环境、文化背景的关系？

任务3:课上探索、辨别、区分不同民族、地域等文化背景中的民族歌（乐）曲。

任务4:课上完成民歌风格特点的梳理并进行交流。

驱动问题：作为艺术总指导，如何为学校秋季活动来筹备一场庆丰收民歌会，让师生体验喜庆氛围？

本质问题：如何用综合艺术形式表达喜庆氛围？

问题1:如何进行综合性艺术表演彩排？

任务3:课后进行服装、道具和环境、媒体准备。

任务2:课后对需要修改的节目进行完善。

任务1:课上完成节目的初审，提出修改意见。

问题2:

问题1:如何筹备一场庆丰收民歌会?

任务3:课后完成节目的排练与修改

任务2:讨论并确定表演形式，进行表演角色分配。

任务1:确定民歌会表演内容，完成小组分工。

主题4:民歌会我来演

主题2:民歌会大挑战

图 2　民歌会项目鱼骨图

感。并且让学生在探究民歌相关文化理解中感悟到音乐作品所反映的文化内涵，在各种艺术活动中形成正确的历史观、民族观、国家观、文化观，尊重文化多样性，增强文化自信（见图3）。

（二）项目实施：立足音乐学科，侧重文化理解，落实核心素养

"民歌会"项目的实施，让学生在自主探究实践的过程中，自主完成活动设计与节目创编。例如在民歌会大挑战中，学生设计了一个"客家圆·摇船调"小型民族音乐剧。这一活动最初源自我们的一节音乐歌唱课"摇船调"。《摇船调》是中国台湾客家地区的经典汉族民歌，遵循五声宫调式之韵，运用了比喻的手法，采用了幽默风趣的猜谜方式展开。歌词结构借鉴了民间对唱的形式，充满了浓厚的生活气息。

图3 学生自主制作PPT,分享各个民族"丰收"音乐与文化

那么这首歌曲为何而来呢?为何歌词中出现了很多"圆圆",为何运用了很多口语化的衬词?"嗨呀啰的嗨"背后蕴涵了客家"圆文化"的渗透,和客家人热爱生活、热爱劳动的精神风貌。

歌曲学唱、民乐合奏和小型音乐剧的排演等,加深了学生对作品背后展现的文化背景、历史演变的了解,对客家人勤劳能干、团结坚韧、能歌善舞、热爱生活、勇敢无畏的精神内核的敬佩。这就是我们本次跨学科学习中,开展小型民族音乐剧排演活动的目的所在。

1. 基于学科知识,始于生活情境,终于核心素养

基于音乐学科,在学生学会歌曲《摇船调》的基础上,如何进一步帮助他们了解音乐的文化背景?如何加强学生思想情感的体验呢?为了解决这些问题,我们设立了编演小型音乐剧的任务,组成四个任务群,分别对应剧本创编、歌词创编、配乐创编、服装道具设计。剧本创编,是基于文化理解,结合了戏剧创作、语文的写作能力和对民族文化的意识形态的培养。歌词创编,是基于文化体验,依据剧情基调的变化和情景的变化,由学生创编不同的歌词。这是基

于音乐学科本身的学科素养,培养学生的创意实践能力。配乐创编,是在了解文化体验的基础上,依据剧本情感的变化创编配乐,培养学生民乐伴奏的表现力、情感表达能力以及音乐的二度创作能力。服装道具是基于文化背景的了解,进行服装以及道具与布景的设计,培养学生设计与制作中制作能力和团队合作的能力(见图4)。在这个过程中,我们始终基于音乐学科,突出课程综合,借助跨学科的广度,促进学科的深度,实现学生对音乐文化的理解以及音乐内在精神主旨的体验。

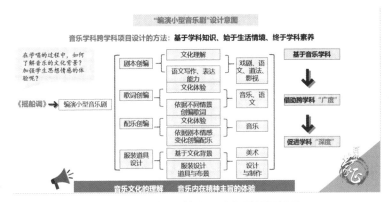

图 4　编演小型音乐剧《客家圆·摇船调》的设计意图

2. 基于任务驱动,开展合作探究,强调自主建构

跨学科教学,在整体理解与把握学习目标的基础上,以任务驱动的方式开展主题式、项目式等综合教学活动。学习模式突出合作探究的方式。这体现了"教与学方式的转变"。以学生为主体,教师作为引领者充分"放手"给学生开放的空间。强调让学生经历发现问题、解决问题的全过程。

"合作探究"是跨学科主题学习的关键。它要求学生:①围绕研究主题,主动寻求、整合不同学科的知识和方法,开展综合学习。②在自主合作探究中独立思考,发现问题,提出假设,并通过实践验证假设。

这样的学习过程,有助于培养学生的创新能力和问题的解决能力。在民歌会小调查中,教师发放了任务单:运用 iPad 探究民歌与地理环境、文化背景的关系。学生通过小组合作,巧妙运用音乐电子学习工具 iPad 自主开展搜集与分享,提高了合作能力、表达能力与信息技术能力(见图5)。

《民歌会》小调查任务单			
"庆丰收"民歌名称	地理环境	文化背景	民歌风格特征
1.新疆维吾尔族《打起手鼓唱起歌》《丰收的节日》			
2.土家族《乃哟乃》			
3.汉族《采茶舞曲》			
4.蒙古族《欢乐的那达慕》			

图5　民歌会小调查任务单

在第二课时民歌会大挑战中,当学生初步演绎作品后,教师并未直接告诉学生存在的问题和解决的方法,而是为其提供学习的支架——运用多媒体播放 CCTV17 综艺节目"丰收歌会",引导学生从中了解综合艺术表现形式的魅力,自主发现各组节目中的问题,主动思考解决方案。根据作品特征,学生自主对表演内容进行交流、改进、完善,分配表演角色,丰富表演形式,从而提高了审美感知力和综合艺术表现力(见图6)。

图6　小组合作,自主练习,丰富表演形式

在排演《客家圆·摇船调》第一幕时,到底用怎样的方式去表现? 音乐如何选? 教材中《摇船调》音乐整体欢快、轻松。那如何表现序幕中"晨起,团团和爷爷'去打鱼'去的宁静、安逸的情景"呢？学生发现两位主人公的表演缺少了配乐的烘托。在课前配乐组为这幕剧找了不同风格的配乐后，教师请学生根据情景的描绘，听辨不同的音乐要素，来选择一段适合这一幕的情景的背景音乐。这个过程就是学生经过自主探究亲历发现问题与解决问题的全过程（见图7）。

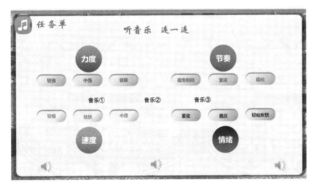

图 7　学生根据情景的描绘，听辨音乐要素，选择"背景音乐"

"自主建构"是指在学习的过程中学生需要基于自己的经验和理解，对跨学科知识进行个性化的整合和建构。这种建构过程有助于学生对知识进行深度的理解和应用，形成自己的认知结构和知识体系。

如传统的美术课，我们按照教学进度，一般是教师教什么，学生做什么，学生可能学到的是某一项的美术技能。而在跨学科的学习中，如本项目中学生是基于音乐学科的学习，去创编剧本、设计道具，是经过自主建构后主动发现传统道具如何设计才能符合剧情的发展，因此设计和试错的过程也是自主建构，促进知识结构化应用的过程（见图8）。

《客家圆·摇船调》音乐剧排演中，一开始学生设计的小船，只有船身，没有小的浪花，不能表现出船。因为剧情需要"去打鱼"的场景，根据剧本的具体描绘，学生后期在船底加入了小朵的海浪，以体现出这是在海边的渔船，使之更加符合剧情的描绘。并且"船"的设计以及"锄头"等劳动工具的设计都是根据剧本的需要制作的。

◆ **基于任务驱动，开展合作探究，自主建构**

 "合作探究" 是跨学科主题学习的关键

要求学生

(1) 围绕研究主题，主动寻求、整合不同学科的知识和方法，开展综合学习。

(2) 在自主合作探究中，学生需要独立思考，发现问题，提出假设，并通过实践验证假设。

(3) 这样的学习过程有助于培养学生的创新能力和问题的解决能力。

 "自主建构" 的阐释

学生需要

(1) 基于自己的经验和理解，对跨学科知识进行个性化的整合和建构
这种建构过程

(2) 有助于学生对知识进行深度的理解和应用

(3) 形成自己认知结构和知识体系

图 8 学生基于任务驱动，开展合作探究，形成自主建构

在这个学习过程中，教师的作用，不是帮助学生填满知识的储物罐，而是点燃智慧的灯火。这样的活动设计，强调的不是教师制定讲授的内容，而是思考学习的计划。学生是思考者、探索者、活动设计者，而教师是引导者、解答者、支持者。这样的过程也颠覆了以往传统的教师讲、学生听的授课方式，强调让学生经历发现问题、解决问题的全过程。

（三）项目优化与结尾：体现学科立场，巧用技术赋能，助力高效课堂

在跨学科教学中，需要指出的是体现学科立场，不是为了跨而跨，而是通过实践的层面解决真实的问题，借用其他学科的方法手段促进本学科的学习。特别是随着智慧课堂的构建，可巧用信息技术赋能，提高课堂质量。

"民歌会"项目的开展充分体现了音乐学科立场。民歌会小调查、民歌会大挑战、民歌会我来串、民歌会我来演活动均紧紧围绕音乐本体开展，学生在课程中通过对音乐表现形式的讨论、设计、排演，节目单的设计与舞台编导，更好地激发了参与的热情，丰富了音乐实践，提高了音乐的综合表现力。

并且在本次综合实践活动中，"民歌会我来串""民歌会我来演"充分运用了信息技术资源，使综合实践课程更高效。

"民歌会我来串"这一课时中，学生先自主探究、观看"专家微课堂"了解

"舞台编导""节目策划"的知识专业；再在小组讨论、现场演示与线上投票中，确认"民歌会"节目串联的顺序；最后运用信息科技辅助，进行"民歌会"节目单的设计。这一过程培养了学生的编导与综合表演能力，以及与伙伴间的沟通与协作能力。

"民歌会我来演"一课，着重进行节目彩排，用技术赋能、场景融通的方式表现多彩的民歌，弘扬民族文化。并且在学生自主走台表演的同时，开通了小程序"问卷星"线上投票与线上点评，优化了过程性评价，有效评选出了综合表现力强的小组。及时的评价反馈，为后续活动的进一步优化提供了依据，从而更好地推动了艺术质量的进一步提升（见图9）。电子技术的应用，让跨学科项目化学习更加有趣与高效。

图 9　巧用 iPad 开展小组探究与线上投票，优化教学评价

四、项目评价

（一）课堂自评与互评

在本项目中，教师采用了过程性评价工具——课堂互评单、自评单，以及项目复盘，以促进学生在项目化学习过程中的自我反思和同伴互助。

1. 民歌会小调查课堂互评单

每组填写完成评价记录单，从"主题""表现方式""特点"三个维度进行评价，共同评选出风格鲜明的民歌，准备后续排演。

① 通过交流评价，提高学生对不同民族民歌特点的认识。

② 通过评价，评选风格最为鲜明的民歌，为下节课"民歌会大挑战"做铺垫。

续　表

2. 民歌会大挑战课堂自评单

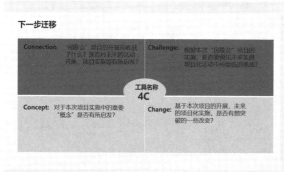

自评单包括学生对学习内容的理解及对知识的梳理和罗列。

在课前回顾旧知明确任务环节,学生通过这张表能快速回顾上节课学到的知识,明确这节课需要做些什么。

（二）项目复盘（反思与分享）

在项目结尾,教师使用任务单引导学生进行了一次深刻的反思与分享,旨在帮助学生回顾整个学习过程中的体验和感受。

在"民歌会"项目的实施中,你收获了什么?是否对未来的活动开展、项目实施等有所启发?

本次"民歌会"项目的实施,是否能帮助你预见未来实施项目化活动中所面临的挑战?

对于本次项目实施中的重要"概念"是否有所启发?

基于本次项目的开展,未来的项目化实施,是否有想突破的一些改变?

五、项目总结与反思

（一）基于音乐学科,用跨学科的方式促进音乐问题的解决

本次跨学科项目化活动"民歌会"的实践探索,证明跨学科项目化设计不是大拼盘。学科拼盘,看上去都有了。但是一眼就能看到各个学科的样态。而真正的跨学科好比"蔬果汁"的混合,需要从一个学科开始,将其他学科完全地融合在一起看不出原学科原本的样态,打破学科与学科之间的壁垒。

从音乐学科来讲,跨学科的项目化设计,就应该首先是基于音乐学科,用跨学科的方式促进音乐问题的解决,在培养音乐能力和音乐素养的同时,兼顾其他学科素养的形成。

(二) 设计驱动任务,促进认知结构化的应用

跨学科学习要构建良好的内容结构,促进学生更好地以任务驱动的方式合作探索,学科知识的积累需要在合理的内容结构中完成。相对传统教学,跨学科项目化学习的形式发生了变化。但不变的是都需要学生具备一定的学科知识储备,这就意味着我们需要处理好音乐学科内在的系统性、逻辑性和综合性、实践性的关系。

借用上海音乐学院于丹红教授的话:"音乐跨学科主题最重要的特点就是真实的情境与开放的结果。"要针对某一问题或某一主题,考虑学生如何参与进来,参与的方向和程度是怎样的。这一切都会影响学生最终的结果走向。要让学生看到自身努力的成果。

(三) 跨学科项目化学习的目标设计要适度、有边界感

此外,跨学科项目化学习的目标设计要适度、有边界感。在学习之初要明确学习目标和主题。我们首先应该确保学习内容的聚焦和针对性。虽然是跨学科学习,是强调跨越不同的学科领域,但是也需要设立一定的学习边界。这个边界,则是确保学生在一个学科的基础上,去借助其他学科的工具解决问题。其次,要确保学习的深度和广度。学习中需要根据学生的学习情况和反馈,及时地进行干预指导,调整学习策略。此外,要确保学习的适度性和有效性。当然最重要的是,鼓励学生自主学习探究,培养学生的跨学科思维和综合能力。

基于新课标,立足核心素养的培养,尝试跨学科实践的初步探索为我们开拓了教学新思路,启发我们对未来音乐课堂的教学设计与教学实践产生了更多思考。虽然在学习与实践的过程中仍有很多困惑,但课堂转型点燃了我们进一步研究的热情。日后将以核心素养为导向,持续开展基于研究的跨学科教学改进,不断提升新时代课程改革背景下的音乐课堂品质。

心灵艺术展
——综合实践活动学习案例

景城校区　｜　金梦云、居梅芳

一、项目简介

　　"心灵艺术展"是面向四年级学生的综合实践活动项目。确定此项目是由于学生进入高年段后，自我意识觉醒，对情绪的理解和表达需求增强。项目设计的驱动性问题是：学校心理"魔力小屋"收到的学生来信显示，随着年龄增长，自我调控等情绪问题增多，同学们急需情感抒发口。因此，我们举办"心灵艺术展"，借艺术形式让大家找到合适的情感表达方式。学生以团队合作方式，通过问卷、访谈了解情绪状态，探索艺术作品中的情绪，设计艺术作品并策划展览。最终成果是一场成功展示学生通过艺术表达和释放情绪的心灵艺术展。该项目旨在引导学生探索自我情感、表达内心，培养积极态度，同时提供展示、理解和共享的平台，让心灵在艺术中自由翱翔。

二、项目设计

(一)学情分析

本项目主要针对四年级学生群体,考虑到他们在此阶段面临着自我意识的日益增强、学业压力的增大以及同伴交往等复杂情境,这些因素往往引发学生一系列的情绪波动,许多学生因此产生了成长的烦恼。为了帮助他们更好地应对这些挑战,我们充分利用校园中的心理"魔力小屋"这一宝贵空间资源,为学生提供一个能够自由表达内心情感的场所。

除此之外,学校也安排了心理午会课及心理课,通过系统的课程设计,学生已经掌握了基本的心理知识与实用技能。在与学生的深入沟通中,我们欣喜地发现,许多学生已经自发地采用绘画、聆听音乐、手工制作等艺术形式来平复和缓解自己的焦虑情绪。

为了进一步满足学生的需求,我们特意为他们设计了一系列项目化学习内容,旨在通过这些内容,引导学生更深入地探索自己的内心世界,学会用艺术的方式来表达自己,进而提升他们的情绪调节能力和心理健康水平。

(二)项目目标

(1) 价值体认:能在参与研究性学习中获得自我认同感,学会合适的情绪宣泄方式,获得有积极意义的价值体验。

(2) 责任担当:能在开展设计艺术展的过程中,团队合作,初步养成对艺术背后的故事探究的态度,能用合适的方式表达自己的情绪,对生活充满积极向上的情绪,爱自己、爱生活。

(3) 问题解决:能在教师的引导下,发现并提出自己的问题,能将情绪问题转化为艺术表达的小课题,制订可执行的计划,并通过策划艺术作品展来形成问题解决的方案。

(4) 创意物化:通过动手操作实践,尝试运用情绪艺术作品手工设计与制作的基本技能表达和缓解情绪问题,服务学习和生活。

（三）挑战性问题

1. 本质问题

艺术是如何表达情感的？

2. 驱动性问题

学校的"魔力小屋"收到了许多同学的来信，通过数据分析，我们发现随着年龄的增长，学生在自我调控等情绪上的问题越来越多，同学们需要一个情感的抒发口。为了能够让大家有一个表达自己情感的机会，特此举办一场"心灵艺术展"，希望借助艺术的不同形式，表达大家的情感，让大家找到适合自己的情感表达方式。

（四）预期成果

在本项目中，学生通过探究艺术与情感之间的联系，设计一份能够表达情感的作品，最终策划一场艺术展览，邀请本校师生参观，让大家从中感受到艺术表达和舒缓情感的作用，引导大家适当地借助艺术来表达情感。

（五）预期学习活动

时间	项目进程	学习支架/过程评价
入项活动 （2课时）	问题1：你或者身边小伙伴的情绪问题有哪些？ 问题2：我们解决情绪的方式有哪些？ 问题3：艺术与情感之间的联系是什么？	问卷调查 思维可视图 项目地图
项目实施 （4课时）	问题1：你知道哪些著名的艺术作品？他们的表现形式有哪些？ 问题2：他们表达了作者哪些情感？ 问题3：作者是如何借助艺术来表达他们情感的？ 问题4：如何设计出能够表达情感的作品？	思维导图 解说词评价单
项目优化 （2课时）	问题1：如何对作品进行评价？ 问题2：如何对作品提出改进方案？	评价单 改进方案
项目结尾 （2课时）	问题1：如何进行布展？ 问题2：如何进行项目复盘和反思？	策展任务单

三、项目实施

（一）入项活动：真实情境，情感需求，激发探究学习热情

本项目的重点在于学生作品的制作和表达，因而更倾向于让学生自主探

究,通过问卷调查、收集信息、在职业体验、动手制作、参观考察等形式,引导学生围绕艺术与自己的真实情感之间的联系进行思考,培养学生实践创新素养和合作能力。

在入项活动中,教师首先呈现了学校"魔力小屋"中出现的许多四年级学生的求助信件,但是由于保密原则我们并不能公开这些求助者的信件。但是学生们都对此产生了浓厚的兴趣。他们借助问卷调查,提出了两个关键问题:"情绪问题的主要原因有哪些?""你一般如何缓解自己的情绪?"通过问卷,学生得出结论"四年级学生的情绪问题一般源于学业和生活中的压力"以及"四年级的学生缓解情绪的方式以音乐、美术这两种艺术形式为主"。就在这样的氛围中,以学生观察为主,教师引导为辅,师生共建了项目地图(见图1)。

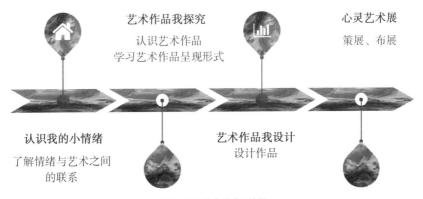

图1　心灵艺术展项目地图

在认识和了解"情绪与艺术之联系"的环节中,我们提供了"HAQ"表格,学生基于"我是通过哪些途径了解艺术可以表达情感的?""对于这样一种方式,我将如何设计和制作我的心灵艺术作品?"以及"要进行心灵艺术展,还有哪些问题需要我们来思考?"展开思考(见图2)。

师:我们组织和举办一次"心灵艺术展"需要完成哪些步骤?

生1:我们需要设计一幅能够表达情绪的艺术作品。

生2:可以先了解一些著名的能够表达情绪的艺术作品,学习他们是如何表达的。

H 我怎么知道的	A 下一步能做什么	Q 还有什么问题
1.关于艺术与情感的知识,我是怎么知道的。 （信息搜索、资料查询、场馆参观……）	我下一步还能做什么？ （查询信息、深入思考……）	关于本项目我还能做什么？ （提出新问题、开展进一步活动……）

图 2　需要思考的问题

生 3：我们还要对展览进行策划,确定地点、时间、方式、安排等。

……

在这一过程中,教师积极引导学生参与讨论,共同思索为了顺利完成本项目,我们究竟需要掌握哪些知识,又应当付诸哪些实际行动。师生间的头脑风暴激荡出无数创新的想法,为后续的项目实施提供了坚实的理论基础和详实的行动计划。通过这样的自主探究学习,学生不仅能够深入了解艺术与情感之间的关系,还能够在小组合作中提升发现问题、思维能力、合作分工能力和解决问题的能力。

（二）项目实施：学科融合,角色体验,解决实践关键问题

在入项活动中我们引导学生进行了需求分析和计划制订,清晰界定了本项目所要攻克的问题所在。因此在项目中,我们布置学生课后自主去美术馆或博物馆进行参观考察,在课堂上我们带领学生走进线上艺术展,邀请美术和音乐教师一起指导学生进行艺术赏析、模拟解说等实践活动和艺术展览相关的实践活动。这些活动需要学生合作,通过观察分析、讨论交流、动手实践等形式来体验、分析和解决艺术如何表达情绪这一核心问题。

1. 艺术赏析

　　小组结合走访校外场馆的形式，在课堂上进行相关资料搜索和分析，一起了解艺术展览背后的故事，并对具有代表性的艺术作品背后的故事进行深入探究，分析艺术作品是如何表达出作者的情感内涵的，并利用"思维导图"探究分享个性创意的添加方法（见图3、图4）。

图3　深入探究艺术作品背后的故事

图4　探究分享个性创意

　　师：在深入观察和学习徐悲鸿的《负伤之狮》及其解说词后，你们能否详细谈谈这幅画作中融入了哪些层面的内容？

　　生1：我认为这幅作品蕴含了作品的时间背景、作者的生平经历、相关的历史事件以及当时的社会环境等多个方面因素。

　　生2：老师，我赞同。我认为这幅画作不但展现了创作的时代背景，而且深刻地体现了徐悲鸿的个人经历与情感。它巧妙地融入了历史事件,使我们能够感受到那个时代独特的社会氛围和人民的情感。这些元素共同构成了画作的深厚内涵,使其成为一幅既具艺术价值又富有历史意义的作品。

师:非常到位。现在,请各位小小艺术家们挑选你们感兴趣的艺术作品,并尝试撰写一份解说词,展现作者是如何通过艺术表达当时的情感与心境的。

第1组

生1:这是梵高的《向日葵》,这个系列共有11幅作品,而我们眼前的是其中的一幅佳作。

生2:这幅画作主要创作于1888年夏天至1889年初的这段时间,当时梵高正居住在法国南部的阿尔勒,那里温暖的阳光和明丽的色彩成为他创作的灵感源泉。

生3:梵高为了迎接好友保罗·高更的到来,计划创作一系列"向日葵"来装饰他在阿尔勒的住所。这些作品不仅是他对色彩和自然的独特诠释,更是他内心情感的真实流露。

第2组

生1:我们关注的是北宋画家张择端的《清明上河图》。

生2:这幅画作创作于公元1111年到1125年之间,它生动地展现了北宋时期社会的繁荣景象。

生3:张择端用精湛的绘画技艺,将北宋的都城汴京的繁荣与热闹,以及社会各阶层人民的生活状态生动地呈现在画卷之上,让我们体会到画家对生活的热爱,对国家繁荣富强的自豪感。

第3组

生1:《祈祷之手》这幅画作是德国艺术巨匠阿尔布雷特·丢勒的杰出创作之一,它以其独特的艺术魅力和内涵,成为举世闻名的艺术瑰宝。

生2:这幅画作背后蕴藏的深意,是丢勒对自己哥哥的深深感激。他通过画笔,将这份情感细腻而真挚地呈现出来,使得观者能够深切地感受到这份沉甸甸的兄弟情谊。

通过艺术赏析这一实践活动,学生们体验到了艺术作品背后的故事和情感,同时也解决了项目实施中关键问题"作者是如何借助艺术来表达他们情感的?"

2. 模拟解说

通过对艺术作品解说词的分析和撰写,学生对自己的艺术家身份有了进一步的认识,因而我们给予学生实践体验,进行模拟解说(见图 5、图 6)。

图 5　实践体验后的模拟解说

图 6　对解说效果进行评价

师:孩子们,你们已经是合格的艺术作品赏析小能手了,下一步请大家担任小小艺术解说员。想一想:如何才能成为金牌讲解员,生动地展示出作品及其背后的情感故事?

生 1:声音要响亮,口齿流利,听众们要能听清内容。

生 2:讲解内容要清晰,听完后大家要明白意思。

生3:要有礼貌。

通过这次模拟解说的实践活动,学生们纷纷展现出自己对于艺术作品的深刻理解和独特见解。很多小组不仅声音洪亮、口齿清晰,还选用了与艺术作品相关的音乐加以渲染,仿佛将听众带入了艺术作品的创作现场,感受到了艺术家们的创作灵感和情感波动。

(三)项目优化:策略调整,加强互动,提升实践活动体验

在项目优化阶段,学生在担任艺术作品赏析和解说员的体验活动基础上,进行艺术作品设计和优化。根据各小组的布展计划进行了不同形式的艺术作品创作,有的小组用多媒材进行了校园生活场景的心理沙盘制作,有的小组设计了互动性较强的心灵艺术装置。他们还在小组之间进行模拟展览,收集观众的反馈和建议,力求让参展观众能够欣赏到他们的心灵艺术作品,感受用艺术表达情绪、用艺术疗愈情绪的效果(见图7)。

图7　举办模拟展览

第1组

师:你们制作了操场这样的一个校园生活的艺术场景,你们想解决什么样的问题呢?

生1:这是心理沙盘,我们看到"魔力小屋"中有学生提出在阳光体育课上由于找不到志同道合的玩伴,不会安全文明做游戏而苦恼。

生2:这个操场场景的沙盘上,我们用橡皮泥制作了人物和室外游戏形式,这些小朋友可以自由组合,看,他们玩得多开心。我们希望通过这样的方式展

示给大家。

师:很好,你们确实捕捉到了同学们在阳光体育课上可能遇到的困扰,并试图通过你们的创作来提供解决方案。那么,你们认为这个沙盘场景能带给同学们什么样的启示呢?

生3:我们希望通过这个沙盘告诉同学们,在操场上,每个人都是独一无二的,但同时我们也能找到共同的兴趣和爱好。即使初看上去没有合适的玩伴,但只要勇敢地去尝试、去交流,就一定能够找到志同道合的伙伴。

生4:是的,我们还想告诉大家,安全文明的游戏不仅仅是为了避免受伤,更是一种对他人的尊重。在操场上,我们要互相照顾,共同营造一个和谐的游戏环境。

第2组

师:你们的艺术形式很简单,用气球想表达什么呢?

生1:我们选择气球是因为它们象征着自由、轻盈和多彩。当我们吹起气球时,它就像我们的心情,可以随着我们的情绪和意愿变化。而且,气球的颜色丰富,就像我们内心的情感世界一样丰富多彩。

生2:我们艺术展品名称叫做"心情吹吹吹",我们可以在气球上画上不同的心情。当我们今天心情好时,我们将气球吹大,让好心情放大。当我们今天不开心了,有点沮丧时,我们可以将坏心情画在气球上,通过大口吹气缓解焦虑,然后放开气球,让坏心情飞得远远的。

生3:为了加强心灵艺术展的互动性,我们准备了很多气球,可以邀请现场参观的老师和同学们一起画一画。

通过各种形式的艺术创作,我们发现学生们能积极将情绪问题转化为艺术表达的小课题,创造性地运用艺术表现和手工制作的基本技能表达和缓解情绪问题,服务身边同伴的学习和生活。

(四) 项目结尾:交流展示,总结评价,孕育校园健康心理

在项目结尾,学生们积极投入交流展示环节。他们精心布置心灵艺术作品的展览区域,将自己在项目中创作的饱含情感与创意的作品呈现出来。参

展观众们被这些作品所吸引,纷纷给予真诚的反馈。有的观众对作品所传达的情感产生共鸣,有的则对学生的创作技巧表示赞赏。

展览结束时,学生们围坐在一起进行了深入的总结和复盘(见图8)。他们回顾整个项目的历程,分享在创作过程中的困难与突破,反思自己的不足之处,同时也从同伴的经验中汲取灵感和教训。通过这一总结和复盘的过程,学生们不仅对自己的作品有了更清晰的认识,也为未来的学习和创作积累了宝贵的经验,更为孕育校园健康心理奠定了坚实的基础。

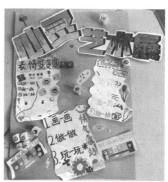

图8 深入的总结和复盘

四、项目评价

(一)课堂互评、自评

在本项目中,教师采用了三种过程性评价工具——课堂自评单、小组评价单和互评单,以促进学生在项目化学习过程中的自我反思和同伴互助。

1. 课堂自评单

H 我怎么知道的	A 下一步能做什么	Q 还有什么问题
1.关于艺术与情感的知识,我是怎么知道的。(信息搜索、资料查询、场馆参观……)	我下一步还能做什么?(查询信息、深入思考……)	关于本项目我还能做什么?(提出新问题、开展进一步活动……)

自评单包括学生对学习内容的理解及对知识的梳理和罗列。

在课前回顾旧知明确任务环节,学生通过这张表能快速明确地梳理已知内容,并预设和规划之后的活动。

续 表

2. 小组评价单

		负伤之舞	向日葵	祈祷之手	清明上河图
内容	能使用礼貌用语				
	有条理、清晰的讲解作品内容				
	能结合自己的感受、表达个人见解				
表达	观众能听清内容，声音响亮、清晰				
	语速适中				
	选择合适的配乐				
	能自信、大方展示				
评价	5★及以上：合格 7★及以上：金牌				

在项目实施环节，学生们根据小组呈现的作品，从内容和表达两个大方面，进行小组评价评。

3. 互评单

评价指标	评价标准	自评	互评
美术（鉴赏能力）	我能赏析不同作品背后所表达的情感	★★★★★	★★★★★
语文（表达能力）	我能清楚地阐述我的作品设计理念	★★★★★	★★★★★
艺术（创造能力）	我创作出想要表达的情感的艺术作品	★★★★★	★★★★★
语文（思辨表达）	我能自主收集并处理资料	★★★★★	★★★★★
	我能阐述艺术与情感之间的关系	★★★★★	★★★★★

在展示评价环节，学生们根据自己和同伴的表现，从鉴赏能力、表达能力、创造能力和思辨表达四个维度进行自评和互评。

（二）项目反思与分享任务单

在项目结尾，教师使用任务单引导学生进行了一次深刻的反思与分享，旨在帮助学生回顾整个学习过程中的体验和感受，并引发学生思考，迁移新知。

学生借助"4F"动态引导反思法，进一步深度思考：在心灵艺术展项目中，你做了什么？学习到了什么技能？有什么样的感受？你会在之后的项目化活动中如何运用这些能力？

五、项目总结与反思

（一）项目成效

1. 于教师而言，提升自身素养，转变角色

教师进行教学设计时不能只关注知识点教学，还应该建立更广的知识面。在心灵艺术展的项目中，教师对于心理、美术、音乐的学科知识都进行了涉猎，

对于博物馆、艺术场馆等此类特殊场馆知识也进行了探索。项目化的活动,不仅对学生提出了高要求,更对教师的素养提出了新期望。

2. 于学生而言,培养高阶素养,建立跨学科知识观

在心灵艺术展中,学生带着任务出发,在真实情境中发现问题、解决问题,在解决问题的过程中又去发现新问题。学生有着不同的身份和任务意识,是调查员,是博物馆讲解员,是艺术品设计家,是策展员。学生在过程中不断运用跨学科的知识观,发现任务、完成任务,迁移能力。

(二)项目反思

1. 教学目标设定过高

在设计项目的过程中,采用了非常多的多媒体资源,学生需要借助网络进行信息的提取和重整。但是在实施过程中发现,虽然学生在三年级已经有了信息学科的基础知识,但是他们的信息技术能力还不足以达到要求。因此每当需要借助网络资源时,学生花费比较多的时间,项目的推进也有所阻碍。

2. 学生合作能力有待提升

在项目化学习过程中,对学生的合作能力要求是非常高的。在本项目中,虽然一开始就要求制订了小组公约,但是在实施过程中小组成员依然会出现矛盾。特别是小组中有能力较强和较弱的孩子,能力弱的孩子参与度不够,对项目逐渐失去兴趣;能力较强的孩子过度展示自己无法达到小组之间的平衡。

低碳环保我践行之光盘行动

——综合实践活动学习案例

莘松校区　|　李晓薇

一、项目简介

　　本项目源于五年级学生在学校发现的一个真实存在的现象:校园午餐现象浪费严重。针对这一情况,学生借助访问、调查、实地考察等多种方式尝试解决问题。在整个综合实践活动中,学生参与制作宣传材料、开展主题讨论、实施节约计划等,深入了解"光盘行动"的意义,并在日常生活中实践节约粮食的行为。这些活动不仅帮助学生树立了正确的价值观,也促进了校园和社会的可持续发展,促使学生成长为"有理想、有本领、有担当"的新时代好少年,形成一定的价值体认和责任担当。

二、项目设计

(一)学情分析

　　蒙娃们在小学前四年学习生活中亲历了不同项目,可综合运用各方面知识,理解、分析和处理实际问题,并根据不同问题寻找适切的方式进行探究、服务、制作、体验等,已具备发现问题并尝试将问题转化为研究小课题的能力。特别是高年段的孩子通过多次深度参与项目化学习,经教师指导和辅助,掌握了一定设计与制作的基本技能,逐步对于校园生活形成了一定正向的价值体认和责任担当,能遵守公共空间的基本行为规范,充满爱国之情。

(二)项目主题概述

根据本校综合实践活动指导纲要,五年级学生要能从周围的生活中发现问题,并通过制订合理、可操作的计划,运用不同研究方法科学地解决问题。基于这一要求,我们将此项目规划为一个完整的项目式学习,内容载体为"我可以做些什么来助力国家成功实现'双碳'目标?"在这一主题下,五年级设计了"低碳环保我践行"系列主题活动,从学生的饮食、生活用电和垃圾分类三个与生活密切相关的角度展开行动。

"低碳环保我践行之光盘行动"是从饮食角度出发的主题活动内容,学生在亲历发现问题,确定问题并转化为自己感兴趣的研究主题后,通过团队合作,最终进行实施和检验反馈,让学生在深度参与解决校园问题的过程中形成责任担当意识、问题解决能力和自主创新精神(见图1)。

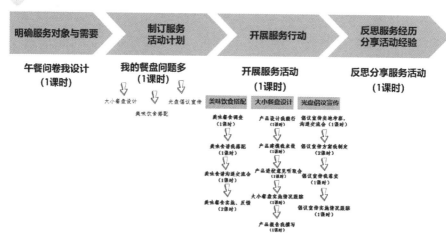

图1　付诸"光盘行动"

（三）项目目标

（1）积极主动参与校园服务活动，小组内参与实地考察，能够主动承担相应责任，在调查中自觉遵守校园场所的行为规范，展现友善的文明礼仪，为自己是校园的小主人感到骄傲。

（2）能通过团队合作参与服务活动贡献自己的智慧，认同校园服务活动的意义，在追求目标的过程中，能够坚持不懈地努力，并勇于面对和克服各种困难和挑战，形成服务他人、学校的责任感。

（3）探究并提出校园真实情况的真问题，团队合作针对感兴趣的问题进行整理，对现象背后原因的初步思考，形成具有一定的深度的问题。

（4）通过交流讨论，能将课题进行简单拆解并形成一系列小问题，提出自己的见解，能运用合适的研究方法和简单的研究工具制订解决方案。

（5）在亲历校园服务后，能够从服务态度、流程、成效等从多个角度反思服务活动，并结合服务对象的反馈，形成较为完整的反思报告，深入分析服务活动的意义和价值，提出具有创新性的改进策略。

（6）能从"要解决的校园问题""服务的对象""服务的内容"等方面综合考虑，进行物化的设计与制作。

（四）挑战性问题

1. 本质问题

为了助力国家成功实现"双碳"目标，我们在校园内可以做些什么让校园生活更美好？

2. 驱动性问题

面对校园午餐浪费现象，如何制定一个可实施的服务方案提升校园光盘情况？

（五）预期成果

在本项目中，为了完成"全校问卷调查""美味餐食菜谱定制""大小餐盘定制会""光盘创意宣传分享会"，并在"校园午会新闻直播直通车"上公开展示，学生通过自主选择喜爱研究的主题进行探究式研究，跨班共同确定并研制适切的方式方法解决共同问题。关于成果进行以下说明：

（1）全校问卷调查。通过前期调查，了解全校光盘情况以及初步了解学生对于校园餐食的满意度和问题。

（2）美味餐食菜谱定制。根据校园已有膳食食谱，综合考量学生口味，合理配比食物摄取，为校园同学提供不同科学餐谱定制。

（3）大小餐盘定制会。尝试根据小学生饮食金字塔和不同年段学生用餐情况进行分阶梯式大小餐盘设计，提供个性化服务。

（4）光盘创意宣传分享会。自主探究不同光盘宣传方式，注重服务对象需求，制订服务计划，并在特定地点进行宣传。

（六）预期学习活动

时间	项目进程	学习支架/过程评价
明确服务对象与需要（1课时）	问题1：考察校园用餐情况，调查访谈具体需要了解哪些内容？ 问题2：针对大家共同确定的研究主题，讨论：我们本次服务的对象是谁，有什么要求？	"服务问题过滤器"学习单
制订服务活动计划（1课时）	问题：在了解服务活动的基本要素后，思考：本次"我的餐盘问题多"的服务可以怎样开展？"我已有储备知识"是指哪些知识？还想了解什么？接下来准备怎么做？	"KWH探究单"智慧笔选择主题"我的餐盘问题多"记录单
开展服务行动（5课时）	美味餐食搭配 问题1：如何设计一份能了解全校学生午餐需求的问卷调查？ 问题2：根据青少年膳食健康配比，如何将校园午餐原有食谱进行科学改善？ 问题3：如何在校园开展有效的民意调查以确定学生喜爱的食谱？ 问题4：食谱投入实施后，如何了解食谱在不同年级的满意度？	"学校午餐情况问卷"设计单"校园餐食食谱我制定"探究单iPad测评
	大小餐盘设计 问题1：如何根据不同年龄段的学生完成餐盘的设计？ 问题2：如何根据图纸进行建模？ 问题3：如何根据专业人士意见进行设计图纸修改？ 问题4：根据图纸，是否可以制作1：1定制餐盘？ 问题5：是否能形成产品报告？	"餐盘考量表""大小餐盘图纸"设计单

时间	项目进程	学习支架/过程评价
	光盘倡议宣传 问题1:在校园实地考察,是否有合适的宣传地点? 问题2:如何根据时间轴,规划宣传方案? 问题3:如何让全校师生知晓宣传活动? 问题4:如何知道宣传的效果?	"实地考察记录单" "访谈提纲" "光盘宣传计划设计活动单"
反思服务经历分享活动经验 (1课时)	问题1:通过本次服务,你觉得本项目成功吗? 问题2:在服务过程中,你印象最深的欢乐时光和沮丧时光是什么时候? 问题3:你是如何分享交流宣传光盘行动的?	"校园午会新闻直播直通车"体验新闻直播 呼吁全校师生践行光盘行动

三、项目实施

在本项目中,教师鼓励学生从校舍、校园生活、课程等角度,基于真实的感受提出相关问题,团队合作聚焦问题"面对校园午餐浪费现象,如何制订一个可实施的服务方案提升校园光盘情况?"形成研究课题,并鼓励学生自主探究,通过问卷和访谈,设计不同方案,从而改善校园目前用餐情况。

(一)真问题真探究:单一问题多元解锁,自主开放拓宽思维深度

入项活动中,蒙娃们发现校园问题范围广且复杂,一部分是作为校园小主人自己可以克服解决的,而另外一部分是需要借助家校社三方力量合力改善的。于是作为毕业班哥哥姐姐,他们拟以校园学长身份,向校园弟弟妹妹提供服务,服务有效期为一年,并最终确定以受众面最广的午餐问题作为研究主题。

学生先访谈食堂工作人员,设计问卷调查(见图1、图2),分析了解校园学生客观用餐情况,发现了一些问题,如"校园餐食不符合口味""餐食品种单一",甚至还收到这样的建议"增设可选餐食""每周固定一天提供汉堡包套餐"等,可见同学们对于校园午餐的期待很高,这也坚定了五年级学生将问题攻克的决心。

师:在问卷调查中,蒙娃你们分析出许多问题,大家集思广益可以用什么办法改善这些客观问题?

图1　学生与食堂工作人员进行访谈　　　　　图2　学生问卷调查设计

生1：研发大小餐盘，这样分类，胃口大的同学享用大餐盘，吃得饱；胃口小的学生吃小餐盘，也不至于浪费。

生2：升级新蒙正午餐餐谱，增加不同地方菜系，或者覆盖大部分同学喜爱的西式套餐，这样更有期待性。

生3：也可以从爱护地球资源考虑，进行光盘倡议宣传。做好宣传不仅能让大家知晓光盘背后的意义，也能用实际行动呼吁爱护地球。

生4：避免午餐过冷的问题，食堂多窗口打饭，不同年级同学分流享用午餐。

……

问题来源于学生，解决问题的方案也从学生中产生，那如何确定以哪种方式推进项目呢？借助闵智作业平台进行现场勾选，31.68％的学生想要参与大小餐盘定制，33.45％的学生想要参与午餐餐谱升级，33.10％的学生想要完善光盘倡议宣传，只有1.77％的学生想要参与食堂窗口服务升级。

为了鼓励学生依据真问题开展真探究，师生协商确定本项目采取三个不同子项目同步进行，学生自主参与选择研究主题，从而打破了班级固定化研究问题的格局，实现了不同能力梯度的学生自主抱团形成研究性小组，在开放的氛围中逐步培养学生协调沟通能力、思维设计能力、问题解决能力等。

（二）真实践真思考：调动学科已有知识，团队合作培育综合素养

在开展服务行动中，面对不同研究主题，学生们显得既期待又有点担

心。学生们期待的是可以把真本领亮出来:将数字转换成图表呈现(见图3)、自然学科膳食金字塔计算、数学的统计学运用(见图4)、宣传海报制作(见图5)等。

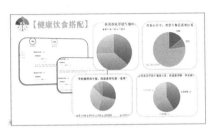
图3　学生制作的统计表

图4　学生现场统计光盘人数

图5　电脑制作宣传海报

【主题:光盘倡议宣传】

师:在我们的校园,大家知道有哪些地点适合倡议宣传呢(见图6)?

生1:紫藤长廊、教学楼连廊(见图7)。

生2:二楼美术教室外宣传墙可以更替内容(见图8)。

生3:心理专用教室门口的电视机可滚动播放珍惜粮食视频。

生4:五楼综合大教室可以进行光盘倡议话剧演绎进行宣传。

……

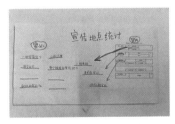
图6　校园宣传地点统计稿

图7　实地考察宣传地点

图8　实地考察宣传地点

【主题:大小餐盘设计】

师:孩子们,你们笔下的设计稿真有想法!请大家再开动脑筋:如何将设计稿1:1还原成真实餐盘?

生1:瞧,这是我们小组设计的创意概念餐盘样例(见图9),接下来我们团队将根据图纸以及刻度(见图10),借助轻塑彩泥进行现场"施工",出成品。

生2:我们可以运用3D打印笔直接制作。

生3:用锡纸捏出造型再加固。

……

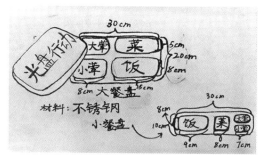

图9 小餐盘设计图纸

图10 大小餐盘创意概念样例

原来在一个完整项目的推进过程中,整个团队将此起彼伏开出不同问题"盲盒",每个团队成员发挥所长,以专业扎实的学科基础将问题逐个攻破,这种成功的喜悦将会给学生们带来不同于以往单一学科的成就感,从而激发隐性综合素养的显性体现,激活学生们内心对于生活中潜在问题深度研究的内驱力,实现综合素养培育的真实落地。

此外,如何检测方案的有效性?学生通过讨论、追问,设计出适合的光盘达人记录表,其目的是真实记录实施年级各班日光盘达人数(见图11)。除了这样的数据呈现,还有哪些方式可以使三个方案运行成效更具有科学性和说服力? 有学生提出是否可以利用学校统一规格汤桶收集残羹剩渣(见图12、图13)、同款勺子和皮尺测量泔脚的深度(勺子总长度—泔脚以外勺柄长度),保证客观因素一致,再将测量结果记录于册,虽然这样的方式前所未有,但是这丝毫不影响学生自学自研的热情,当彩虹团队通过展示获得全班同学一致认可后,成员们两两组合前往实验班,向午餐管理员点对点进行指导和培训,从而降低人工测量产生的刻度误差。

图 11 光盘达人统计表　　图 12 向午餐管理员点对点培训　　图 13 汤勺竖直测量泔脚深度

因此,在真实场域中直面真问题,自主运用综合知识进行现场学习和即时反思不仅可以锻炼学生自主学习力,也可以提升学生问题解决、团队协作和批判思维等多方面的综合素养,让学生在探索创造中实现自我。

(三) 真活动真精彩:增强校园主人翁意识,强化责任担当

真正的活动才能够展现出其精彩之处。学生沉浸式参与本次项目化学习全过程,主动投入光盘行动的策划和执行,在校园资源的合理运用、问题产出与快速商议解决中成长。学生希望通过实践来改善校园客观情况。此时学生已经开始蜕变,肩负起校园小主人的责任感和使命感。

在各个子项目的设计和实施进程中,我们根据前期问卷调查结果进行相应提升和调整。随着一系列问题接踵而至,比如餐盘大小影响餐食价格(见图14),午餐定价合理吗? 升级午餐是否超出了标准餐费? 团队制作的小报能否在校园公共屏幕上播放(见图15)? ……学生们忙得不可开交:分组讨论、分析数据、制定策略、寻求解决方案。有的同学负责调查餐盘大小与餐食费用的关系,有的同学则负责研究午餐费用的定价标准,还有的同学则专注于探讨小报投屏的可行性和实施细节。就在这样"接招拆招"的历练下,学生们忙得不亦乐乎、忙得幸福满满,因为为校园弟弟妹妹们提供个性化服务是哥哥姐姐们的责任。

在为校园蒙正电视台、校园广播新闻发布做准备之时,学生们默契配合,发挥所长,与他人进行有效沟通和协作,褪去了入项时的青涩。当发布会呈现校园光盘率有明显上升的时候,项目组每一位学生都露出了欣慰的笑容。

图 14　寻找校务管理主任咨询餐费问题

图 15　寻找信息推进办咨询宣传投放问题

　　也正是这份校园主人翁意识,促使着学生不断克服层出不穷的困难去倡导和践行光盘行动,为校园的可持续发展贡献自己的力量,让更多的人关注和认识光盘行动对低碳生活的重要意义。

四、评价方式

(一)课堂评价

1. 课堂评价单(自评、互评、师评)

采用多元化的评价方式来全面考查学生的参与度和学习成果,以评价表结合餐盘的形式,让学生进行沉浸式项目化学习。

2. 项目综合评价

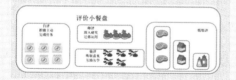

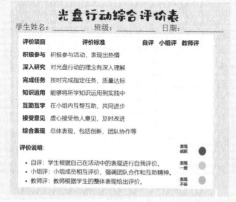

整个项目评价表借助不同颜色直观地让学生知晓评价形式的多元,更通过小组间的互评,鼓励学生相互学习,发现并借鉴他人的优点。

通过组内评价,引导学生学会合作中的互助精神。

通过教师评价,激发学生自主去展开探究的想法,最终完成服务活动。

(二) 项目复盘(反思与分享)

在项目结尾,教师使用项目 PBL 学习支架"冰火两重天"进行了反思与复盘,对比分析可帮助学生清晰地认识到自己的优势和不足。

在"低碳环保我践行之光盘行动"学习中,学生们积极分享了活动中的"火花"时刻——那些激发创意、促进团队合作的亮点;同时,也诚实地指出了"冰点"——需要改进和避免的问题,为今后学习提供了宝贵的启示。

学生的反馈例如,"令我高兴的是能结合家乡口味特色改善学校食谱,这是一件幸福的事情!"遗憾的是"我们小队食谱没有被全校学生选上"。

五、项目总结与反思

(一) 项目成效

基于项目化学习的小组合作特点,本主题活动的评价方式主要采用过程性评价和增值性评价。过程性评价主要是针对小组共同劳动成果展开,例如在展板上展示的内容就是最好的过程性评价。同时,也采用模拟餐盘形式形成评价小餐盘,以可视化的图片吸引学生眼球。在整个项目推进过程中不断反复出现同一个评价餐盘,加深学生对于光盘的浅表认识。整个评价也传递了这样的信息,只要我们比之前多努力一点,也是促进光盘的一种表达,增强学生体验感和情感共鸣。

(二) 项目反思

1. 项目整体难度高,关注全体学生学习需求

对于小学生而言,从一个项目入项后,分别再进行几个子项目同步探究是

一项具有开放性与挑战性的任务。尽管能力出众的学生能够在活动任务中表现出色并完成既定目标,但后续学习中教师作为指导者认识到并非所有学生都能成为"明星"。因此,在项目设计的未来规划中,教师应当充分考虑并尊重学生之间的个体差异,进行综合权衡与考量。

2. 匹配适切难度,关注全体学生能力水平

由于部分知识超出了当前学生的理解水平,在推进过程中学生时常边学新知识边运用,对于学生学习力的要求非常高。以美味餐食搭配升级为例,此过程不但要求学生根据校园原有食谱进行替换,而且需要满足小学生正常一天营养摄取食物的卡路里数,需要考虑和计算卡路里。因此,在寻求解决方案时,教师应提前评估解决问题的难度,以确保学生能够在其能力范围内进行学习和实践。

参 考 文 献

［1］教育部.义务教育课程方案和课程标准(2022 年版)［S］.北京:北京师范大学出版社,2022.

［2］教育部.中小学综合实践活动课程指导纲要［S］.北京:北京师范大学出版社,2017.

［3］夏雪梅,等.PBL 项目化学习工具:66 个工具的实践手册［M］.北京:教育科学出版社,2022.

［4］张悦颖,夏雪梅:跨学科的项目化学习:"4＋1"课程实践手册［M］.北京:教育科学出版社,2022.

［5］上海市教育委员会教学研究室.上海市小学音乐学科教学基本要求(试验本)［M］.上海:上海教育出版社,2022:166.

［6］王德明.50 个工具玩转 PBL 项目式学习［M］.北京:中国铁道出版社,2023.

［7］夏雪梅.项目化学习质量评估:基于中国情境的建构［M］.北京:教育科学出版社,2024.

［8］周方耘.核心素养导向下的小学美术学习路径构建［M］.上海:上海教育出版社,2024.

［9］于素梅.体育与健康跨学科主题学习设计与实施［M］.北京:教育科学出版社,2023.

［10］程晓堂.改什么? 如何教? 怎样考? 义务教育英语课程标准(2022 年版)

解析[M].北京:外语教学与研究出版社,2022.

[11] 夏雪梅.项目化学习中"教师如何支持学生"的指标建构研究[J].华东师范大学学报(教育科学版),2023(8):90-102.

[12] 汪晓赞.义务教育体育与健康课程跨学科主题学习教学设计建议[J].中国学校体育,2024(9):32-35.

[13] 孙学东.如何设计和实施数学跨学科实践项目[J].人民教育,2022(Z3):102-103.

[14] 郭子超.中华优秀传统文化融入跨学科主题学习的价值意蕴及其方式[J].教育科学研究,2023(3):5-10.

[14] 张玉华.跨学科主题学习的水平分析与深化策略[J].全球教育展望,2023(3):48-61.

[15] 詹泽慧,季瑜,赖雨彤.新课标导向下跨学科主题学习如何开展:基本思路与操作模型[J].现代远程教育研究,2023(1):49-58.

[16] 陈怡.我国中小学数学量感研究综述与展望[J].数学教学通讯,2023(11):3-5

[17] 仲秋月."数学+"跨学科主题学习教学探索:以"年、月、日的秘密之编年历"为例[J].小学数学教育,2023(Z4):43-45.

[18] 张玉华.核心素养视域下跨学科学习的内涵认识与实践路径[J].上海教育科研,2022(5):57-63.

[19] 郭姝峰.小学语文跨学科学习融合式设计的定位与建构[J].现代教学,2024(17):42-43.

[20] 宗彩国.语文跨学科主题教学的设计路径[J].小学语文教学,2024(7):32-33.